Cracking Chinese Characters:
HSK 1, 2, 3, 4

1,000+ frequent characters deciphered
to learn and remember them faster

HSK.Academy
LEARN CHINESE SMARTER

Copyright © 2017 HSK Academy

All rights reserved.

No part of this book may be used or reproduced in any manner whatsoever without written permission.

HSK Academy is not endorsed by any institution or company regarding the official HSK tests and cannot guarantee the accuracy or completeness of any published content on that regard, thus cannot be held responsible for any direct or indirect damages resulting from any use of it.

Cover picture: Door handle (detail), Yunnan, China. Image credit: Jérôme Van Gastel

For more information and contact: www.hsk.academy

ISBN-10: 1974248666
ISBN-13: 978-1974248667

特别感谢李海威的长期支持
Thanks to Haiwei Li for his everlasting support

CONTENTS

Introduction 7

How to crack a Character 8

1,064 Characters Deciphered 14

The 214 Radicals 172

Pinyin Index 182

Radical Index 188

Go beyond 197

福

HSK level 4

fú ↗ : happiness, luck

福 = 礻 + 畐

礻 Radical 113 🔑 **shì**: to venerate
畐 Rare character **fú** ↗: to fill

INTRODUCTION

This book is designed for learners of Chinese who want to learn the 1,000+ most common characters as well as for candidates to the HSK (Hànyǔ Shuǐpíng Kǎoshì, or Chinese Proficiency Test). The content of this book covers all the characters from the HSK 1-4 word list. It focuses on the most crucial information: the integral decomposition of a character into building blocks, pinyin and main meaning, number of strokes, HSK level, related HSK words with meaning and part of speech.

In details, learners of Chinese using this book will be able to:
- Grasp quickly the main information about the character: simplified and traditional forms if different, pinyin, main meaning, HSK level, number of strokes
- Decipher its building blocks, with additional information for each block, whether it is a radical, a key, or an other character, with HSK level, meaning and phonetic hint
- Focus solely on HSK words using that character, without any other to reduce the noise, and to get for each of them the level, meaning, and part of speech.

Most HSK-related methods on the market only provide HSK word lists, which is useful for reference. However, this only lets people learn a word at a time. They do not get the information about how often characters are used in other words of the test, and what other words they could learn based on a given character.

By offering an approach focusing on HSK characters, this book solves these problems once and for all. Two indexes are available: one based on pinyin (see page 182), the other on radicals (see page 188).

There is a pretty accurate and popular saying stating that knowing one thousand Chinese Characters is enough to speak and read Chinese fluently. But which ones? This book offers precisely the 1,064 Chinese characters coming from the 1,200 most common Chinese words, the same as for the HSK levels 1, 2, 3 and 4. The level 4 is the level from which people are supposed to have enough proficiency to read articles and hold a daily life conversation.

Temple of Heaven, Beijing. Image credit: HSK Academy

This picture of a bell hidden in a room surrounded by thick walls symbolizes a character and tells it all about the philosophy of this book. People starting to learn Chinese think characters are like an insurmountable wall they will never overcome. But a deeper look at characters reveals a multi-layered structure hiding the secrets of their origins, including hints about their pronunciation. With this book, open the door for each character and discover what is behind.

HOW TO CRACK A CHINESE CHARACTER

A Chinese character is not a random set of strokes. Each of them is built from a combination of at least one of the following elements:
- a **radical**, a graphical component of a Chinese character under which the character is traditionally listed in a Chinese dictionary, often bringing either a semantic or phonetic indication
    ➢ Examples: ⺥ zhǎo (claw), 木 mù (tree), ⺿ cǎo (vegetable), 十 shí (ten)…
- an (other) **character**, also bringing a semantic or pronunciation indication (acting like in a rebus)
    ➢ Example: 买 mǎi (to buy) used to write 卖 mài (to sell)
- an **unidentified set of strokes**, neither a radical nor a character, sometimes with a meaning like ナ (hand), appearing on several characters, useful to avoid splitting them into more meaningless strokes
    ➢ Examples: ナ used to write 友 yǒu (friend), ㄨ used to write 区 qū (region)…

Some radicals can be a character of their own, like 木 mù (tree) or 十 shí (ten). In any case, many character components may take a different shape in order to fit into a character with other components. They may be narrowed (西 → ⻄), shortened (小 → ⺌), or transformed totally (火 → 灬).

The 214 radicals (with the HSK level of the characters in which they appear alongside all their potential transformations in characters) and the 16 unidentified sets of strokes are listed at the end of this book, before the indexes.

Example of how characters are built from basic radicals or other characters, and have a *phonetic hint*:

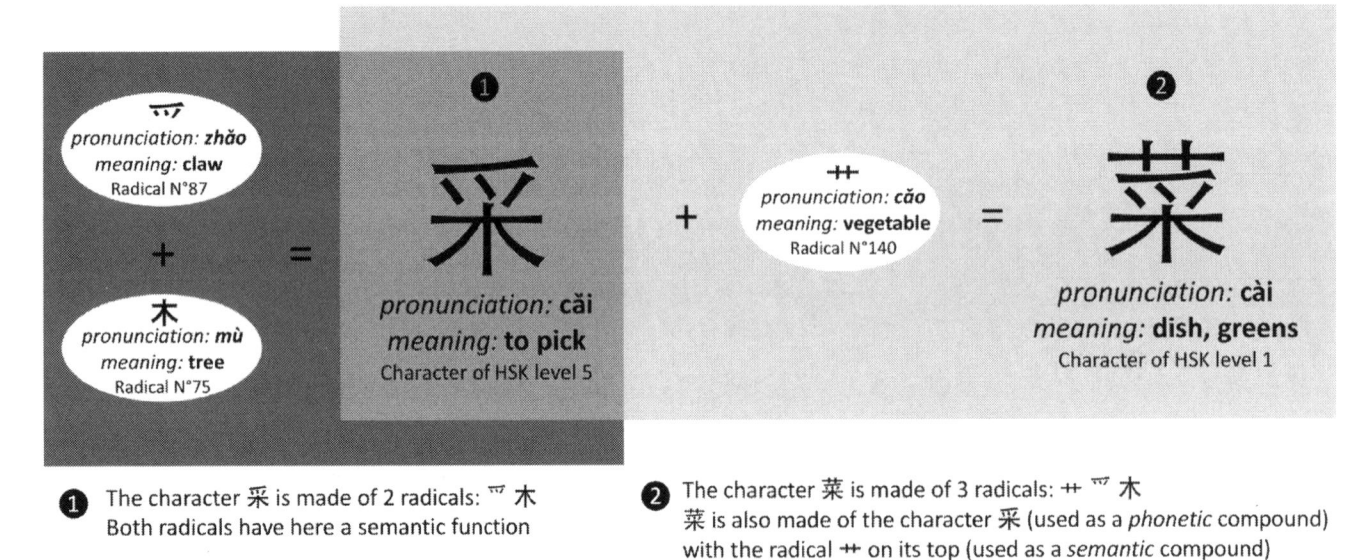

❶
pronunciation: zhǎo
meaning: claw
Radical N°87

+

pronunciation: mù
meaning: tree
Radical N°75

= 采
pronunciation: cǎi
meaning: to pick
Character of HSK level 5

+

pronunciation: cǎo
meaning: vegetable
Radical N°140

= 菜 ❷
pronunciation: cài
meaning: dish, greens
Character of HSK level 1

❶ The character 采 is made of 2 radicals: ⺥ 木
Both radicals have here a semantic function

❷ The character 菜 is made of 3 radicals: ⺿ ⺥ 木
菜 is also made of the character 采 (used as a *phonetic* compound) with the radical ⺿ on its top (used as a *semantic* compound)

⚠ One paradox: frequent characters are often made of less frequent ones that contribute to the sound

What is the easiest way to remember how radicals combine into a character?

Building one's own mnemonic tricks is by far the most powerful way to remember. Experience proves that each of us has his own entertaining or bizarre way to remember things which most of the time does not apply to others. It is akin to spotting shapes in clouds in the sky. But some are pretty straightforward. For example, for 爱 *ài* (to love), you see that 爱 = ⺥ + 冖 + 友 = paw + cover + friend. Thus, when you love someone (who is more than a friend!), you want to cover and protect him/her with your paw. However, there is no phonetic hint from a component, so, you can remember for instance that *aimer* (to love, in French) starts the same as *ài*. And this is it!

Cracking Chinese Characters – HSK 1, 2, 3, 4

The 5 main types of classification of Chinese Characters

Type	Explanation	Examples
1. Pictogram "hieroglyphs"	Originally, drawing of the represented objects. The progressive stylization has diluted their former straight forward pictographic meaning.	日 **rì**: sun *it used to be a disc with a dot inside* 山 **shān**: mountain *three towering peaks symbolize the mountain*
2. Abstraction	Expression of an abstract idea through an iconic form.	一 **yī**: one *appropriate number of strokes for a number* 下 **shàng**: on, under 、 *stroke below a T line to show it is under* 本 **běn**: root, origin 一 *line at the bottom of a 木 tree*
3. Compound	Combination of two or more pictographic or ideographic characters or radicals to suggest the meaning.	信 **xìn**: trust 亻 *person holding a 言 speech* 休 **xiū**: rest 亻 *man resting on a 木 tree* 看 **kàn**: to watch 手 *hand above an 目 eye*
4. Rebus "phonetic loan"	Characters have been *borrowed* to write another homophonous or near-homophonous morpheme. The borrowed characters have later been rewritten to differentiate.	要 **yào**: to want *original meaning: waist, rewritten 腰* 少 **shǎo**: few *original meaning: sand, rewritten 沙 and 砂* 永 **yǒng**: forever *original meaning: swim, rewritten 泳*
5. Phono-semantic "Radical phonetic", the majority of Chinese characters	Combination of radicals and characters bringing a phonetic and a semantic function. The semantic function is in most cases brought by the key radical.	拍 **bái**: to clap, to hit = 扌 *shǒu: hand (semantic)* + 白 *bái (phonetic): white*

HSK Academy

The 8 main compositions of Chinese characters

Composition	Examples
1. Graphical primitive, no composition	日　木
2. Horizontal composition	林　睡
3. Vertical composition	要　是
4. Inclusion of the second character inside the first	国　病
5. Vertical composition, the top part being a repetition	笑　琴
6. Horizontal composition, the third being the repetition of the first	班　楸
7. Repetition of three	森　晶
8. Vertical composition, separated by 冖	觉　受

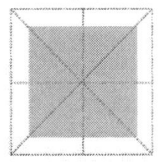

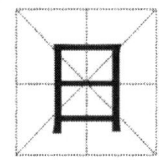

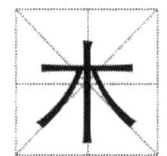

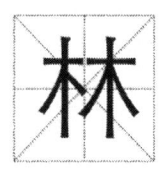

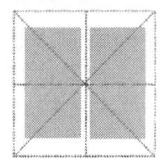

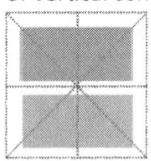

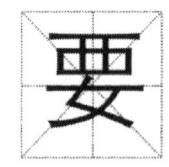

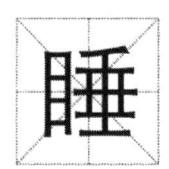

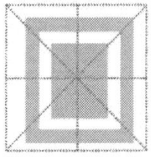

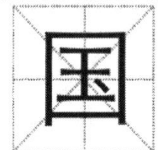

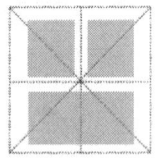

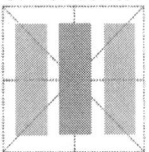

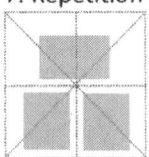

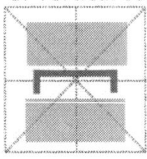

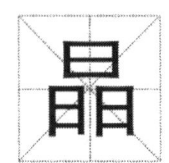

Cracking Chinese Characters – HSK 1, 2, 3, 4

The four tones

Each Chinese character has a tonal quality: the raising or lowering pitch on its syllable. Mandarin has four tones, plus a fifth one called neutral tone. Apart from the unmarked neutral one, each tone has a specific diactritic appearing above the wowel. See the illustration beside for **ā, á, ǎ, à**.

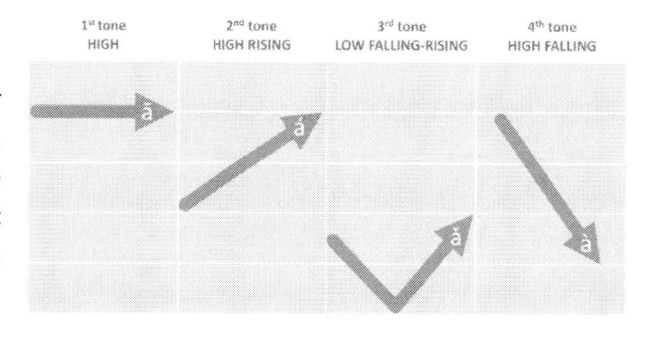

1st tone	2nd tone	3rd tone	4th tone
HIGH	HIGH RISING	LOW FALLING-RISING	HIGH FALLING

A tip to remember the composition and the tone of any character

Invent a story using the building blocks of a character, featuring a "mnemonic creature" assigned to the same given tone. Draw basic sketches of your own for a maximal impact. See below how our students have used this tip to break characters down to their building blocks. They have chosen different beings associated to a given tone. Each drawing puts the building blocks together trough a personal story. It helps to remember what a character is made of and what its tone is thanks to the mnemonic creature.

1. **SUPERHERO**, flying *horizontally*
2. **ALIEN**, on its ship *taking off* to space
3. **VAMPIRE**, with a *V* like the 3rd tone shape
4. **SORCERER**, summoning *underground* forces

八 bā (eight), 1st tone	服 fú (clothes), 2nd tone	想 xiǎng (think), 3rd tone	这 zhè (this), 4th tone
Draw a SUPERHERO flying horizontally (suggesting the 1st tone) through two circles symbolizing an *8* (八).	Draw an ALIEN (suggesting the 2nd tone), wearing *clothes* (服) on the Moon (月), holding a seal (卩) in its hand (又).	Draw a VAMPIRE (suggesting the 3rd tone) hiding behind a tree (木) with an eye (目) on its pray, *thinking* (想) of her beating heart (心).	Draw a SORCERER (suggesting the 4th tone) walking briskly (辶) to *this* (这) place as written (文) on his map. His awkward leg helps to rembember the character shape itself.

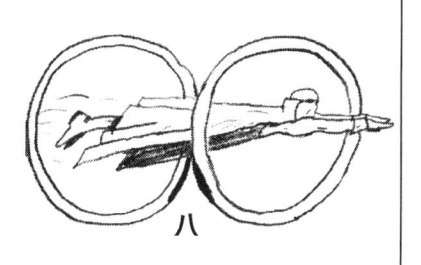

八 (no breakdown needed as it is a radical)
eight

服 = 月 + 卩 + 又
clothes = moon + seal + hand

想 = 木 + 目 + 心
think = tree + eye + heart

这 = 辶 + 文
this = brisk walking + writing

With such stories, you can remember easily a character building blocks, pinyin tone and meaning, all at once. Just dare and give it a try: the more personal, crazy, scary, and funny the story, the more memorable. A **Notebook** *(available on Amazon)* exists as a support for you to that end, and is designed especially to be used with **Cracking Chinese Characters: HSK 1, 2, 3, 4**

HSK Academy

How to use this book

This book offers you the list of the 1,064 characters used for the 1,200 words of the HSK levels 1, 2, 3, 4. All the information about a given Chinese character fits in a single row, split in three different zones.

Zone 1: Character info
- Simplified character
- Pinyin, with phonetic hint if any:
  ♩ *musical note* for exact matching *regardless of the tone*
  ♭ *bemol* for approximate
- Main meaning
- HSK level (from 1 to 4)
- Number of strokes (✎)
- Traditional character if different from simplified

Zone 2: Building blocks
- Component (radical, character, other)
- HSK level (1 to 6, or ∅) and/or radical N°
- 🔑 if the radical is the *key*
- Pinyin, with phonetic hint if any:
  ♩ *musical note* for exact matching *regardless of the tone*
  ♭ *bemol* for approximate
- Main meaning

Zone 3: HSK word list using this character
- Word *always in simplified Chinese in this zone*
- HSK level, from 1 to 4
- Pinyin (in bold to help focus on it)
- English translation preceded by its part of speech

1

帮 hsk 2
9 ✎
幫

bāng ♩
to help

2

邦 hsk ∅ **bāng♩**: country
丰 hsk 4 **fēng**: luxuriant
阝 rad 163 **yì**: city
巾 hsk 4, rad 50 🔑 **jīn**: turban

3

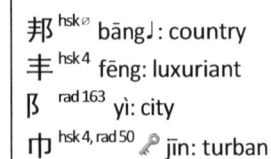

帮助 hsk 2 **bāngzhù**: v. help, assist, aid, support
帮忙 hsk 3 **bāngmáng**: v. help, give a helping hand, do a favor, lend a hand

⚠ When the key radical is used several times in the character, we show the 🔑 symbol besides each key radical.

Take advantage of all this information by taking notes, making sketches, applying mnemonic tricks or anything else that will help you remember.

To make the best use of this list:

- Check if you know the character in **zone 1**, hiding the pinyin and main meaning at first. Ensure the hsk level on the right side of the zone 1 matches your target level (you should learn characters of level 1 first, then 2, and so forth, as the lower the hsk level, the higher its frequency of use), and also take note if there's a phonetic hint for this character.
- Learn how the character is broken down, based on components of **zone 2**. Build your own mnemonics to remember how the components combine, take advantage of the phonetic hint if any. Knowing that there is a clue, a kind of *rational explanation* for why this character has this sound, helps greatly to remember the pinyin.
- Learn the pinyin of the words of **zone 3**, and their main meanings. You do not need to learn the other characters of the words using the current character, because you will learn them on time when you reach them on the list, and the words will be repeated for each of the other characters.

To learn more about Chinese phonetics, reading and pronouncing pinyin correctly: **bit.ly/ChinesePhonetics**

Cracking Chinese Characters – HSK 1, 2, 3, 4

Part of speech and abbreviations used

adj.	adjective	indicate the quality and characteristics of people or things
adv.	adverb	explain verbs, adjectives or other adverbs
art.	article	indicate whether a noun refers to a general sense or special sense
aux.	auxiliary verb	help to form some of the tenses and the voice of the main verb
conj.	conjunction	connect words, phrases, or sentences
interj.	interjection	express the feelings on speaking
mp.	modal particle	used at the end of sentences to indicate mood, or attitude
n.	noun	serve as subjects, objects, predicates…
nm.	measure word for nouns (known as *classifier* or *count word*)	used along with numerals to define the quantity of a given object or objects, or with "this"/"that" to identify specific objects
num.	numeral	indicate quantity or order
prep.	preposition	indicate the relationship between a noun or a pronoun and other words
pron.	pronoun	replace nouns or numerals
sa.	structural auxiliary	unstressed form word, which performs the grammatical functions
sp.	set phrase	unvarying phrase having a specific meaning
sv.	subject+verb only	intransitive verb, not followed by a direct object
v.	verb	indicate actions or situations
vm.	verbal modifer	used as part of the predicate to specify aspect values such as the direction, result, punctuality, beginning, completion, termination…

Picture of HSK vocabulary based Graded Readers, with Hanzi, Pinyin and English translation included.
(HSK 1: Xiaoming's Day, HSK 2: My Birthday) – © HSK Academy

To get more information about these books and practice your Chinese vocabulary: **bit.ly/ChineseVocab**

HSK Academy

1,064 CHARACTERS DECIPHERED

Character information	Character building blocks	HSK words using this character
A 啊 hsk 3, 10 strokes a ↘ modal particle showing affirmation, approval, or consent	口 hsk 3, rad 30 kǒu: mouth 阿 hsk 3 ā↘: prefix to indicate familiarity	啊 hsk 3 a: int. used to express surprise, exclamation or promise
阿 hsk 3, 7 strokes ā prefix to indicate familiarity	阝 rad 170 fù: mound 可 hsk 2 kě: can, may	阿姨 hsk 3 āyí: n. aunt
矮 hsk 3, 13 strokes ǎi short (in length)	矢 rad 111 shǐ: arrow 委 hsk 5 wěi: to entrust 禾 rad 115 hé: grain 女 hsk 1, rad 38 nǔ: woman	矮 hsk 3 ǎi: adj. short, low
爱 hsk 1, 10 strokes 愛 ài to love	爫 rad 87 zhǎo: claw 冖 rad 14 mì: to cover 友 hsk 1 yǒu: friend	爱 hsk 1 ài: v. like doing sth., love 爱好 hsk 3 àihào: n. hobby, an interest, fancy; v. be fond of, be keen on, have a taste for 可爱 hsk 3 kě'ài: adj. cute, lovable, likeable 爱情 hsk 4 àiqíng: n. love (between a man and a woman)
安 hsk 3, 6 strokes ān secure, calm	宀 rad 40 mián: roof 女 hsk 1, rad 38 nǔ: woman	安静 hsk 3 ānjìng: adj. noiseless, quiet, calm, v. quiet down, keep silent 安排 hsk 4 ānpái: n. arrangement, plan to do sth; v. plan in detail, arrange 安全 hsk 4 ānquán: adj. safe, secure; n. safety, security
按 hsk 4, 9 strokes àn ↘ to press, according to	扌 rad 64 shǒu: hand 安 hsk 3 ān↘: secure, calm	按时 hsk 4 ànshí: adv. on time, on schedule, punctually 按照 hsk 4 ànzhào: prep. according to

Cracking Chinese Characters – HSK 1, 2, 3, 4

案 **àn** ↘ (legal) case, record	hsk 4 10	安 hsk3 ān↘: secure, calm 木 hsk5, rad 75 🔑 mù: tree	答案 hsk4 **dá'àn**: n. an answer or key to a question or problem
傲 **ào** ↘ proud	hsk 4 12	亻 rad 9 🔑 rén: man 敖 hsk∅ áo↗: to ramble, to rove 土 hsk5, rad 32 tǔ: earth 方 hsk3, rad 70 fāng: square, direction 攵 rad 66 pū: to bump, hand	骄傲 hsk4 **jiāo'ào**: adj. proud
吧 **ba** ↘ modal particle indicating suggestion or surmise	hsk 2 7	口 hsk3, rad 30 🔑 kǒu: mouth 巴 hsk5 bā↗: to long for	吧 hsk2 **ba**: mp. used at the end of a sentence to express speculative interrogation, used at the end of an imperative sentence
八 **bā** eight	hsk 1 2	八 hsk1, rad 12 🔑 bā: eight, separate	八 hsk1 **bā**: num. eight
把 **bǎ** ↘ to hold	hsk 3 7	扌 rad 64 🔑 shou: hand 巴 hsk5 bā↗: to long for	把 hsk3 **bǎ**: nm. used for things with a handle; prep. dealing with, used before an object, followed by a transitive verb
爸 **bà** ↘ father	hsk 1 8	父 hsk4, rad 88 🔑 fù: father 巴 hsk5 bā↗: to long for	爸爸 hsk1 **bàba**: n. father, dad, daddy
白 **bái** white	hsk 2 5	白 hsk2, rad 106 🔑 bái: white 丶 rad 3 zhǔ: stroke 日 hsk2, rad 72 rì: sun	白 hsk2 **bái**: adj. white 明白 hsk3 **míngbai**: adj. plain, explicit, clear; v. know, understand

B

百 bǎi — hundred
hsk 2, 6 strokes

- 一 hsk 1, rad 1 — yī: one
- 白 hsk 2, rad 106 🔑 bái: white

- 百 hsk 2 **bǎi**: num. one hundred
- 百分之 hsk 4 **bǎi fēn zhī**: percent

败 bài — to defeat
hsk 4, 8 strokes

- 贝 hsk 5, rad 154 🔑 bèi: shell, money
- 攵 rad 66 pū: to bump, hand

- 失败 hsk 4 **shībài**: n. failure, loss, miss, defeat, breakdown; v. be defeated, be beaten, lose, fail, come to nothing

---

拜 bài — to pay respect
hsk 4, 9 strokes

- 手 hsk 2, rad 64 🔑 shǒu: hand
- 干 hsk 3, rad 51 gàn: to do, dry

- 礼拜天 hsk 4 **lǐbàitiān**: n. Sunday

班 bān — team
hsk 2, 10 strokes

- 王 hsk 5, rad 96 🔑 yù: jade
- 刂 rad 18 dāo: knife
- 王 hsk 5, rad 96 🔑 yù: jade

- 上班 hsk 2 **shàngbān**: v. go to work, start work, be on duty
- 班 hsk 3 **bān**: n. class
- 航班 hsk 4 **hángbān**: n. flight, scheduled flight
- 加班 hsk 4 **jiābān**: sv. work overtime

般 bān — sort, kind
hsk 3, 10 strokes

- 舟 hsk 6, rad 137 🔑 zhōu: boat
- 殳 rad 79 shū: weapon

- 一般 hsk 3 **yībān**: adv. usually, generally, habitually, ordinarily

---

搬 bān — to move (something or to relocate oneself)
hsk 3, 13 strokes

- 扌 rad 64 🔑 shou: hand
- 般 hsk 3 bān: sort, kind
- 舟 hsk 6, rad 137 zhōu: boat
- 殳 rad 79 shū: weapon

- 搬 hsk 3 **bān**: v. carry, move

板 bǎn — board
hsk 3, 8 strokes

- 木 hsk 5, rad 75 🔑 mù: tree
- 反 hsk 4 fǎn: contrary

- 黑板 hsk 3 **hēibǎn**: n. blackboard

Cracking Chinese Characters – HSK 1, 2, 3, 4

办 辦 **bàn** to do	hsk 3 4	力 hsk 3, rad 19 🔑 lì: force 八 hsk 1, rad 12 bā: eight, separate	办法 hsk 3 **bànfǎ**: n. way, means, measure, step to take, method, resource 办公室 hsk 3 **bàngōngshì**: n. office 举办 hsk 4 **jǔbàn**: v. hold (an exhibition, contest, etc.)
半 **bàn** half	hsk 3 5	∨ rad 12 bā: eight, separate 十 hsk 1, rad 24 🔑 shí: ten 二 hsk 1, rad 7 èr: two	半 hsk 3 **bàn**: num. half
扮 **bàn** to disguise oneself as	hsk 4 7	扌 rad 64 🔑 shou: hand 分 hsk 1 fēn: to divide	打扮 hsk 4 **dǎban**: v. dress up, make up
帮 幫 **bāng** ♩ to help	hsk 2 9	邦 hsk ∅ bāng♩: country 丰 hsk 4 fēng: luxuriant 阝 rad 163 yì: city 巾 hsk 4, rad 50 🔑 jīn: turban	帮助 hsk 2 **bāngzhù**: v. help, assist, aid, support 帮忙 hsk 3 **bāngmáng**: v. help, give a helping hand, do a favor, lend a hand
棒 **bàng** excellent, stick	hsk 4 12	木 hsk 5, rad 75 🔑 mù: tree 奉 hsk 6 fèng: to offer (tribute) 夫 hsk ∅ pěng: folded hands 丰 no meaning	棒 hsk 4 **bàng**: adj. great, good, excellent; n. stick
包 **bāo** ♩ to cover	hsk 3 5	勹 rad 20 🔑 bāo♩: to wrap 巳 hsk ∅ sì: 9-11 a.m.	包 hsk 3 **bāo**: n. bag 面包 hsk 3 **miànbāo**: n. bread 包子 hsk 4 **bāozi**: n. steamed stuffed bun
饱 飽 **bǎo** ♩ to eat till full	hsk 3 8	饣 rad 184 🔑 shí: to eat 包 hsk 3 bāo♩: to cover	饱 hsk 3 **bǎo**: adj. not hungry, full

保 bǎo to defend	hsk 4, 9 strokes	亻 rad 9 rén: man 呆 hsk 5 dāi: foolish	保护 hsk 4 bǎohù: v. protect 保证 hsk 4 bǎozhèng: n. guarantee; v. guarantee, ensure, promise
报 (報) bào to announce	hsk 2, 7 strokes	扌 rad 64 shou: hand 卩 rad 26 jié: seal 又 hsk 3, rad 29 yòu: still, hand	报纸 hsk 2 bàozhǐ: n. newspaper 报名 hsk 4 bàomíng: sv. participate in an activity or organization, enroll, sign up
抱 bào ♭ to hold	hsk 4, 8 strokes	扌 rad 64 shou: hand 包 hsk 3 bāo ♭: to cover	抱 hsk 4 bào: v. hold sb or sth with one's arm(s), embrace 抱歉 hsk 4 bàoqiàn: v. be sorry, feel apologetic, regret
杯 bēi ♭ cup	hsk 1, 8 strokes	木 hsk 5, rad 75 mù: tree 不 hsk 1 bù ♭: (negative prefix)	杯子 hsk 1 bēizi: n. cup, glass 干杯 hsk 4 gānbēi: v. cheer, n. cheers
北 běi north	hsk 1, 5 strokes	丬: man leaning back on something 匕 rad 21 bǐ: spoon, overthrown man	北京 hsk 1 Běijīng: n. Beijing 北方 hsk 3 běifāng: n. north
备 (備) bèi to prepare	hsk 2, 8 strokes	夂 rad 34 zhǐ: to go 田 hsk 6, rad 102 tián: field	准备 hsk 2 zhǔnbèi: v. prepare, get ready, plan
倍 bèi times (multiplier), (two, three) fold	hsk 4, 10 strokes	亻 rad 9 rén: man 咅 hsk 0 pǒu: to spit out	倍 hsk 4 bèi: nm. times (of the original number or quantity)

Cracking Chinese Characters – HSK 1, 2, 3, 4

被 **bèi** quilt	hsk 3 10	衤 rad 145 yī: cloth 皮 hsk 3, rad 107 pí: skin	被 hsk 3 **bèi**: prep. be made or forced, indicating passive voice
本 **běn** roots or stems of plants	hsk 1 5	木 hsk 5, rad 75 mù: tree 一 hsk 1, rad 1 yī: one	本 hsk 1 **běn**: n. notebook; nm. copy, issue (used for counting books and other bound items) 笔记本 hsk 3 **bǐjìběn**: n. notebook, laptop 本来 hsk 4 **běnlái**: adv. originally
笨 **bèn** ↙ stupid	hsk 4 11	⺮ rad 118 shì: bamboo 本 hsk 1 **běn**↙: roots or stems of plants	笨 hsk 4 **bèn**: adj. dull, foolish, stupid
鼻 **bí** nose	hsk 3 14	鼻 hsk 3, rad 209 bí: nose 自 hsk 3, rad 132 zì: personal 畀 hsk ø bì: to confer on	鼻子 hsk 3 **bízi**: n. nose
比 **bǐ** to associate with	hsk 2 4	比 hsk 2, rad 81 bǐ: to confront	比 hsk 2 **bǐ**: prep. used to make comparison 比较 hsk 3 **bǐjiào**: adv. fairly, quite 比赛 hsk 3 **bǐsài**: n. competition, game, match; v. compete, have a contest 比如 hsk 4 **bǐrú**: v. take sth for example
笔 **bǐ** pen	hsk 2 10 筆	⺮ rad 118 shì: bamboo 毛 hsk 4, rad 82 máo: fur	铅笔 hsk 2 **qiānbǐ**: n. pencil 笔记本 hsk 3 **bǐjìběn**: n. notebook, laptop
必 **bì** certainly, must	hsk 3 5	心 hsk 3, rad 61 xīn: heart 丿 rad 4 piě: oblique	必须 hsk 3 **bìxū**: adv. must, have to

毕 hsk 4, 6 笔 畢 **bì**↓ finish, complete	比 hsk 2, rad 81 🔑 bǐ↓: to confront 十 hsk 1, rad 24 shí: ten	毕业 hsk 4 **bìyè**: sv. graduate
边 hsk 2, 5 笔 邊 **biān** side	辶 rad 162 🔑 chuò: brisk walking 力 hsk 3, rad 19 lì: force	旁边 hsk 2 **pángbiān**: n. side, by the side of, nearby 右边 hsk 2 **yòubian**: n. right, right side 左边 hsk 2 **zuǒbian**: n. left, left side 一边 hsk 3 **yībiān**: adv. while, as, at the same time, simultaneously
变 hsk 3, 8 笔 變 **biàn** to change	亦 hsk 6 yì: also 又 hsk 3, rad 29 🔑 yòu: still, hand	变化 hsk 3 **biànhuà**: n. change, variation; v. change, vary 改变 hsk 4 **gǎibiàn**: v. change, vary, alter, transform
便 hsk 2, 9 笔 **biàn** ordinary	亻 rad 9 🔑 rén: man 更 hsk 3 gèng: even more	便宜 hsk 2 **piányi**: adj. cheap, inexpensive 方便 hsk 3 **fāngbiàn**: adj. convenient 顺便 hsk 4 **shùnbiàn**: adv. conveniently, without extra effort 随便 hsk 4 **suíbiàn**: adj. casual, random, informal
遍 hsk 4, 12 笔 **biàn**↓ everywhere	辶 rad 162 🔑 chuò: brisk walking 扁 hsk 6 biǎn↓: flat 户 hsk 4, rad 63 hù: gate 冊 hsk ∅ cóng: hole	遍 hsk 4 **biàn**: vm. number of times 普遍 hsk 4 **pǔbiàn**: adj. universal, general
标 hsk 4, 9 笔 標 **biāo** sign, to mark	木 hsk 5, rad 75 mù: tree 示 hsk 4, rad 113 shì: to venerate, to show	标准 hsk 4 **biāozhǔn**: adj. conforming to a standard; n. standard, criterion
表 hsk 2, 8 笔 **biǎo** surface, external, form, list	主 derived from primitive pictograph 朿, a tree with thorns 衣 hsk 1, rad 145 🔑 yī: cloth	手表 hsk 2 **shǒubiǎo**: n. wrist watch, watch 表格 hsk 4 **biǎogé**: n. form, table, list 表示 hsk 4 **biǎoshì**: v. express, convey 表演 hsk 4 **biǎoyǎn**: n. exhibition, show, program, performance; v. act, perform, play 表扬 hsk 4 **biǎoyáng**: n. praise, recognition; v. praise

Cracking Chinese Characters – HSK 1, 2, 3, 4

别 bié — do not	hsk 2, 7画, 别	口 hsk 3, rad 30 kǒu: mouth 力 hsk 3, rad 19 lì: force 另 hsk 4 lìng: other, separate 刂 rad 18 🔑 dāo: knife	别 hsk 2 **bié**: adv. don't 别人 hsk 3 **biérén**: pron. other people, another person 特别 hsk 3 **tèbié**: adj. special, unusual, particular, out of the ordinary, adv. very, exceptionally, particularly, specially 区别 hsk 4 **qūbié**: n. difference 性别 hsk 4 **xìngbié**: n. gender, sex
宾 bīn ♭ — visitor	hsk 2, 10画, 賓	宀 rad 40 🔑 mián: roof 兵 hsk 5 bīng ♭: soldiers	宾馆 hsk 2 **bīnguǎn**: n. hotel
冰 bīng ♩ — ice	hsk 3, 6画	冫 rad 15 🔑 bīng ♩: ice 水 hsk 1, rad 85 shuǐ: water	冰箱 hsk 3 **bīngxiāng**: n. refrigerator
饼 bǐng ♩ — round flat cake	hsk 4, 9画, 餅	饣 rad 184 🔑 shí: to eat 并 hsk 4 bìng ♩: to combine	饼干 hsk 4 **bǐnggān**: n. cracker, cookie, biscuit
并 bìng — to combine	hsk 4, 6画, 並	丷 rad 12 bā: eight, separate 开 hsk 1 kāi: to open, start 干 hsk 3, rad 51 🔑 gàn: to do, dry	并且 hsk 4 **bìngqiě**: conj. further more, besides
病 bìng ♩ — illness	hsk 2, 10画	疒 rad 104 🔑 nè: disease 丙 hsk 6 bǐng ♩: third in order	生病 hsk 2 **shēngbìng**: v. fall sick, fall ill, get ill, be taken ill
播 bō — to sow, to spread	hsk 4, 15画	扌 rad 64 🔑 shǒu: hand 番 hsk 6 fān: foreign country	广播 hsk 4 **guǎngbō**: n. broadcasting

博 hsk 4 12	十 hsk 1, rad 24 🔑 shí: ten 尃 hsk ∅ fū: to announce 甫 hsk ∅ fǔ: (classical) barely 寸 hsk 6, rad 41 cùn: thumb	博士 hsk 4 **bóshì**: n. doctor (an academic degree)
bó rich, erudit, to win, to gamble		
膊 hsk 4 14	月 rad 130 🔑 ròu: flesh 尃 hsk ∅ fū: to announce 甫 hsk ∅ fǔ: (classical) barely 寸 hsk 6, rad 41 cùn: thumb	胳膊 hsk 4 **gēbo**: n. arm
bó shoulder		
不 hsk 1 4	一 hsk 1, rad 1 🔑 yī: one 个 bird flying upwards (and which cannot go beyond the sky)	不客气 hsk 1 **búkèqi**: you're welcome, it's my pleasure (answer to someone who thanks) 不 hsk 1 **bù**: adv. not, no 对不起 hsk 1 **duìbuqǐ**: sp. I'm sorry, excuse me 不但…而且… hsk 3 **bùdàn…érqiě…**: conj. moreover, not only… but also… 不过 hsk 4 **búguò**: conj. but, however 不得不 hsk 4 **bùdébù**: must, have to 不管 hsk 4 **bùguǎn**: conj. no matter, whether or not 不仅 hsk 4 **bùjǐn**: conj. not only 差不多 hsk 4 **chàbuduō**: adv. about, nearly 来不及 hsk 4 **láibují**: v. haven't enough time 受不了 hsk 4 **shòubùliǎo**: can't bear, can't stand
bù (negative prefix)		
步 hsk 2 7	止 hsk 4, rad 77 🔑 zhǐ: to stop ツ lines / fingers	跑步 hsk 2 **pǎobù**: v. run, jog 散步 hsk 4 **sànbù**: sv. take a walk, go for a walk
bù a step		
部 hsk 4 10	咅 hsk ∅ pǒu: to spit out 立 hsk 5, rad 117 lì: standing up 口 hsk 3, rad 30 kǒu: mouth 阝 rad 163 🔑 yì: city	部分 hsk 4 **bùfen**: n. part, section, portion 全部 hsk 4 **quánbù**: adj. whole, complete, total, all
bù department, section		
C 擦 hsk 4 17	扌 rad 64 🔑 shou: hand 察 hsk 4 chá ♭: to examine 宀 rad 40 mián: roof 祭 hsk ∅ jì: to offer sacrifice 月 hsk 1, rad 74 yuè: moon 卩 rad 26 jié: seal 示 hsk 4, rad 113 shì: to venerate	擦 hsk 4 **cā**: v. rub or wipe in order to clean
cā ♭ to wipe		

Cracking Chinese Characters – HSK 1, 2, 3, 4

猜 hsk 4, 11 strokes	犭 rad 94 quǎn: dog 青 hsk 5, rad 174 qīng: blue/green	猜 hsk 4 cāi: v. guess	
cāi to guess			
才 hsk 3, 3 strokes	手 hsk 2, rad 64 shǒu: hand 一 no meaning 亅 rad 6 jué: hook	刚才 hsk 3 gāngcái: n. a moment ago, just now 只有…才… hsk 3 zhǐyǒu…cái…: only if… then…	
cái ability, talent; late, indicating just happened			
材 hsk 4, 7 strokes	木 hsk 5, rad 75 mù: tree 才 hsk 3, rad 64 cái: hand	材料 hsk 4 cáiliào: n. reference material	
cái material			
彩 hsk 4, 11 strokes	采 hsk 5 cǎi: to pick 彡 rad 59 shān: beard, brush	精彩 hsk 4 jīngcǎi: adj. (of a performance, match, etc.) brilliant, wonderful	
cǎi (bright) color			
菜 hsk 1, 11 strokes	艹 rad 140 cǎo: vegetal 采 hsk 5 cǎi: to pick 爫 rad 87 zhǎo: claw 木 hsk 5, rad 75 mù: tree	菜 hsk 1 cài: n. dish, vegetable 菜单 hsk 3 càidān: n. menu	
cài dish (type of food)			
参 hsk 3, 8 strokes 參	厶 rad 28 sī: secret 大 hsk 1, rad 37 dà: big 彡 rad 59 shān: beard, brush	参加 hsk 3 cānjiā: v. join, take part in, attend 参观 hsk 4 cānguān: v. visit for learning	
cān to take part in			
餐 hsk 4, 16 strokes	奴 hsk ? cán: to wear also 食 hsk 5, rad 184 shí: to eat	餐厅 hsk 4 cāntīng: n. restaurant	
cān meal			

Character	Info	Components	Words
草 **cǎo** grass	hsk 3 9 strokes	艹 rad 140 cǎo: vegetal 早 hsk 2 zǎo: early	草 hsk 3 **cǎo**: n. grass, straw
厕 厠 **cè** restroom, lavatory	hsk 4 8 strokes	厂 hsk 5, rad 27 chǎng: production facility 则 hsk 4 zé: conjunction used to express contrast with a previous sentence or clause	厕所 hsk 4 **cèsuǒ**: n. toilet, bathroom, washroom
层 層 **céng** layer	hsk 3 7 strokes	尸 hsk 6, rad 44 shī: dead body 云 hsk 4 yún: cloud	层 hsk 3 **céng**: nm. layer, floor, etc.(used for things that have separate levels)
查 **chá** to research	hsk 3 9 strokes	木 hsk 5, rad 75 mù: tree 旦 hsk 5 dàn: dawn	检查 hsk 3 **jiǎnchá**: v. inspect, check, examine 调查 hsk 4 **diàochá**: n. investigation, inquiry, survey; v. investigate
茶 **chá** tea	hsk 1 9 strokes	艹 rad 140 cǎo: vegetal 人 hsk 1, rad 9 rén: man 木 rad 75 děng: simplified tree	茶 hsk 1 **chá**: n. tea (liquid drink/tea leaves)
察 **chá** to examine	hsk 4 14 strokes	宀 rad 40 mián: roof 祭 hsk 0 jì: to offer sacrifice 月 hsk 1, rad 74 yuè: moon 卩 rad 26 jié: seal 示 hsk 4, rad 113 shì: to venerate, to show	警察 hsk 4 **jǐngchá**: n. policeman, policewoman, cop
差 **chā / chà / chāi** different / wrong / dispatch	hsk 3 9 strokes	羊 rad 123 yáng: sheep 工 hsk 1, rad 48 gōng: work	差 hsk 3 **chà / chà / chāi**: adj. different; n. difference, mistake / adj. wrong; v. differ from, be short of / n. errand, job; v. dispatch, send somebody over to place 差不多 hsk 4 **chàbuduō**: adv. about, nearly 出差 hsk 4 **chūchāi**: sv. be on a business trip

Cracking Chinese Characters – HSK 1, 2, 3, 4

长 長 hsk 2, 4画 **cháng / zhǎng** long, length / to grow, elder	长 hsk 2, rad 168 🔑 zhǎng: long	长 (形容词) hsk 2 **cháng**: adj. long; n. length; v. be good at 校长 hsk 3 **xiàozhǎng**: n. principal, headmaster, (of a university or college) president, chancellor 长 (动词) hsk 3 **zhǎng**: v. to grow; adj. senior; n. chief 长城 hsk 4 **Chángchéng**: n. the Great Wall 长江 hsk 4 **Chángjiāng**: n. the Yangtze River
尝 嘗 hsk 4, 9画 **cháng** to taste	⺌ rad 42 xiǎo: small 冖 rad 14 mì: to cover 云 hsk 4 yún: cloud	尝 hsk 4 **cháng**: v. taste
常 hsk 2, 11画 **cháng** always	⺌ rad 42 xiǎo: small 冖 rad 14 mì: to cover 口 hsk 3, rad 30 kǒu: mouth 巾 hsk 4, rad 50 🔑 jīn: turban	非常 hsk 2 **fēicháng**: adv. very 经常 hsk 3 **jīngcháng**: adv. often 正常 hsk 3 **zhèngcháng**: adj. normal, regular
场 場 hsk 2, 6画 **chǎng** large place used for a particular purpose	土 hsk 5, rad 32 🔑 tǔ: earth 一 hsk 1, rad 1 yī: one 勿 hsk 5 wù: do not	机场 hsk 2 **jīchǎng**: n. airport 场 hsk 4 **chǎng**: vm. used for activities
唱 hsk 2, 11画 **chàng** ♩ to sing	口 hsk 3, rad 30 🔑 kǒu: mouth 昌 hsk 6 chāng♩: prosperous 日 hsk 2, rad 72 rì: sun	唱歌 hsk 2 **chànggē**: v. sing
超 hsk 3, 12画 **chāo** ♭ to surpass	走 hsk 2, rad 156 🔑 zǒu: to walk 召 hsk 5 zhào ♭: to call together	超市 hsk 3 **chāoshì**: n. supermarket 超过 hsk 4 **chāoguò**: v. leave behind, outstrip
车 車 hsk 1, 4画 **chē** car	车 hsk 1, rad 159 🔑 chē: car	出租车 hsk 1 **chūzūchē**: n. taxi 公共汽车 hsk 2 **gōnggòngqìchē**: n. bus 火车站 hsk 2 **huǒchēzhàn**: n. railway station 自行车 hsk 3 **zìxíngchē**: n. bicycle 堵车 hsk 4 **dǔchē**: v traffic jam

衬 hsk 3, 8画 襯	衤 rad 145 yī: cloth 寸 hsk 6, rad 41 cùn: thumb	衬衫 hsk 3 chènshān: n. shirt
chèn (of garments) against the skin		
成 hsk 3, 6画	万 hsk 3 wàn: ten thousand 戈 rad 62 gē: halberd	成绩 hsk 3 chéngjì: n. score 完成 hsk 3 wánchéng: v. accomplish, complete, finish, achieve, fulfill 成功 hsk 4 chénggōng: adj. successful; v. succeed, be a success 成为 hsk 4 chéngwéi: v. become 养成 hsk 4 yǎngchéng: v. form, cultivate
chéng to accomplish, grow, become		
诚 hsk 4, 8画 誠	讠 rad 149 yán: speech 成 hsk 3 chéng: to accomplish, grow, become	诚实 hsk 4 chéngshí: adj. honest
chéng honest		
城 hsk 3, 9画	土 hsk 5, rad 32 tǔ: earth 成 hsk 3 chéng: to accomplish, grow, become	城市 hsk 3 chéngshì: n. city 长城 hsk 4 Chángchéng: n. the Great Wall
chéng city walls, town		
乘 hsk 4, 10画	丿 rad 4 piě: oblique 禾 rad 115 hé: grain 北 hsk 1 běi: north	乘坐 hsk 4 chéngzuò: v. take a ride (in a car, ship, etc.)
chéng to ride		
程 hsk 4, 12画	禾 rad 115 hé: grain 呈 hsk 6 chéng: to present to a superior	过程 hsk 4 guòchéng: n. process, course
chéng rule, procedure		
吃 hsk 1, 6画	口 hsk 3, rad 30 kǒu: mouth 乞 hsk 6 qǐ: to beg	吃 hsk 1 chī: v. eat 好吃 hsk 2 hǎochī: adj. delicious 吃惊 hsk 4 chījīng: sv. feel afraid suddenly, be startled, be shocked, be astonished, be taken aback 小吃 hsk 4 xiǎochī: n. snack, refreshment
chī to eat		

Cracking Chinese Characters – HSK 1, 2, 3, 4

Character	Info	Components	Words
迟 (遲) **chí** ↓ late	hsk 3, 7 strokes	辶 rad 162 chuò: brisk walking 尺 hsk 5 chǐ ↓: a Chinese foot	迟到 hsk 3 **chídào**: v. be late 推迟 hsk 4 **tuīchí**: v. put off, postpone, defer
持 **chí** ♭ to hold	hsk 4, 9 strokes	扌 rad 64 shou: hand 寺 hsk 6 sì ♭: Buddhist temple	坚持 hsk 4 **jiānchí**: v. insist on, persist in, keep up, stand on 支持 hsk 4 **zhīchí**: n. support, assistance; v. assist, support, stand for, back up, hold out
抽 **chōu** ♭ to draw out	hsk 4, 8 strokes	扌 rad 64 shou ♭: hand 由 hsk 4 yóu: from, cause, to follow	抽烟 hsk 4 **chōuyān**: v. smoke a cigarette
出 **chū** to go out	hsk 1, 5 strokes	凵 rad 17 qiǎn: container 凵 rad 17 qiǎn: container 丨 rad 2 gǔn: line	出租车 hsk 1 **chūzūchē**: n. taxi 出 hsk 2 **chū**: v. exit, go out, happen, (used after a verb, indicating direction) 出差 hsk 4 **chūchāi**: sv. be on a business trip 出发 hsk 4 **chūfā**: v. set out, start off, leave, head, move on, take the road 出生 hsk 4 **chūshēng**: v. be born 出现 hsk 4 **chūxiàn**: v. come out, happen, show up, appear 演出 hsk 4 **yǎnchū**: n. performance, presentation
除 **chú** to get rid of	hsk 3, 9 strokes	阝 rad 170 fù: mound 余 hsk 5 yú: extra	除了 hsk 3 **chúle**: prep. except (for), besides, in addition to
厨 (廚) **chú** kitchen	hsk 4, 12 strokes	厂 hsk 5, rad 27 chǎng: production facility 豆 hsk 5, rad 151 dòu: pea 寸 hsk 6, rad 41 cùn: thumb	厨房 hsk 4 **chúfáng**: n. kitchen
础 (礎) **chǔ** ↓ foundation	hsk 4, 10 strokes	石 hsk 5, rad 112 shí: stone 出 hsk 1 chū ↓: to go out	基础 hsk 4 **jīchǔ**: n. basis, base, foundation

楚 chǔ distinct	hsk 3 13	木 hsk 5, rad 75 mù: tree 林 hsk 4 lín: woods 疋 rad 103 pǐ: roll, piece of cloth	清楚 hsk 3 **qīngchu**: adj. clear, distinct; v. be clear about, understand
处 處 chù place	hsk 4 5	夂 rad 34 zhǐ: to go 卜 rad 25 bo: divination	到处 hsk 4 **dàochù**: adv. everywhere 好处 hsk 4 **hǎochu**: n. good point, advantage
穿 chuān to wear, to pierce	hsk 2 9	穴 hsk 6, rad 116 xué: cave, swing door 牙 hsk 3, rad 92 yá: tooth, ivory	穿 hsk 2 **chuān**: v. wear, put on
传 傳 chuán ♭ to pass on	hsk 4 6	亻 rad 9 rén: man 专 hsk 4 zhuān ♭: for a particular person, occasion, purpose	传真 hsk 4 **chuánzhēn**: n. fax
船 chuán boat	hsk 3 11	舟 hsk 6, rad 137 zhōu: boat 几 hsk 1, rad 16 jī: table 口 hsk 3, rad 30 kǒu: mouth	船 hsk 3 **chuán**: n. boat, ship
窗 chuāng ♩ window	hsk 4 12	穴 hsk 6, rad 116 xué: cave, swing door 囱 hsk ∅ cōng/chuāng♩: chimney/shutter	窗户 hsk 4 **chuānghu**: n. window
床 chuáng ♭ bed	hsk 2 7	广 hsk 4, rad 53 guǎng ♭: shelter 木 hsk 5, rad 75 mù: tree	起床 hsk 2 **qǐchuáng**: v. rise (from bed), get up

Cracking Chinese Characters – HSK 1, 2, 3, 4

春 **chūn** spring (season), youth	hsk 3 9 strokes	夫 hsk ∅ pěng: folded hands 日 hsk 2, rad 72 🔑 rì: sun	春 hsk 3 **chūn**: n. spring (one of the four seasons)
词 詞 **cí** ♭ word	hsk 3 7 strokes	讠 rad 149 🔑 yán: speech 司 hsk 2 sī ♭: to take charge of	词典 hsk 3 **cídiǎn**: n. dictionary 词语 hsk 4 **cíyǔ**: n. word and phrase
此 **cǐ** ♭ this, these	hsk 4 6 strokes	止 hsk 4, rad 77 🔑 zhǐ ♭: to stop 匕 rad 21 bǐ: spoon, overthrown man	因此 hsk 4 **yīncǐ**: conj. therefore, for this reason, consequently, hence, so
次 **cì** next in sequence	hsk 2 6 strokes	冫 rad 15 🔑 bīng: ice 欠 hsk 5, rad 76 qiàn: tired	次 hsk 2 **cì**: nm./vm. number of times 其次 hsk 4 **qícì**: prep. secondly, next, then
聪 聰 **cōng** ♭ clever	hsk 3 15 strokes	耳 hsk 3, rad 128 🔑 ěr: ear 总 hsk 3 zǒng ♭: always	聪明 hsk 3 **cōngming**: adj. bright, clever, intelligent
从 從 **cóng** from	hsk 2 4 strokes	人 hsk 1, rad 9 🔑 rén: man 人 hsk 1, rad 9 🔑 rén: man	从 hsk 2 **cóng**: prep. from, since 从来 hsk 4 **cónglái**: adv. right from the beginning, always, at all times, all along
粗 **cū** distant	hsk 4 11 strokes	米 hsk 1, rad 119 🔑 mǐ: rice 且 hsk 4 qiě: moreover	粗心 hsk 4 **cūxīn**: adj. careless, thoughtless

存 cún to store, deposit, exist	hsk 4 6	𠂉 : hand 丨 rad 2 gǔn: line 子 hsk 1, rad 39 zi: child	存 hsk 4 cún: v. keep, save, deposit
错 cuò mistake	hsk 2 13 錯	钅 rad 167 jīn: gold, metal 昔 hsk 6 xī: former times 艹 remnant from primitive pictograph, flax 日 hsk 2, rad 72 rì: sun	错 hsk 2 cuò: adj. wrong, incorrect 错误 hsk 4 cuòwù: adj. wrong, incorrect, mistaken; n. error, mistake
D 答 dá reply	hsk 3 12	⺮ rad 118 shì: bamboo 合 hsk 4 hé: to join, to suit, to close, to shut	回答 hsk 3 huídá: v. answer, reply, respond 答案 hsk 4 dá'àn: n. an answer or key to a question or problem
打 dǎ to beat, to hit, to make, to play (a game)	hsk 1 5	扌 rad 64 shou: hand 丁 hsk 6 dīng: robust, fourth	打电话 hsk 1 dǎdiànhuà: v. make a phone call 打篮球 hsk 2 dǎlánqiú: v. play basketball 打扫 hsk 3 dǎsǎo: v. clean, sweep 打算 hsk 3 dǎsuàn: n. plan; v. be going to do sth., plan to 打扮 hsk 4 dǎban: v. dress up, make up 打扰 hsk 4 dǎrǎo: v. bother, interrupt, intervene 打印 hsk 4 dǎyìn: v. print 打招呼 hsk 4 dǎzhāohu: v. greet sb by word or gesture 打折 hsk 4 dǎzhé: sv. give a discount 打针 hsk 4 dǎzhēn: sv. give or have an injection
大 dà / dài big	hsk 1 3	大 hsk 1, rad 37 dà: big	大 hsk 1 dà: adj. big, large, huge, great 大家 hsk 2 dàjiā: pron. everyone, everybody 大概 hsk 4 dàgài: adv. almost, probably 大使馆 hsk 4 dàshǐguǎn: n. embassy 大约 hsk 4 dàyuē: adv. about, approximately, more or less 大夫 hsk 4 dàifu: n. doctor, physician, surgeon
带 dài belt, to carry	hsk 3 9 帶	卅 hsk∅ sà: thirty 冖 rad 14 mì: to cover 巾 hsk 4, rad 50 jīn: turban	带 hsk 3 dài: v. carry, take, bring, bear

Cracking Chinese Characters – HSK 1, 2, 3, 4

袋	hsk 4, 11	代 hsk5 dài: to substitute 衣 hsk1, rad 145 🔑 yī: cloth	塑料袋 hsk4 sùliàodài: n. plastic bag
dài ↘ bag, pocket			
戴	hsk 4, 17	土 hsk5, rad 32 tǔ: earth 異 hsk∅ yì: different, strange 戈 rad 62 🔑 gē: halberd	戴 hsk4 dài: v. wear, put on
dài to put on, wear			
单 (單)	hsk 3, 8	ⱽ rad 12 bā: eight, separate 日 hsk2, rad 72 rì: sun 十 hsk1, rad 24 🔑 shí: ten	菜单 hsk3 càidān: n. menu 简单 hsk3 jiǎndān: adj. easy, simple
dān list, form			
担 (擔)	hsk 3, 8	扌 rad 64 🔑 shou: hand 旦 hsk5 dàn↘: dawn	担心 hsk3 dānxīn: v. worry, be anxious, feel concerned
dān ↘ to undertake			
但	hsk 2, 7	亻 rad 9 🔑 rén: man 旦 hsk5 dàn↘: dawn	虽然…但是… hsk2 suīrán…dànshì…: although…still…, even if…nevertheless… 不但…而且… hsk3 bùdàn…érqiě…: conj. moreover, not only… but also…
dàn ↘ but			
蛋	hsk 2, 11	疋 rad 103 pǐ: roll, piece of cloth 虫 hsk5, rad 142 chóng: insect	鸡蛋 hsk2 jīdàn: n. egg 蛋糕 hsk3 dàngāo: n. cake
dàn egg			
当 (當)	hsk 3, 6	ⱽ rad 42 xiǎo: small 彐 rad 58 🔑 jì: snout	当然 hsk3 dāngrán: adv.. of course, naturally, certainly 当 hsk4 dāng: v. to be, to act as 当时 hsk4 dāngshí: n. at that time
dāng / dàng to be equal, act as; when / proper, appropriate			

刀 hsk 4, 2 strokes	刀 hsk 4, rad 18 dāo: knife	刀 hsk 4 dāo: n. knife
dāo knife		
导 [導] hsk 4, 6 strokes	巳 hsk ∅ sì: 9-11 a.m. 寸 hsk 6, rad 41 cùn: thumb	导游 hsk 4 dǎoyóu: n. tour guide
dǎo to transmit		
到 hsk 2, 8 strokes	至 hsk 4, rad 133 zhì: to reach 刂 rad 18 dāo↙: knife	到 hsk 2 dào: v. arrive, reach 迟到 hsk 3 chídào: v. be late 遇到 hsk 3 yùdào: v. meet 到处 hsk 4 dàochù: adv. everywhere 到底 hsk 4 dàodǐ: adv. on earth 受到 hsk 4 shòudào: v. accept, receive
dào ↙ to (a place)		
倒 hsk 4, 10 strokes	亻 rad 9 rén: man 到 hsk 2 dào↙: to (a place)	倒 hsk 4 dào: v. fall, lie down
dào ↙ to place upside down		
道 hsk 2, 12 strokes	辶 rad 162 chuò: brisk walking 首 hsk 4, rad 185 shǒu: head	知道 hsk 2 zhīdào: v. know, be aware of 街道 hsk 3 jiēdào: n. street 道歉 hsk 4 dàoqiàn: sv. make an apology 难道 hsk 4 nándào: adv. used in a rhetorical question 味道 hsk 4 wèidào: n. flavor, taste, savour
dào road, direction, principle		
地 hsk 3, 6 strokes	土 hsk 5, rad 32 tǔ: earth 也 hsk 2 yě: also	地 (助词) hsk 3 de: -ly; structural part.: used before a verb or adjective, linking it to preceding modifying adverbial adjunct 地方 hsk 3 dìfang: n. place 地铁 hsk 3 dìtiě: n. subway 地图 hsk 3 dìtú: n. map 地点 hsk 4 dìdiǎn: n. place, site, spot 地球 hsk 4 dìqiú: n. the Earth 地址 hsk 4 dìzhǐ: n. address
de / dì (struct. part.) -ly / land, soil		

Cracking Chinese Characters – HSK 1, 2, 3, 4

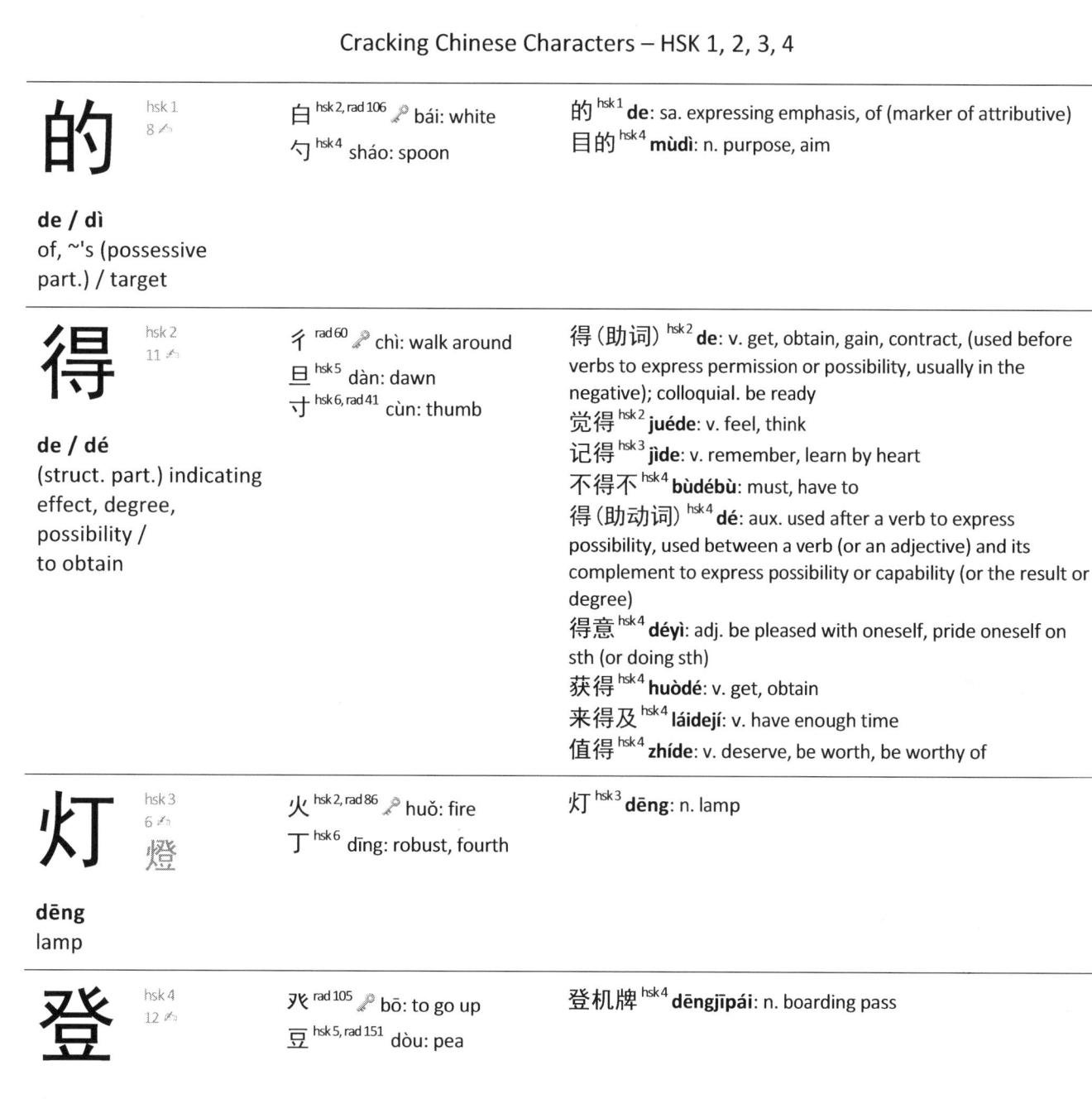

的 hsk 1, 8 **de / dì** of, ~'s (possessive part.) / target	白 hsk 2, rad 106 bái: white 勺 hsk 4 sháo: spoon	的 hsk 1 **de**: sa. expressing emphasis, of (marker of attributive) 目的 hsk 4 **mùdì**: n. purpose, aim	

得 hsk 2, 11 **de / dé** (struct. part.) indicating effect, degree, possibility / to obtain	彳 rad 60 chì: walk around 旦 hsk 5 dàn: dawn 寸 hsk 6, rad 41 cùn: thumb	得 (助词) hsk 2 **de**: v. get, obtain, gain, contract, (used before verbs to express permission or possibility, usually in the negative); colloquial. be ready 觉得 hsk 2 **juéde**: v. feel, think 记得 hsk 3 **jìde**: v. remember, learn by heart 不得不 hsk 4 **bùdébù**: must, have to 得 (助动词) hsk 4 **dé**: aux. used after a verb to express possibility, used between a verb (or an adjective) and its complement to express possibility or capability (or the result or degree) 得意 hsk 4 **déyì**: adj. be pleased with oneself, pride oneself on sth (or doing sth) 获得 hsk 4 **huòdé**: v. get, obtain 来得及 hsk 4 **láidejí**: v. have enough time 值得 hsk 4 **zhíde**: v. deserve, be worth, be worthy of

灯 hsk 3, 6 燈 **dēng** lamp	火 hsk 2, rad 86 huǒ: fire 丁 hsk 6 dīng: robust, fourth	灯 hsk 3 **dēng**: n. lamp

登 hsk 4, 12 **dēng** to step on	癶 rad 105 bō: to go up 豆 hsk 5, rad 151 dòu: pea	登机牌 hsk 4 **dēngjīpái**: n. boarding pass

等 hsk 2, 12 **děng** to wait, rank	⺮ rad 118 shì: bamboo 寺 hsk 6 sì: Buddhist temple 土 hsk 5, rad 32 tǔ: earth 寸 hsk 6, rad 41 cùn: thumb	等 (动词) hsk 2 **děng**: v. wait 等 (助词) hsk 4 **děng**: part. used after a personal pronoun to show plurality, indicates the end of an enumeration, and so on

低 hsk 4, 7 **dī** low	亻 rad 9 rén: man 氐 hsk ø dīˇ: name of an ancient tribe	低 hsk 4 **dī**: adj. low, down; v. lower, hang down 降低 hsk 4 **jiàngdī**: v. lower, reduce, decrease

Character	Components	Words
底 hsk 4, 8 strokes **dǐ** background, bottom, end (of the month, year...)	广 hsk 4, rad 53 guǎng: shelter 氏 hskØ dī: name of an ancient tribe	到底 hsk 4 **dàodǐ**: adv. on earth 底 hsk 4 **dǐ**: n. at the end of
弟 hsk 2, 7 strokes **dì** younger brother	∨ rad 12 bā: eight, separate 弓 rad 57 gōng: bow 丨 rad 2 gǔn: line 丿 rad 4 piě: oblique 弔 hskØ diào: to hang, suspend	弟弟 hsk 2 **dìdi**: n. younger brother
第 hsk 2, 11 strokes **dì** (prefix indicating ordinal number, e.g. first, number two etc)	⺮ rad 118 shì: bamboo 弔 hskØ diào: to hang, suspend 丿 rad 4 piě: oblique	第一 hsk 2 **dìyī**: num. first
典 hsk 3, 8 strokes **diǎn** standard work of scholarship	曲 hsk 6 qū: bent 八 hsk 1, rad 12 bā: eight, separate	词典 hsk 3 **cídiǎn**: n. dictionary
点 點 hsk 1, 9 strokes **diǎn** point, dot, drop, o'clock	卜 rad 25 bo: divination 口 hsk 3, rad 30 kǒu: mouth 灬 rad 86 biāo: fire, legs	点 hsk 1 **diǎn**: n. o'clock, spot, stroke, drop, point, beat; v. light, order, count, check one by one; nm. (for items) a little, a bit, some 一点儿 hsk 1 **yīdiǎn'er**: nm. a little 地点 hsk 4 **dìdiǎn**: n. place, site, spot 缺点 hsk 4 **quēdiǎn**: n. defect, drawback, flaw, fault, shortcoming 特点 hsk 4 **tèdiǎn**: n. characteristic, distinguishing feature, fingerprint, particular, distinctive mark 优点 hsk 4 **yōudiǎn**: n. merit, advantage, virtue, excellence 重点 hsk 4 **zhòngdiǎn**: n. key point
电 電 hsk 1, 5 strokes **diàn** electric	田 hsk 6, rad 102 tián: field 乚 rad 5 yǐn: second, hand	打电话 hsk 1 **dǎdiànhuà**: v. make a phone call 电脑 hsk 1 **diànnǎo**: n. computer 电视 hsk 1 **diànshì**: n. television 电影 hsk 1 **diànyǐng**: n. motion picture, movie, film 电梯 hsk 3 **diàntī**: n. elevator 电子邮件 hsk 3 **diànzǐyóujiàn**: n. email

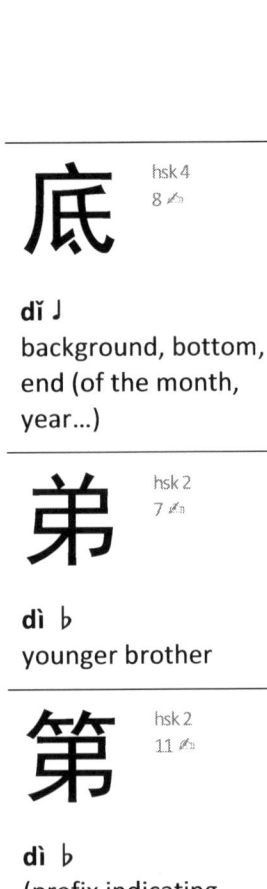

Cracking Chinese Characters – HSK 1, 2, 3, 4

Character	Info	Components	Words
店 **diàn** shop	hsk 1, 8 strokes	广 hsk 4, rad 53 guǎng: shelter 占 hsk 4 zhàn: to take possession of	饭店 hsk 1 **fàndiàn**: n. restaurant, eatery, (large) hotel 商店 hsk 1 **shāngdiàn**: n. shop, store
调 (調) **diào / tiáo** to transfer, investigate / to harmonize, regulate	hsk 3, 10 strokes	讠 rad 149 yán: speech 周 hsk 3 zhōu: week, circumference	空调 hsk 3 **kōngtiáo**: n. air conditioner 调查 hsk 4 **diàochá**: n. investigation, inquiry, survey; v. investigate
掉 **diào** to fall	hsk 4, 11 strokes	扌 rad 64 shou: hand 卓 hsk 6 zhuō: outstanding	掉 hsk 4 **diào**: v. fall
定 **dìng** to set, to fix, calm, stable	hsk 3, 8 strokes	宀 rad 40 mián: roof 正 hsk 2 zhèng: just (right)	决定 hsk 3 **juédìng**: n. decision, determination, resolution; v. decide, determine 一定 hsk 3 **yídìng**: adj fixed, specified, regular, certain, adv. surely, certainly, necessarily 规定 hsk 4 **guīdìng**: n. rule, regulation, stipulation; v. stipulate, order 肯定 hsk 4 **kěndìng**: adv. certainly, surely
丢 **diū** to lose	hsk 4, 6 strokes	丿 rad 4 piě: oblique 去 hsk 1 qù: to go	丢 hsk 4 **diū**: v. lose
东 (東) **dōng** east	hsk 1, 5 strokes	一 hsk 1, rad 1 yī: one 丿 rad 4 piě: oblique 木 rad 75 děng: simplified tree	东西 hsk 1 **dōngxi**: n. thing, object 东 hsk 3 **dōng**: n. east 房东 hsk 4 **fángdōng**: n. landlord
冬 **dōng** winter	hsk 3, 5 strokes	夂 rad 34 zhǐ: to go 冫 rad 15 bīng: ice	冬 hsk 3 **dōng**: n. winter

懂 dǒng ↘ to understand
hsk 2, 15 strokes

- 忄 rad 61 🔑 xīn: heart
- 董 hsk 6 dǒng↘: to supervise
- 艹 rad 140 cǎo: vegetal
- 重 hsk 3 zhòng: heavy

懂 hsk 2 **dǒng**: v. understand

动 (動) dòng (of sth) to move
hsk 2, 6 strokes

- 云 hsk 4 yún: cloud
- 力 hsk 3, rad 19 🔑 lì: force

运动 hsk 2 **yùndòng**: v. take exercise
动物 hsk 3 **dòngwù**: n. animal
动作 hsk 4 **dòngzuò**: n. movement, action, motion
感动 hsk 4 **gǎndòng**: v. move or touch sb, feel moved, be touched
活动 hsk 4 **huódòng**: n. activity; v. take exercise, move
激动 hsk 4 **jīdòng**: adj. excited; v. thrill, inspire, excite, agitate

都 dōu / dū all / capital
hsk 1, 10 strokes

- 耂 rad 125 lǎo: old
- 日 hsk 2, rad 72 rì: sun
- 阝 rad 163 🔑 yì: city
- 者 hsk 3 zhě: (after a noun) person involved in ...

都 hsk 1 **dōu**: adv. all, adv. already, adv. used to emphasize
首都 hsk 4 **shǒudū**: n capital (of a country)

读 (讀) dú to read
hsk 1, 10 strokes

- 讠 rad 149 🔑 yán: speech
- 卖 hsk 2 mài: to sell

读 hsk 1 **dú**: v. read
阅读 hsk 4 **yuèdú**: v. read; n. reading

堵 dǔ ♭ to stop up
hsk 4, 11 strokes

- 土 hsk 5, rad 32 🔑 tǔ ♭: earth
- 者 hsk 3 zhě: (after a noun) person involved in ...

堵车 hsk 4 **dǔchē**: v traffic jam

肚 dù ♭ stomach
hsk 4, 7 strokes

- 月 rad 130 🔑 ròu: flesh
- 土 hsk 5, rad 32 tǔ ♭: earth

肚子 hsk 4 **dùzi**: n. belly, abdomen, stomach

度 dù measure
hsk 4, 9 strokes

- 广 hsk 4, rad 53 🔑 guǎng: shelter
- 廿 hsk ∅ niàn: twenty
- 又 hsk 3, rad 29 yòu: still, hand

速度 hsk 4 **sùdù**: n. speed
态度 hsk 4 **tàidu**: n. manner, attitude
温度 hsk 4 **wēndù**: n. temperature

Cracking Chinese Characters – HSK 1, 2, 3, 4

短 **duǎn** short	hsk 3, 12	矢 rad 111 shǐ: arrow 豆 hsk 5, rad 151 dòu: pea	短 hsk 3 **duǎn**: adj. short 短信 hsk 4 **duǎnxìn**: n. short message
段 **duàn** paragraph	hsk 3, 9	厂 hsk 5, rad 27 chǎng: production facility 三 hsk 1 sān: three 殳 rad 79 shū: weapon	段 hsk 3 **duàn**: nm. passage, paragraph (of an article), period (of time), section (of a distance)
断 斷 **duàn** to break	hsk 4, 11	米 hsk 1, rad 119 mǐ: rice 乚 rad 5 yǐn: second, hand 斤 hsk 3, rad 69 jīn: axe, 500 grams	判断 hsk 4 **pànduàn**: n. decision, judgement, estimation
锻 鍛 **duàn** ↙ to forge	hsk 3, 14	钅rad 167 jīn: gold, metal 段 hsk 3 duàn↙: paragraph	锻炼 hsk 3 **duànliàn**: v. do physical training, to take exercise
队 隊 **duì** team, group	hsk 4, 4	阝rad 170 fù: mound 人 hsk 1, rad 9 rén: man	排队 hsk 4 **páiduì**: v. line up
对 對 **duì** correct, opposite	hsk 1, 5	又 rad 29 yòu: still, hand 寸 hsk 6, rad 41 cùn: thumb	对不起 hsk 1 **duìbuqǐ**: sp. I'm sorry, excuse me 对 (介词) hsk 2 **duì**: prep. to, towards 对 (形容词) hsk 2 **duì**: adj. right, correct 对话 hsk 4 **duìhuà**: n. dialogue 对面 hsk 4 **duìmiàn**: n. the opposite side 对于 hsk 4 **duìyú**: prep. regarding, as far as sth is concerned, with regards to 反对 hsk 4 **fǎnduì**: v. be against, object to

多 hsk 1, 6 strokes **duō** many	夕 hsk 5, rad 36 xī: evening 夕 hsk 5, rad 36 xī: evening	多 hsk 1 **duō**: adj. a lot of, adv. how (used before an adjective, indicating exclamation, used in an interrogative sentence, expressing an inquiry of number or degree) 多少 hsk 1 **duōshǎo**: pron. how many, how much 多么 hsk 3 **duōme**: adv. how (wonderful, etc.) 差不多 hsk 4 **chàbuduō**: adv. about, nearly 许多 hsk 4 **xǔduō**: adj. numerous, great many, large number of, heaps of
朵 hsk 3, 6 strokes **duǒ** earlobe	几 hsk 1, rad 16 jī: table 木 hsk 5, rad 75 mù: tree	耳朵 hsk 3 **ěrduo**: n. ear
饿 hsk 3, 10 strokes 餓 **è** to be hungry	饣 rad 184 shí: to eat 我 hsk 1 wǒ: I, me, my	饿 hsk 3 **è**: adj. hungry
儿 hsk 1, 2 strokes 兒 **er** child; son; (suffix to express smallness)	儿 hsk 1, rad 10 er: child	儿子 hsk 1 **érzi**: n. son 哪儿 hsk 1 **nǎ'er**: pron. where 女儿 hsk 1 **nǚ'ér**: n. daughter 一点儿 hsk 1 **yīdiǎn'er**: nm. a little 一会儿 hsk 3 **yīhuì'er**: a moment 儿童 hsk 4 **értóng**: n. a child
而 hsk 3, 6 strokes **ér** and, but (not), if	而 hsk 3, rad 126 ér: and	不但…而且… hsk 3 **bùdàn…érqiě…**: conj. moreover, not only… but also… 而 hsk 4 **ér**: conj. and, but, however 然而 hsk 4 **ránér**: conj. yet, but, however, nevertheless
尔 hsk 4, 5 strokes 爾 **ěr** thus	⼍ rad 14 mì: to cover 小 hsk 1, rad 42 xiǎo: small	偶尔 hsk 4 **ǒuěr**: adv. once in a while, occasionally
耳 hsk 3, 6 strokes **ěr** ear	耳 hsk 3, rad 128 ěr: ear	耳朵 hsk 3 **ěrduo**: n. ear

Cracking Chinese Characters – HSK 1, 2, 3, 4

二 hsk 1, 2 strokes **èr** two	一 hsk 1, rad 7 🔑 èr: two	二 hsk 1 **èr**: num. two
发 發 hsk 3, 5 strokes **fā** ♭ to send out	ナ: hand 八 hsk 1, rad 12 bā ♭: eight, separate 又 hsk 3, rad 29 🔑 yòu: still, hand	发 hsk 3 **fā**: v. send 发烧 hsk 3 **fāshāo**: v. have a fever 发现 hsk 3 **fāxiàn**: v. find out, discover 头发 hsk 3 **tóufa**: n. hair 出发 hsk 4 **chūfā**: v. set out, start off, leave, head, move on, take the road 发生 hsk 4 **fāshēng**: v. take place, happen 发展 hsk 4 **fāzhǎn**: v. develop, expand, go along 理发 hsk 4 **lǐfà**: v. get a haircut 沙发 hsk 4 **shāfā**: n. sofa, upholstered arm chair
法 hsk 3, 8 strokes **fǎ** law	氵 rad 85 🔑 shuǐ: water 去 hsk 1 qù: to go	办法 hsk 3 **bànfǎ**: n. way, means, measure, step to take, method, resource 法律 hsk 4 **fǎlǜ**: n. law 方法 hsk 4 **fāngfǎ**: n. method, way, manner, measure 看法 hsk 4 **kànfǎ**: n. opinion 语法 hsk 4 **yǔfǎ**: n. grammar
翻 hsk 4, 18 strokes **fān** ↓ to turn over, to decode	番 hsk 6 fān↓: foreign country 采 rad 165 biàn: to distinguish 田 hsk 6, rad 102 tián: field 羽 hsk 4, rad 124 🔑 yǔ: feather	翻译 hsk 4 **fānyì**: v. translate
烦 煩 hsk 4, 10 strokes **fán** to feel vexed	火 hsk 2, rad 86 🔑 huǒ: fire 页 hsk 4, rad 181 yè: head, leaf	烦恼 hsk 4 **fánnǎo**: adj. annoyed; n. vexation, worry, trouble; v. fret one's heart, be worried 麻烦 hsk 4 **máfan**: adj. troublesome; n. bother, burden; v. bother, trouble
反 hsk 4, 4 strokes **fǎn** contrary	厂 hsk 5, rad 27 chǎng: production facility 又 hsk 3, rad 29 🔑 yòu: still, hand	反对 hsk 4 **fǎnduì**: v. be against, object to 相反 hsk 4 **xiāngfǎn**: adj. opposite, contrary, adverse, reverse, inverse, opposed, on the contrary

饭 fàn↘ food	hsk 1 7 饭 (饭)	饣 rad 184 shí: to eat 反 hsk 4 fǎn↘: contrary	饭店 hsk 1 fàndiàn: n. restaurant, eatery, (large) hotel 米饭 hsk 1 mǐfàn: n. cooked rice
方 fāng square	hsk 3 4	方 hsk 3, rad 70 fāng: square, direction 丶 rad 3 zhǔ: stroke 万 hsk 3 wàn: ten thousand	北方 hsk 3 běifāng: n. north 地方 hsk 3 dìfang: n. place 方便 hsk 3 fāngbiàn: adj. convenient 方法 hsk 4 fāngfǎ: n. method, way, manner, measure 方面 hsk 4 fāngmiàn: n. aspect 方向 hsk 4 fāngxiàng: n. direction
房 fáng↗ house	hsk 2 8	户 rad 63 hù: gate 方 hsk 3, rad 70 fāng↘: square, direction	房间 hsk 2 fángjiān: n. room 厨房 hsk 4 chúfáng: n. kitchen 房东 hsk 4 fángdōng: n. landlord
放 fàng↘ to release	hsk 3 8	方 hsk 3, rad 70 fāng↘: square, direction 攵 rad 66 pū: to bump, hand	放 hsk 3 fàng: v. put, place 放心 hsk 3 fàngxīn: v. be assured 放弃 hsk 4 fàngqì: v. give up 放暑假 hsk 4 fàngshǔjià: v. have a summer vacation 放松 hsk 4 fàngsōng: v. relax
飞 fēi to fly	hsk 1 3 飛	飞 hsk 1, rad 183 fēi: to fly	飞机 hsk 1 fēijī: n. plane 起飞 hsk 3 qǐfēi: v. (of aircraft) take off, lift off, launch
非 fēi to not be	hsk 2 8	非 hsk 2, rad 175 fēi: false	非常 hsk 2 fēicháng: adv. very
啡 fēi↘ phonetic component for (co)ffee	hsk 2 11	口 hsk 3, rad 30 kǒu: mouth 非 hsk 2, rad 175 fēi↘: false	咖啡 hsk 2 kāfēi: n. coffee

Cracking Chinese Characters – HSK 1, 2, 3, 4

肥 hsk 4, 8 strokes **féi** fat		月 rad 130 🔑 ròu: flesh 巴 hsk 5 bā: to long for	减肥 hsk 4 **jiǎnféi**: sv. lose weight
费 hsk 4, 9 strokes 費 **fèi** ♭ to cost		弗 hsk ∅ fú: not; 贝 hsk 5, rad 154 🔑 bèi ♭ : shell / money	浪费 hsk 4 **làngfèi**: v. squander, waste 免费 hsk 4 **miǎnfèi**: adj. free
分 hsk 1, 4 strokes **fēn** to divide		八 hsk 1, rad 12 bā: eight, separate 刀 hsk 4, rad 18 🔑 dāo: knife	分钟 hsk 1 **fēnzhōng**: n. minute 分 hsk 3 **fēn**: n. mark, grade, score; num. minute; v. split, separate 百分之 hsk 4 **bǎi fēn zhī**: percent 部分 hsk 4 **bùfen**: n. part, section, portion 十分 hsk 4 **shífēn**: adv. very, fully, utterly, extremely, completely
份 hsk 4, 6 strokes **fèn** ↓ part; classifier for portion or copy of a paper		亻 rad 9 🔑 rén: man 分 hsk 1 fēn ↓: to divide	份 hsk 4 **fèn**: nm. part, portion
奋 hsk 4, 8 strokes 奮 **fèn** to exert oneself		大 hsk 1, rad 37 🔑 dà: big 田 hsk 6, rad 102 tián: field	兴奋 hsk 4 **xīngfèn**: adj. excited
丰 hsk 4, 4 strokes 豐 **fēng** luxuriant		丨 rad 2 🔑 gǔn: line 三 hsk 1 sān: three	丰富 hsk 4 **fēngfù**: adj. abundant, plentiful, copious, rich, profuse; v. enrich
风 hsk 3, 4 strokes 風 **fēng** wind		风 hsk 3, rad 182 🔑 fēng: wind	刮风 hsk 3 **guāfēng**: blow (of wind)

封 hsk 4, 9 strokes	圭 hsk∅ guī: jade tablet 寸 hsk 6, rad 41 cùn: thumb	信封 hsk 4 xìnfēng: n. envelope
fēng to confer		
否 hsk 4, 7 strokes	不 hsk 1 bù: (negative prefix) 口 hsk 3, rad 30 kǒu ♭: mouth	否则 hsk 4 fǒuzé: conj. otherwise 是否 hsk 4 shìfǒu: adv. whether or not
fǒu ♭ to negate		
夫 hsk 2, 4 strokes	一 hsk 1, rad 1 yī: one 大 hsk 1, rad 37 dà: big	丈夫 hsk 2 zhàngfu: n. husband 大夫 hsk 4 dàifu: n. doctor, physician, surgeon 功夫 hsk 4 gōngfu: n. Kung Fu
fū husband, man, manual worker		
肤 hsk 4, 8 strokes 膚	月 rad 130 ròu: flesh 夫 hsk 2 fū♩: husband, man, manual worker	皮肤 hsk 4 pífū: n. skin
fū ♩ skin		
服 hsk 1, 8 strokes	月 hsk 1, rad 74 yuè: moon 卩 rad 26 jié: seal 又 hsk 3, rad 29 yòu: still, hand	衣服 hsk 1 yīfu: n. clothing, clothes, dress 服务员 hsk 2 fúwùyuán: n. attendant, waiter, waitress 舒服 hsk 3 shūfu: adj. pleased, comfortable
fú clothes		
符 hsk 4, 11 strokes	⺮ rad 118 shì: bamboo 付 hsk 4 fù♩: to pay	符合 hsk 4 fúhé: v. correspond with, accord with, comform to
fú ♩ sign, symbol, to correspond to		
福 hsk 4, 13 strokes	礻 rad 113 shì: to venerate, to show 畐 hsk∅ fú♩: to fill	幸福 hsk 4 xìngfú: adj. happy; n. well-being, happiness, bliss
fú ♩ happiness, luck		

Cracking Chinese Characters – HSK 1, 2, 3, 4

父 fù father	hsk 4 / 4	父 hsk 4, rad 88 fù: father	父亲 hsk 4 **fùqīn**: n. father
付 fù to pay	hsk 4 / 5	亻 rad 9 rén: man 寸 hsk 6, rad 41 cùn: thumb	付款 hsk 4 **fùkuǎn**: v. pay
负 (負) fù to bear	hsk 4 / 6	⺈ rad 18 dāo: knife 贝 hsk 5, rad 154 bèi: shell, money	负责 hsk 4 **fùzé**: adj. responsible; v. be in charge of, be responsible for
附 fù↙ to be close to, to add	hsk 3 / 7	阝 rad 170 fù↙: mound 付 hsk 4 fù↙: to pay	附近 hsk 3 **fùjìn**: n. nearby, neighbour, vicinity, proximity
复 (復) fù to repeat, complex (not simple)	hsk 3 / 9	𠂉 rad 9 rén: man 日 hsk 2, rad 72 rì: sun 夂 rad 34 zhǐ: to go 夊 rad 35 suī: go slowly	复习 hsk 3 **fùxí**: v. review 复印 hsk 4 **fùyìn**: v. copy, reproduce on a copying machine 复杂 hsk 4 **fùzá**: adj. complicated, complex
傅 fù instructor	hsk 4 / 12	亻 rad 9 rén: man 尃 hsk ∅ fū: to state to, to announce	师傅 hsk 4 **shīfu**: n. used to address strangers in everyday life, similar to "mister" or "sir"
富 fù↙ abundant	hsk 4 / 12	宀 rad 40 mián: roof 畐 hsk ∅ fú↙: to fill	丰富 hsk 4 **fēngfù**: adj. abundant, plentiful, copious, profuse 富 hsk 4 **fù**: adj. abundant, rich

G

该 gāi ♭ — should
- hsk 3, 8 strokes
- 讠 rad 149 yán: speech
- 亥 hsk∅ hài ♭: 9-11 pm
- 应该 hsk 3 **yīnggāi**: aux. should, have to, ought to, must

改 gǎi — to change
- hsk 4, 7 strokes
- 己 hsk 3, rad 49 jǐ: personal
- 攵 rad 66 pū: to bump, hand
- 改变 hsk 4 **gǎibiàn**: v. change, vary, alter, transform

概 gài — in general
- hsk 4, 13 strokes
- 木 hsk 5, rad 75 mù: tree
- 既 hsk 4 jì: adv. already; conj. since, now that
- 艮 rad 138 gěn: decided
- 无 hsk 4, rad 71 wú: without
- 大概 hsk 4 **dàgài**: adv. almost, probably

赶 gǎn ↓ — to overtake
- hsk 4, 10 strokes
- 趕
- 走 hsk 2, rad 156 zǒu: to walk
- 干 hsk 3, rad 51 gàn↓: dry
- 赶 hsk 4 **gǎn**: v. catch, get

敢 gǎn — to dare
- hsk 4, 11 strokes
- 一 rad 5 ya: second, hand
- 耳 hsk 3, rad 128 ěr: ear
- 攵 rad 66 pū: to bump, hand
- 敢 hsk 4 **gǎn**: aux. dare to do
- 勇敢 hsk 4 **yǒnggǎn**: adj. brave, courageous

感 gǎn — to feel
- hsk 3, 13 strokes
- 咸 hsk 4 xián: salted
- 戌 hsk∅ xū: 11th earthly branch: 7-9 p.m., 9th solar month (8th October-6th November), year of the Dog
- 口 hsk 3, rad 30 kǒu: mouth
- 心 hsk 3, rad 61 xīn: heart
- 感冒 hsk 3 **gǎnmào**: v. have/catch a cold
- 感兴趣 hsk 3 **gǎn xìngqù**: interest, taste
- 感动 hsk 4 **gǎndòng**: v. move or touch sb, feel moved, be touched
- 感觉 hsk 4 **gǎnjué**: n. sense perception, feeling, impression, sensation; v. sense, perceive, feel, experience
- 感情 hsk 4 **gǎnqíng**: n. feeling, emotion
- 感谢 hsk 4 **gǎnxiè**: n. thanks, appreciation; v. thank, be grateful, appreciate

Cracking Chinese Characters – HSK 1, 2, 3, 4

干 hsk 3, 3 strokes **gān / gàn** dry, empty / to do, to work as, to oppose	干 hsk 3, rad 51 🔑 gàn: to do, dry	干净 hsk 3 **gānjìng**: adj. clean 饼干 hsk 4 **bǐnggān**: n. cracker, cookie, biscuit 干杯 hsk 4 **gānbēi**: v. cheer, n. cheers 干 hsk 4 **gàn**: v. do, work
刚 hsk 3, 6 strokes (刚) **gāng**↘ hard, just, exactly	冈 hsk ∅ gāng↘: ridge 刂 rad 18 🔑 dāo: knife	刚才 hsk 3 **gāngcái**: n. a moment ago, just now 刚 hsk 4 **gāng**: adv. just, a moment ago
钢 hsk 4, 9 strokes (鋼) **gāng**↘ steel	钅 rad 167 🔑 jīn: gold, metal 冈 hsk ∅ gāng↘: ridge	弹钢琴 hsk 4 **tángāngqín**: play the piano
高 hsk 1, 10 strokes **gāo** high	高 hsk 1, rad 189 🔑 gāo: high	高兴 hsk 1 **gāoxìng**: adj. happy, glad, cheerful, pleased 高 hsk 2 **gāo**: adj. tall, high 提高 hsk 3 **tígāo**: v. raise, improve, increase 高速公路 hsk 4 **gāosùgōnglù**: n. expressway
膏 hsk 4, 14 strokes **gāo**↘ ointment, paste	高 hsk 1, rad 189 gāo↘: high 月 rad 130 🔑 ròu: flesh	牙膏 hsk 4 **yágāo**: n. toothpaste
糕 hsk 3, 16 strokes **gāo**↘ cake	米 hsk 1, rad 119 🔑 mǐ: rice 羔 hsk ∅ gāo↘: lamb	蛋糕 hsk 3 **dàngāo**: n. cake
告 hsk 2, 7 strokes **gào** to say	牛 rad 93 niú: beef 口 hsk 3, rad 30 🔑 kǒu: mouth	告诉 hsk 2 **gàosu**: v. tell 广告 hsk 4 **guǎnggào**: n. advertisement, commercial

Character	Info	Components	Words
哥 gē ♭ elder brother	hsk 2 10 strokes	可 ʰˢᵏ² kě ♭: can, may 丁 ʰˢᵏ⁶ dīng: robust, fourth 口 ʰˢᵏ³,ʳᵃᵈ³⁰ kǒu: mouth	哥哥 ʰˢᵏ² **gēge**: n. elder brother
胳 gē ↓ armpit	hsk 4 10 strokes	月 ʳᵃᵈ¹³⁰ ròu: flesh 各 ʰˢᵏ⁴ gè↓: each	胳膊 ʰˢᵏ⁴ **gēbo**: n. arm
歌 gē ↓ song	hsk 2 14 strokes	哥 ʰˢᵏ² gē↓: elder brother 可 ʰˢᵏ² kě: can, may 欠 ʰˢᵏ⁵,ʳᵃᵈ⁷⁶ qiàn: tired	唱歌 ʰˢᵏ² **chànggē**: v. sing
格 gé ↓ frame, square, pattern	hsk 4 10 strokes	木 ʰˢᵏ⁵,ʳᵃᵈ⁷⁵ mù: tree 各 ʰˢᵏ⁴ gè↓: each	表格 ʰˢᵏ⁴ **biǎogé**: n. form, table, list 合格 ʰˢᵏ⁴ **hégé**: adj. qualified 价格 ʰˢᵏ⁴ **jiàgé**: n. price 性格 ʰˢᵏ⁴ **xìnggé**: n. character, nature, temperament, disposition 严格 ʰˢᵏ⁴ **yángé**: adj. strict, rigorous, stringent
个 個 gè general classifier for people or objects	hsk 1 3 strokes	人 ʰˢᵏ¹,ʳᵃᵈ⁹ rén: man 丨 ʳᵃᵈ² gǔn: line	个 ʰˢᵏ¹ **gè**: nm. used with nouns without specific measure words 个子 ʰˢᵏ³ **gèzi**: n. height
各 gè each	hsk 4 6 strokes	夂 ʳᵃᵈ³⁴ zhǐ: to go 口 ʰˢᵏ³,ʳᵃᵈ³⁰ kǒu: mouth	各 ʰˢᵏ⁴ **gè**: pron. every
给 給 gěi for the benefit of	hsk 2 9 strokes	纟 ʳᵃᵈ¹²⁰ sī: silk 合 ʰˢᵏ⁴ hé: to join, to suit, to close, to shut	给 ʰˢᵏ² **gěi**: prep. for, for the benefit of; v. give, grant, let, allow, hand over

Cracking Chinese Characters – HSK 1, 2, 3, 4

根 hsk 3, 10	木 hsk 5, rad 75 mù: tree 艮 rad 138 gěn↘: decided	根据 hsk 3 gēnjù: n. basis, cause, foundation; prep. on the basis of, according to

gēn ↘
root, source, basis

跟 hsk 3, 13	足 hsk 2, rad 157 zú: foot 艮 rad 138 gěn↘: decided	跟 hsk 3 gēn: prep. with; v. follow

gēn ↘
to go with, compared with, heel

更 hsk 3, 7	一 hsk 1, rad 1 yī: one 曰 rad 73 yuē: to say 乂 no meaning	更 hsk 3 gèng: adv. more

gèng
even more

工 hsk 1, 3	工 hsk 1, rad 48 gōng: work	工作 hsk 1 gōngzuò: n. job, work; v. work 工资 hsk 4 gōngzī: n. wage, pay, salary

gōng
work

公 hsk 2, 4	八 hsk 1, rad 12 bā: eight, separate 厶 rad 28 sī: secret	公共汽车 hsk 2 gōnggòngqìchē: n. bus 公司 hsk 2 gōngsī: n. company, firm 办公室 hsk 3 bàngōngshì: n. office 公斤 hsk 3 gōngjīn: nm. kilogram 公园 hsk 3 gōngyuán: n. park 高速公路 hsk 4 gāosùgōnglù: n. expressway 公里 hsk 4 gōnglǐ: nm. kilometer

gōng
public

功 hsk 4, 5	工 hsk 1, rad 48 gōng↘: work 力 hsk 3, rad 19 lì: force	成功 hsk 4 chénggōng: adj. successful; v. succeed, be a success 功夫 hsk 4 gōngfu: n. Kung Fu

gōng ↘
achievement, result

供 hsk 4, 8	亻 rad 9 rén: man 共 hsk 2 gòng↘: common	提供 hsk 4 tígōng: v. give, provide, supply, offer

gōng ↘
to provide

共 gòng ↘ common	hsk 2 6 strokes	廾 rad 55 gǒng ↘: two hands 一 hsk 1, rad 1 yī: one 八 hsk 1, rad 12 bā: eight, separate	公共汽车 hsk 2 gōnggòngqìchē: n. bus 一共 hsk 3 yīgòng: adv. altogether, in all, all told 共同 hsk 4 gòngtóng: adj. common
狗 gǒu dog	hsk 1 8 strokes	犭 rad 94 quǎn: dog 句 hsk 3 jù: sentence	狗 hsk 1 gǒu: n. dog
购 購 gòu ↘ to buy	hsk 4 8 strokes	贝 hsk 5, rad 154 bèi: shell, money 勾 hsk 6 gōu ↘: to attract	购物 hsk 4 gòuwù: sv. go shopping
够 夠 gòu enough, sufficient	hsk 4 11 strokes	句 hsk 3 jù: sentence 多 hsk 1 duō: many 夕 hsk 5, rad 36 xī: evening	够 hsk 4 gòu: adv. enough (to reach a certain extent), sufficiently; v. be enough, reach
估 gū / gù ↘ to estimate / old (of things)	hsk 4 7 strokes	亻 rad 9 rén: man 古 hsk 5 gǔ ↘: ancient	估计 hsk 4 gūjì: v. estimate, figure approximately, reckon
鼓 gǔ drum, to rouse	hsk 4 13 strokes	鼓 hsk 4, rad 207 gǔ: drum 壴 hsk∅ zhù: (archaic) drum 支 hsk 4, rad 65 zhī: branch	鼓励 hsk 4 gǔlì: n. inspiration, encouragement; v. encourage, work up, cheer on
故 gù ↘ ancient	hsk 3 9 strokes	古 hsk 5 gǔ ↘: ancient 攵 rad 66 pū: to bump, hand	故事 hsk 3 gùshi: n. story 故意 hsk 4 gùyì: adv. intentionally, deliberately, designedly

Cracking Chinese Characters – HSK 1, 2, 3, 4

顾 顧 hsk 3, 10 strokes **gù** to look after	厄 hsk ∅ è: distressed 页 hsk 4, rad 181 yè: head, leaf	照顾 hsk 3 **zhàogu**: v. look after, take care, show consideration for 顾客 hsk 4 **gùkè**: n. customer
瓜 hsk 2, 5 strokes **guā** melon	瓜 hsk 2, rad 97 guā: melon	西瓜 hsk 2 **xīguā**: n. watermelon
刮 hsk 3, 8 strokes **guā** to scrape	舌 hsk 6, rad 135 shé: tongue 刂 rad 18 dāo: knife	刮风 hsk 3 **guāfēng**: blow (of wind)
挂 hsk 4, 9 strokes **guà** to hang or suspend (from a hook etc)	扌 rad 64 shou: hand 圭 hsk ∅ guī: jade tablet	挂 hsk 4 **guà**: v. hang up, suspend, hang
怪 hsk 3, 8 strokes **guài** bewildering, odd	忄 rad 61 xin: heart 圣 hsk 6 shèng: holy	奇怪 hsk 3 **qíguài**: adj. odd, queer, strange, unusual, peculiar
关 關 hsk 1, 6 strokes **guān** to close	天 hsk 1 tiān: day 丷 rad 12 bā: eight, separate	没关系 hsk 1 **méiguānxi**: sp. have no relation with, That's all right. You are welcome. 关 hsk 3 **guān**: v. close, turn off 关系 hsk 3 **guānxì**: n. relation, relationship 关心 hsk 3 **guānxīn**: v. care for, be concerned about 关于 hsk 3 **guānyú**: prep. with regard to 关键 hsk 4 **guānjiàn**: adj. crucial, very important, critical; n. door bolt, key
观 觀 hsk 4, 6 strokes **guān** to look at	又 rad 29 yòu: still, hand 见 hsk 1, rad 147 jiàn: to see	参观 hsk 4 **cānguān**: v. visit for learning 观众 hsk 4 **guānzhòng**: n. viewer, spectator, audience

馆 (館)	hsk 2, 11	饣 rad 184 shí: to eat 官 hsk 5 guān↘: official	宾馆 hsk 2 bīnguǎn: n. hotel 图书馆 hsk 3 túshūguǎn: n. library 大使馆 hsk 4 dàshǐguǎn: n. embassy
guǎn ↘ building			
管	hsk 4, 14	⺮ rad 118 shì: bamboo 官 hsk 5 guān↘: official	不管 hsk 4 bùguǎn: conj. no matter, whether or not 管理 hsk 4 guǎnlǐ: n. management; v. be in charge of, manage 尽管 hsk 4 jǐnguǎn: conj. although, even though
guǎn ↘ to take care (of)			
惯 (慣)	hsk 3, 11	忄 rad 61 xīn: heart 贯 hsk 6 guàn↘: to pierce through	习惯 hsk 3 xíguàn: n. habit, custom, usual practice; v. be accustomed to
guàn ↘ accustomed to			
光	hsk 4, 6	⺌ rad 42 xiǎo: small 一 hsk 1, rad 1 yī: one 儿 hsk 1, rad 10 er: child	光 hsk 4 guāng: adj. bright, glossy, used up, finished; n. light, ray, honour, glory; v. bring glory to 阳光 hsk 4 yángguāng: n. sunshine, sunlight
guāng light			
广 (廣)	hsk 4, 3	广 hsk 4, rad 53 guǎng: shelter	广播 hsk 4 guǎngbō: n. broadcasting 广告 hsk 4 guǎnggào: n. advertisement, commercial
guǎng wide			
逛	hsk 4, 10	辶 rad 162 chuò: brisk walking 狂 hsk 5 kuáng♭: mad	逛 hsk 4 guàng: v. stroll, roam
guàng ♭ to stroll			
规 (規)	hsk 4, 8	夫 hsk 2 fū: husband, man, manual worker 见 hsk 1, rad 147 jiàn: to see	规定 hsk 4 guīdìng: n. rule, regulation, stipulation; v. stipulate, order
guī rule, regulation			

Cracking Chinese Characters – HSK 1, 2, 3, 4

贵 hsk 2, 9画 貴 **guì** expensive	中 hsk1 zhōng: within, middle, abbr. for China 一 hsk 1, rad 1 yī: one 贝 hsk 5, rad 154 🔑 bèi: shell, money	贵 hsk2 **guì**: adj. expensive, costly	
国 hsk 1, 8画 國 **guó** country	囗 rad 31 🔑 wéi: enclosure 玉 hsk 5, rad 96 yù: jade	中国 hsk1 **Zhōngguó**: n. China 国家 hsk3 **guójiā**: n. country 国籍 hsk4 **guójí**: n. nationality, citizenship 国际 hsk4 **guójì**: adj. international	
果 hsk 1, 8画 **guǒ** fruit	日 hsk 2, rad 72 rì: sun 木 hsk 5, rad 75 🔑 mù: tree	苹果 hsk1 **píngguǒ**: n. apple 水果 hsk1 **shuǐguǒ**: n. fruit 如果 hsk3 **rúguǒ**: conj. if, in case, in the event of, supposing that 果汁 hsk4 **guǒzhī**: n. juice 结果 hsk4 **jiéguǒ**: n. result 效果 hsk4 **xiàoguǒ**: n. effect, result, outcome, purpose, impression	
过 hsk 2, 6画 過 **guò** to cross, to get along, to pass (time)	辶 rad 162 chuò: brisk walking 寸 hsk 6, rad 41 cùn: thumb	过 (助词) hsk2 **guo**: sa. used after a verb, referring to sth. that happened previously 过 (动词) hsk3 **guò**: v. spend the time, pass the time 过去 hsk3 **guòqù**: n. in the past 经过 hsk3 **jīngguò**: prep. through, as a result of; v. pass by, experience; n. process, course 难过 hsk3 **nánguò**: v. have a hard time 不过 hsk4 **búguò**: conj. but, however 超过 hsk4 **chāoguò**: v. leave behind, outstrip 过程 hsk4 **guòchéng**: n. process, course 通过 hsk4 **tōngguò**: prep. by means of, by way of, by, through; v. adopt (a motion or proposal), approve, pass, pass through, request approval	
还 hsk 2, 7画 還 **hái / huán** still, in progress / to pay back, return	辶 rad 162 🔑 chuò: brisk walking 不 hsk1 bù: (negative prefix)	还 (副词) hsk2 **hái**: adv. in addition, still, yet 还是 hsk3 **háishì**: adv. had better, adv. or, adv. still, all the same 还 (动词) hsk3 **huán**: v. return sth to the owner, to pay back	
孩 hsk 2, 9画 **hái** child	子 hsk 1, rad 39 🔑 zi: child 亥 hsk∅ hài: 9-11 pm 亡 hsk 6 wáng: to flee, lose, die 彳 rad 60 chì: walk around	孩子 hsk2 **háizi**: n. child, son or daughter	

51

海 **hǎi** ocean	hsk 4 10	氵 rad 85 shuǐ: water 每 hsk 2 měi: each	海洋 hsk 4 **hǎiyáng**: n. ocean
害 **hài** to do harm to	hsk 3 10	宀 rad 40 mián: roof 丰 hsk 4 fēng: luxuriant 口 hsk 3, rad 30 kǒu: mouth	害怕 hsk 3 **hàipà**: v. be afraid, be frightened 害羞 hsk 4 **hàixiū**: adj. shy 厉害 hsk 4 **lìhai**: adj. grave, serious, acute
寒 **hán** chilly	hsk 4 12	寒 hsk ∅ xià: to stop up 宀 rad 40 mián: roof 井 hsk 6 jǐng: (a) well 一 hsk 1, rad 1 yī: one 冫 rad 15 bīng: ice	寒假 hsk 4 **hánjià**: n. winter vacation
汉 漢 **hàn** Chinese (language)	hsk 1 5	氵 rad 85 shuǐ: water 又 hsk 3, rad 29 yòu: still, hand	汉语 hsk 1 **hànyǔ**: n. Chinese language
汗 **hàn** ♭ perspiration	hsk 4 6	氵 rad 85 shuǐ: water 干 hsk 3, rad 51 gàn ♭: dry	汗 hsk 4 **hàn**: n. sweat
行 **háng / xíng** professionnal / to travel	hsk 3 6	行 hsk 3, rad 144 xíng: circulate	行李箱 hsk 3 **xínglǐxiāng**: n. trunk, baggage 银行 hsk 3 **yínháng**: n. bank 自行车 hsk 3 **zìxíngchē**: n. bicycle 进行 hsk 4 **jìnxíng**: v. execute, carry out 举行 hsk 4 **jǔxíng**: v. perform, take place 流行 hsk 4 **liúxíng**: adj. popular, fashionable 旅行 hsk 4 **lǚxíng**: v. travel, journey, tour 行 hsk 4 **xíng**: v. Ok! All right! No problem!
航 **háng** ♭ boat	hsk 4 10	舟 hsk 6, rad 137 zhōu: boat 亢 hsk ∅ kàng ♭: high 亠 rad 8 tóu: shelter, head 几 hsk 1, rad 16 jī: table	航班 hsk 4 **hángbān**: n. flight, scheduled flight

Cracking Chinese Characters – HSK 1, 2, 3, 4

好 hǎo / hào — good / to be fond of
hsk 1, 6 strokes

- 女 hsk 1, rad 38 🔑 nǚ: woman
- 子 hsk 1, rad 39 zi: child

- 好 hsk 1 **hǎo**: adj. good, nice, well, fine, ok, please, adv. very
- 好吃 hsk 2 **hǎochī**: adj. delicious
- 爱好 hsk 3 **àihào**: n. hobby, an interest, fancy; v. be fond of, be keen on, have a taste for
- 好处 hsk 4 **hǎochu**: n. good point, advantage
- 好像 hsk 4 **hǎoxiàng**: adv. as if, seem, be like, look like
- 友好 hsk 4 **yǒuhǎo**: adj. friendly, amicable
- 正好 hsk 4 **zhènghǎo**: adj. suitable
- 只好 hsk 4 **zhǐhǎo**: adv. have to, be obliged to, cannot... but...
- 最好 hsk 4 **zuìhǎo**: adv. had better, would be best, may as well do

号 (號) hào ♭ — ordinal number
hsk 1, 5 strokes

- 口 hsk 3, rad 30 🔑 kǒu: mouth
- 丂 hsk∅ kǎo ♭: breath, sigh

- 号 hsk 1 **hào**: n. date; nm. number
- 号码 hsk 4 **hàomǎ**: n. number

喝 hē ↓ — to drink
hsk 1, 12 strokes

- 口 hsk 3, rad 30 🔑 kǒu: mouth
- 曰 rad 73 yuē: to say
- 匃 hsk∅ gài: beggar
- 曷 hsk∅ hé↓: why

- 喝 hsk 1 **hē**: v. drink

合 hé — to join, to suit, to close, to shut
hsk 4, 6 strokes

- 亼 hsk∅ jí: to assemble
- 人 hsk 1, rad 9 rén: man
- 一 hsk 1, rad 1 yī: one
- 口 hsk 3, rad 30 🔑 kǒu: mouth

- 符合 hsk 4 **fúhé**: v. correspond with, accord with, comform to
- 合格 hsk 4 **hégé**: adj. qualified
- 合适 hsk 4 **héshì**: adj. fit, suitable, appropriate
- 适合 hsk 4 **shìhé**: v. suit, fit, be appropriate for

何 hé ♭ — who, whom, what, which
hsk 4, 7 strokes

- 亻 rad 9 🔑 rén: man
- 可 hsk 2 kě ♭: can, may

- 任何 hsk 4 **rènhé**: pron. any, whichever, whatever

和 hé ↓ — and
hsk 1, 8 strokes

- 禾 rad 115 hé↓: grain
- 口 hsk 3, rad 30 🔑 kǒu: mouth

- 和 hsk 1 **hé**: conj. and; prep. with
- 暖和 hsk 4 **nuǎnhuo**: adj. warm

河 hé ♭ river	hsk 3 8	氵 rad 85 shuǐ: water 可 hsk 2 kě ♭: can, may	黄河 hsk 3 huánghé: n. the Yellow River
盒 hé ♩ small box	hsk 4 11	合 hsk 4 hé ♩: to join, to suit, to close, to shut 亼 hsk ø jí: to assemble 口 hsk 3, rad 30 kǒu: mouth 皿 rad 108 mǐn: container	盒子 hsk 4 hézi: n. box
贺 hè to congratulate	hsk 4 9 賀	加 hsk 3 jiā: to add 贝 hsk 5, rad 154 bèi: shell, money	祝贺 hsk 4 zhùhè: v. celebrate, congratulate
黑 hēi black	hsk 2 12	黑 hsk 2, rad 203 hēi: black 口 hsk 3, rad 30 kǒu: mouth 丷 rad 12 bā: eight, separate 土 hsk 5, rad 32 tǔ: earth 灬 rad 86 biāo: fire, legs	黑 hsk 2 hēi: adj. black, dark 黑板 hsk 3 hēibǎn: n. blackboard
很 hěn ♭ very	hsk 1 9	彳 rad 60 chì: walk around 艮 rad 138 gěn ♭: decided	很 hsk 1 hěn: adv. very
红 hóng ♭ red	hsk 2 6 紅	纟 rad 120 sī: silk 工 hsk 1, rad 48 gōng ♭: work	红 hsk 2 hóng: adj. red 西红柿 hsk 4 xīhóngshì: n. tomato
后 hòu ♭ behind, later	hsk 1 6	厂 no meaning 一 hsk 1, rad 1 yī: one 口 hsk 3, rad 30 kǒu ♭: mouth	后面 hsk 1 hòumiàn: n. at the back, in the rear, behind, later, afterwards 后来 hsk 3 hòulái: adv. later, afterwards 然后 hsk 3 ránhòu: conj. then, after that, afterwards 最后 hsk 3 zuìhòu: n. the last, adv. finally 后悔 hsk 4 hòuhuǐ: v. regret, repent

Cracking Chinese Characters – HSK 1, 2, 3, 4

厚 **hòu ↘** thick	hsk 4 9 strokes	厂 hsk 5, rad 27 🔑 chǎng: production facility 𠂆 hsk∅ hòu↘: thick; to treat kindly	厚 hsk 4 **hòu**: adj. thick; n. thickness; v. favour
候 **hòu ↘** to wait	hsk 1 10 strokes	亻 rad 9 🔑 rén: man 丨 rad 2 gǔn: line 矢 rad 111 shǐ: arrow 侯 hsk∅ hóu↗: marquis, second of the five orders of ancient Chinese nobility	时候 hsk 1 **shíhou**: n. moment, time, period 气候 hsk 4 **qìhòu**: n. climate
乎 **hū** part. (expressing question or astonishment), in, at, from	hsk 3 5 strokes	丿 rad 4 🔑 piě: oblique 䒑 hsk∅ cǎo: weed 亅 rad 6 jué: hook	几乎 hsk 3 **jīhū**: adv. nearly, almost
呼 **hū** to breathe out, to shout, to call	hsk 4 8 strokes	口 hsk 3, rad 30 🔑 kǒu: mouth 乎 hsk 3 hū↘: part. (expressing question or astonishment), in, at, from	打招呼 hsk 4 **dǎzhāohu**: v. greet sb by word or gesture
虎 **hǔ ↘** tiger	hsk 4 8 strokes	虍 rad 141 🔑 hū↘: tiger 儿 hsk 1, rad 10 er: child	老虎 hsk 4 **lǎohǔ**: n. tiger 马虎 hsk 4 **mǎhu**: adj. careless, negligent
互 **hù** mutual	hsk 4 4 strokes	二 hsk 1, rad 7 🔑 èr: two 彑 rad 58 jì: snout	互联网 hsk 4 **hùliánwǎng**: n. the Internet 互相 hsk 4 **hùxiāng**: adv. each other, one another
户 戶 **hù** door, household	hsk 4 4 strokes	户 rad 63 🔑 hù: gate	窗户 hsk 4 **chuānghu**: n. window

护 (護) hsk 3, 7画	扌 rad 64 shou: hand 户 hsk 4, rad 63 hù: gate	护照 hsk 3 hùzhào: n. passport 保护 hsk 4 bǎohù: v. protect 护士 hsk 4 hùshi: n. nurse
hù to protect		
花 hsk 3, 7画	艹 rad 140 cǎo: vegetal 化 hsk 3 huà: to make into	花(动词) hsk 3 huā: v. spend (money, time), blossom 花(名词) hsk 3 huā: n. flower
huā flower, to spend		
化 hsk 3, 4画	亻 rad 9 rén: man 匕 rad 21 bǐ: spoon, overthrown man	变化 hsk 3 biànhuà: n. change, variation; v. change, vary 文化 hsk 3 wénhuà: n. culture, civilization
huà to make into		
划 (劃) hsk 4, 6画	戈 rad 62 gē: halberd 刂 rad 18 dāo: knife	计划 hsk 4 jìhuà: n. plan; v. map out, plan to do sth
huà to delimit		
画 (畫) hsk 3, 8画	一 hsk 1, rad 1 yī: one 田 hsk 6, rad 102 tián: field 凵 rad 17 qiǎn: container	画 hsk 3 huà: n. picture, drawing, painting; v. draw, paint
huà to draw		
话 (話) hsk 1, 8画	讠 rad 149 yán: speech 舌 hsk 6, rad 135 shé: tongue	打电话 hsk 1 dǎdiànhuà: v. make a phone call 说话 hsk 2 shuōhuà: v. speak, talk, say 对话 hsk 4 duìhuà: n. dialogue 普通话 hsk 4 pǔtōnghuà: n. Mandarin Chinese 笑话 hsk 4 xiàohuà: n. joke; v. laugh at, mock
huà dialect		
怀 (懷) hsk 4, 7画	忄 rad 61 xin: heart 不 hsk 1 bù: (negative prefix)	怀疑 hsk 4 huáiyí: v. doubt, suspect
huái to conceive		

Cracking Chinese Characters – HSK 1, 2, 3, 4

坏 壊 **huài** bad	hsk 3 7	土 hsk 5, rad 32 🔑 tǔ: earth 不 hsk 1 bù: (negative prefix)	坏 hsk 3 **huài**: adj. bad, evil, int. terrible, badly
欢 歡 **huān** joyous	hsk 1 6	又 hsk 3, rad 29 yòu: still, hand 欠 hsk 5, rad 76 🔑 qiàn: tired	喜欢 hsk 1 **xǐhuan**: v. like or be interested in (sb. or sth.) 欢迎 hsk 3 **huānyíng**: v. welcome
环 環 **huán** ring	hsk 3 8	王 hsk 5, rad 96 🔑 yù: jade 不 hsk 1 bù: (negative prefix)	环境 hsk 3 **huánjìng**: n. environment, condition, circumstance
换 換 **huàn**⬇ to exchange	hsk 3 10	扌 rad 64 🔑 shou: hand 奂 hsk⌀ huàn⬇: excellent	换 hsk 3 **huàn**: v. change, exchange money; colloquial. transplant (an organ), transfuse (blood)
黄 黃 **huáng** yellow	hsk 3 11	黄 hsk 3, rad 201 🔑 huáng: yellow 廿 hsk⌀ niàn: twenty 由 hsk 4 yóu: from, cause, to follow 八 hsk 1, rad 12 bā: eight, separate	黄河 hsk 3 **huánghé**: n. the Yellow River
回 **huí** to return	hsk 1 6	囗 rad 31 wéi: enclosure 口 hsk 3, rad 30 kǒu: mouth	回 hsk 1 **huí**: v. go back; vm. number of times 回答 hsk 3 **huídá**: v. answer, reply, respond 回忆 hsk 4 **huíyì**: n. memory, recollection; v. recall
悔 **huǐ** to regret	hsk 4 10	忄 rad 61 🔑 xin: heart 每 hsk 2 měi: each	后悔 hsk 4 **hòuhuǐ**: v. regret, repent

会 huì
hsk 1, 6 strokes
to understand, have knowledge of, be able to, be good at, get together

Components:
- 人 hsk 1, rad 9 — rén: man
- 云 hsk 4 — yún: cloud

Words:
- 会 hsk 1 **huì**: aux. can, be capable of, may; n. meeting; v. used after a verb, resultative
- 会议 hsk 3 **huìyì**: n. meeting
- 机会 hsk 3 **jīhuì**: n. chance, opportunity
- 一会儿 hsk 3 **yīhuì'er**: a moment
- 聚会 hsk 4 **jùhuì**: n. meeting, get-together
- 社会 hsk 4 **shèhuì**: n. society
- 误会 hsk 4 **wùhuì**: n. misunderstanding; v. misunderstand, misapprehend
- 约会 hsk 4 **yuēhuì**: n. date, appointment; sv. to arrange to meet

婚 hūn
hsk 3, 11 strokes
to marry

Components:
- 女 hsk 1, rad 38 — nǚ: woman
- 昏 hsk 6 — hūn: muddleheaded, twilight, dusk
- 氏 hsk 6, rad 83 — shì: clan
- 日 hsk 2, rad 72 — rì: sun

Words:
- 结婚 hsk 3 **jiéhūn**: v. get married

活 huó
hsk 4, 9 strokes
to live

Components:
- 氵 rad 85 — shui: water
- 舌 hsk 6, rad 135 — shé: tongue

Words:
- 活动 hsk 4 **huódòng**: n. activity; v. take exercise, move
- 活泼 hsk 4 **huópo**: adj. lively
- 生活 hsk 4 **shēnghuó**: n. life, livelihood

火 huǒ
hsk 2, 4 strokes
fire

Components:
- 火 hsk 2, rad 86 — huǒ: fire

Words:
- 火车站 hsk 2 **huǒchēzhàn**: n. railway station
- 火 hsk 4 **huǒ**: adj. fashionable, popular, prosperous; n. fire, anger, irritation

伙 huǒ
hsk 4, 6 strokes
partner, mate

Components:
- 亻 rad 9 — rén: man
- 火 hsk 2, rad 86 — huǒ: fire

Words:
- 小伙子 hsk 4 **xiǎohuǒzi**: n. young man, lad

或 huò
hsk 3, 8 strokes
maybe

Components:
- 戈 rad 62 — gē: halberd
- 口 hsk 3, rad 30 — kǒu: mouth
- 一 hsk 1, rad 1 — yī: one

Words:
- 或者 hsk 3 **huòzhě**: conj. or

Cracking Chinese Characters – HSK 1, 2, 3, 4

货 (貨) **huò** goods, money, commodities	hsk 4, 8	化 hsk3 huà: to make into 贝 hsk5, rad 154 bèi: shell, money	售货员 hsk4 **shòuhuòyuán**: n. shop assistant, salesclerk
获 (獲) **huò** to reap	hsk 4, 10	艹 rad 140 cǎo: vegetal 犾 hsk∅ yín: dogs barking to each other, rude language 犭 rad 94 quǎn: dog 犬 hsk6, rad 94 quǎn: dog	获得 hsk4 **huòdé**: v. get, obtain
圾 **jī** ↘ rubbish	hsk 4, 6	土 hsk5, rad 32 tǔ: earth 及 hsk4 jí ↘: and, catch up, reach	垃圾桶 hsk4 **lājītǒng**: n. trash can
机 (機) **jī** ↘ machine	hsk 1, 6	木 hsk5, rad 75 mù: tree 几 hsk1, rad 16 jī ↘: table	飞机 hsk1 **fēijī**: n. plane 机场 hsk2 **jīchǎng**: n. airport 手机 hsk2 **shǒujī**: n. mobile phone 机会 hsk3 **jīhuì**: n. chance, opportunity 司机 hsk3 **sījī**: n. driver 照相机 hsk3 **zhàoxiàngjī**: n. camera 登机牌 hsk4 **dēngjīpái**: n. boarding pass
鸡 (雞) **jī** chicken	hsk 2, 7	又 hsk3, rad 29 yòu: still, hand 鸟 hsk3, rad 196 niǎo: bird	鸡蛋 hsk2 **jīdàn**: n. egg
积 (積) **jī** to amass	hsk 4, 10	禾 rad 115 hé: grain 只 hsk3 zhī: nm. single / adv. only	积极 hsk4 **jījí**: adj. positive, vigorous 积累 hsk4 **jīlěi**: n. accumulation; v. accumulate
基 **jī** ♭ base	hsk 4, 11	其 hsk3 qí ♭: his 土 hsk5, rad 32 tǔ: earth	基础 hsk4 **jīchǔ**: n. basis, base, foundation

Character	Info	Components	Words
激 **jī** to arouse	hsk 4, 16 strokes	氵 rad 85 shuǐ: water 敫 hsk∅ jiǎo: ancient musical instrument 白 hsk 2, rad 106 bái: white 方 hsk 3, rad 70 fāng: square, direction 攵 rad 66 pū: to bump, hand	激动 hsk 4 **jīdòng**: adj. excited; v. thrill, inspire, excite, agitate
及 **jí** and, catch up, reach	hsk 4, 3 strokes	又 hsk 3, rad 29 yòu: still, hand 乃 hsk∅ nǎi: to be	及时 hsk 4 **jíshí**: adj. just right, just enough, adv. in time 来不及 hsk 4 **láibují**: v. haven't enough time 来得及 hsk 4 **láidejí**: v. have enough time
级 級 **jí** level	hsk 3, 6 strokes	纟 rad 120 sī: silk 及 hsk 4 jí: and, catch up, reach	年级 hsk 3 **niánjí**: n. grade (in the primary or middle school), year (in college or university)
即 **jí** to approach, prompted by the occasion, now	hsk 4, 7 strokes	艮 rad 138 gěn: decided 卩 rad 26 jié: seal	即使 hsk 4 **jíshǐ**: conj. even if
极 極 **jí** extremely	hsk 3, 7 strokes	木 hsk 5, rad 75 mù: tree 及 hsk 4 jí: and, catch up, reach	极 hsk 3 **jí**: adv. extremely, exceedingly 积极 hsk 4 **jījí**: adj. positive, vigorous
急 **jí** urgent	hsk 3, 9 strokes	勹 rad 18 dāo: knife 彐 rad 58 jì: snout 心 hsk 3, rad 61 xīn: heart	着急 hsk 3 **zháojí**: v. worry, feel anxious
籍 **jí** record, registry, membership	hsk 4, 20 strokes	⺮ rad 118 shì: bamboo 耤 hsk∅ jí: (in place names) 耒 rad 127 lěi: plow 昔 hsk 6 xī: former times	国籍 hsk 4 **guójí**: n. nationality, citizenship

Cracking Chinese Characters – HSK 1, 2, 3, 4

几 幾 hsk 1, 2画 **jǐ / jī** how many / small table	几 hsk 1, rad 16 🔑 jī: table	几 hsk 1 jǐ: pron. (express an indeterminate amount) how many, how much 几乎 hsk 3 jīhū: adv. nearly, almost
己 hsk 3, 3画 **jǐ** oneself	己 hsk 3, rad 49 🔑 jǐ: personal	自己 hsk 3 zìjǐ: pron. oneself, self, one's own
计 計 hsk 4, 4画 **jì** to calculate	讠rad 149 🔑 yán: speech 十 hsk 1, rad 24 shí: ten	估计 hsk 4 gūjì: v. estimate, figure approximately, reckon 计划 hsk 4 jìhuà: n. plan; v. map out, plan to do sth
记 記 hsk 3, 5画 **jì**↘ to record	讠rad 149 🔑 yán: speech 己 hsk 3, rad 49 jǐ: personal	笔记本 hsk 3 bǐjìběn: n. notebook, laptop 记得 hsk 3 jìde: v. remember, learn by heart 忘记 hsk 3 wàngjì: v. forget, erase, drop (or fade, slip) from memory, go out of one's mind 记者 hsk 4 jìzhě: n. reporter, journalist 日记 hsk 4 rìjì: n. diary, journal
纪 紀 hsk 4, 6画 **jì**↘ era, period	纟rad 120 🔑 sī: silk 己 hsk 3, rad 49 jǐ: personal	世纪 hsk 4 shìjì: n. century
技 hsk 4, 7画 **jì** skill	扌rad 64 🔑 shou: hand 支 hsk 4, rad 65 zhī: branch	技术 hsk 4 jìshù: n. technology, technique
际 際 hsk 4, 7画 **jì** border	阝rad 170 🔑 fù: mound 示 hsk 4, rad 113 shì: to venerate, to show	国际 hsk 4 guójì: adj. international 实际 hsk 4 shíjì: adj. real, actual

Character	Components	Words
季 hsk 3, 8 strokes jì season	禾 rad 115 hé: grain 子 hsk 1, rad 39 zi: child	季节 hsk 3 **jìjié**: n. season
既 hsk 4, 9 strokes jì↘ adv. already; conj. since, now that	艮 rad 138 gěn: decided 旡 hsk ∅ jì↘: choke on something eaten 无 hsk 4, rad 71 wú: without 丨 rad 2 gǔn: line	既然 hsk 4 **jìrán**: conj. since
济 (濟) hsk 4, 9 strokes jì♭ to be of help, to cross a river	氵 rad 85 shui: water 齐 hsk 5, rad 210 qí♭: regular 文 hsk 3, rad 67 wén: writing 丿 : no meaning	经济 hsk 4 **jīngjì**: n. economy
继 (繼) hsk 4, 10 strokes jì♭ to continue	纟 rad 120 sī: silk 乚 rad 5 yǐn: second, hand 米 hsk 1, rad 119 mǐ♭: rice	继续 hsk 4 **jìxù**: adv. continue, proceed, carry on, get on, keep on
绩 (績) hsk 3, 11 strokes jī merit, accomplishment, grade	纟 rad 120 sī: silk 责 hsk 4 zé: responsibility 主 : derivated from primitive pictograph 朿, a tree with thorns 贝 hsk 5, rad 154 bèi: shell, money	成绩 hsk 3 **chéngjì**: n. score
寄 hsk 4, 11 strokes jì♭ to send, to entrust	宀 rad 40 mián: roof 奇 hsk 3 qí♭: strange	寄 hsk 4 **jì**: v. mail
加 hsk 3, 5 strokes jiā to add	力 hsk 3, rad 19 lì: force 口 hsk 3, rad 30 kǒu: mouth	参加 hsk 3 **cānjiā**: v. join, take part in, attend 加班 hsk 4 **jiābān**: sv. work overtime 加油站 hsk 4 **jiāyóuzhàn**: n. gas station 增加 hsk 4 **zēngjiā**: v. increase

Cracking Chinese Characters – HSK 1, 2, 3, 4

家 — jiā — home
hsk 1, 10 strokes

- 宀 rad 40 — mián: roof
- 豕 rad 152 — chù: pig

- 家 hsk1 **jiā**: n. home, family, household; nm. used for families, restaurants, hotels or companies
- 大家 hsk2 **dàjiā**: pron. everyone, everybody
- 国家 hsk3 **guójiā**: n. country
- 家具 hsk4 **jiājù**: n. furniture
- 作家 hsk4 **zuòjiā**: n. writer, author

假 — jiǎ / jià — false / vacation
hsk 3, 11 strokes

- 亻 rad 9 — rén: man
- 叚 hsk∅ — jiǎ: fake, false

- 请假 hsk3 **qǐngjià**: sv. ask for leave
- 放暑假 hsk4 **fàngshǔjià**: v. have a summer vacation
- 寒假 hsk4 **hánjià**: n. winter vacation
- 假 hsk4 **jiǎ**: adj. fake, false

价 (價) — jià — price
hsk 4, 6 strokes

- 亻 rad 9 — rén: man
- 介 hsk2 — jiè: to introduce
- 人 rad 9 — rén: man
- 丿 : no meaning

- 价格 hsk4 **jiàgé**: n. price

坚 (堅) — jiān — strong
hsk 4, 7 strokes

- 刂 rad 18 — dāo: knife
- 又 hsk3, rad 29 — yòu: still, hand
- 土 hsk5, rad 32 — tǔ: earth

- 坚持 hsk4 **jiānchí**: v. insist on, persist in, keep up, stand on

间 (間) — jiān — between, room
hsk 2, 7 strokes

- 门 hsk2, rad 169 — mén: gate
- 日 hsk2, rad 72 — rì: sun

- 房间 hsk2 **fángjiān**: n. room
- 时间 hsk2 **shíjiān**: n. time
- 洗手间 hsk3 **xǐshǒujiān**: n. toilet, washroom, bathroom
- 中间 hsk3 **zhōngjiān**: n. center, middle
- 卫生间 hsk4 **wèishēngjiān**: n. toilet, bathroom, lavatory

减 (減) — jiǎn — to lower
hsk 4, 11 strokes

- 冫 rad 15 — bīng: ice
- 咸 hsk4 — xián: salted

- 减肥 hsk4 **jiǎnféi**: sv. lose weight
- 减少 hsk4 **jiǎnshǎo**: v. reduce, decrease, cut down, diminish

检 (檢) — jiǎn — to check
hsk 3, 11 strokes

- 木 hsk5, rad 75 — mù: tree
- 佥 hsk∅ — qiān: all
- 亼 hsk∅ — jí: to assemble
- 丷 rad 42 — xiǎo: small
- 一 hsk1, rad 1 — yī: one

- 检查 hsk3 **jiǎnchá**: v. inspect, check, examine

简 jiǎn ⌋ simple	hsk 3 13 簡	⺮ rad 118 shì: bamboo 间 hsk 2 jiān ⌋: between, room	简单 hsk 3 jiǎndān: adj. easy, simple
见 jiàn to see	hsk 1 4 見	见 hsk 1, rad 147 jiàn: to see	看见 hsk 1 kànjiàn: v. see 再见 hsk 1 zàijiàn: goodbye, see you again later 见面 hsk 3 jiànmiàn: v. meet 意见 hsk 4 yìjiàn: n. view, suggestion, opinion, idea
件 jiàn item	hsk 2 6	亻 rad 9 rén: man 牛 hsk 2, rad 93 niú: beef	件 hsk 2 jiàn: nm. used for clothes and things 电子邮件 hsk 3 diànzǐyóujiàn: n. email 条件 hsk 4 tiáojiàn: n. requirement, prerequisite, qualification
建 jiàn to establish	hsk 4 8	廴 rad 54 yǐn: great stride 聿 rad 129 yù: brush	建议 hsk 4 jiànyì: n. suggestion, advice; v. suggest, advise
健 jiàn ⌋ to invigorate	hsk 3 10	亻 rad 9 rén: man 建 hsk 4 jiàn ⌋: to establish 廴 rad 54 yǐn: great stride 聿 rad 129 yù: brush	健康 hsk 3 jiànkāng: adj. healthy
键 jiàn ⌋ key (on a piano or computer keyboard)	hsk 4 13 鍵	钅 rad 167 jīn: gold, metal 建 hsk 4 jiàn ⌋: to establish 廴 rad 54 yǐn: great stride 聿 rad 129 yù: brush	关键 hsk 4 guānjiàn: adj. crucial, very important, critical; n. door bolt, key
江 jiāng river	hsk 4 6	氵 rad 85 shuǐ: water 工 hsk 1, rad 48 gōng: work	长江 hsk 4 Chángjiāng: n. the Yangtze River

Cracking Chinese Characters – HSK 1, 2, 3, 4

将 hsk4 9✍ 將 **jiāng** ♭ will, shall	丬 rad 90 qiáng ♭ : (arch.) split wood 夕 hsk 5, rad 36 xī: evening 寸 hsk 6, rad 41 🔑 cùn: thumb	将来 hsk4 **jiānglái**: n. in the future, later
讲 hsk3 6✍ 講 **jiǎng** to speak, tell	讠 rad 149 🔑 yán: speech 井 hsk 6 jǐng: (a) well	讲 hsk3 **jiǎng**: v. speak, tell
奖 hsk4 9✍ 獎 **jiǎng** ♭ prize	丬 rad 90 qiáng ♭ : (arch.) split wood 夕 hsk 5, rad 36 xī: evening 大 hsk 1, rad 37 🔑 dà: big	奖金 hsk4 **jiǎngjīn**: n. prize, reward, award, bonus
降 hsk4 8✍ **jiàng** ↘ to come down	阝 rad 170 🔑 fù: mound 夅 hsk∅ jiàng↘: to send down 夂 rad 34 zhǐ: to go ⼡ hsk∅ kuà: component in Chinese characters, mirror image of 夂	降低 hsk4 **jiàngdī**: v. lower, reduce, decrease 降落 hsk4 **jiàngluò**: v. descend, land
交 hsk4 6✍ **jiāo** to hand over	亠 rad 8 🔑 tóu: shelter, head 父 hsk 4, rad 88 🔑 fù: father	交 hsk4 **jiāo**: n. acquaintance; v. cross, give, hand over, make friends 交流 hsk4 **jiāoliú**: v. communicate, have an exchange with, flow simultaneously 交通 hsk4 **jiāotōng**: n. traffic
郊 hsk4 8✍ **jiāo** ↘ suburbs	交 hsk4 jiāo↘: to hand over 阝 rad 163 🔑 yì: city	郊区 hsk4 **jiāoqū**: n. suburbs, outskirts
骄 hsk4 9✍ 驕 **jiāo** ♭ haughty	马 hsk 3, rad 187 🔑 mǎ: horse 乔 hsk∅ qiáo ♭ : tall 夭 hsk∅ yāo: tender, gentle 丿 : no meaning	骄傲 hsk4 **jiāoào**: adj. proud

蕉 hsk 3, 15	艹 rad 140 cǎo: vegetal 焦 hsk 6 jiāo↘: burnt 隹 rad 172 zhuī: short-tailed bird 灬 rad 86 biāo: fire, legs	香蕉 hsk 3 **xiāngjiāo**: n. banana
jiāo↘ banana		
角 hsk 3, 7	角 hsk 3, rad 148 jiǎo: horn ク rad 18 dāo: knife 用 hsk 3, rad 101 yòng: to use	角 hsk 3 **jiǎo / jué**: n. corner, angle; horn; nm. tenth of one yuan (money) / n. role, part, character; v. contend
jiǎo / jué angle, corner / role		
饺 hsk 4, 9 餃	饣 rad 184 shí: to eat 交 hsk 4 jiāo↘: to hand over	饺子 hsk 4 **jiǎozi**: n. jiaozi, dumpling
jiǎo↘ dumplings with meat filling		
脚 hsk 3, 11 腳	月 rad 130 ròu: flesh 去 hsk 1 qù: to go 卩 rad 26 jié: seal	脚 hsk 3 **jiǎo**: n. foot
jiǎo foot		
叫 hsk 1, 5	口 hsk 3, rad 30 kǒu: mouth 丩 hsk ∅ jiū: hand	叫 hsk 1 **jiào**: v. be call(ed) (followed by a name)
jiào to be called		
觉 hsk 1, 9 覺	⺍ rad 42 xiǎo♭: small 冖 rad 14 mì: to cover 见 hsk 1, rad 147 jiàn: to see	睡觉 hsk 1 **shuìjiào**: v. sleep, go to bed 觉得 hsk 2 **juéde**: v. feel, think 感觉 hsk 4 **gǎnjué**: n. sense perception, feeling, impression, sensation; v. sense, perceive, feel, experience
jiào / jué♭ a nap / to feel		
较 hsk 3, 10 較	车 hsk 1, rad 159 chē: car 交 hsk 4 jiāo↘: to hand over	比较 hsk 3 **bǐjiào**: adv. fairly, quite
jiào↘ comparatively		

Cracking Chinese Characters – HSK 1, 2, 3, 4

教 hsk 2, 11	耂 rad 125 lǎo: old 子 hsk 1, rad 39 zi: child 攵 rad 66 pū: to bump, hand	教室 hsk 2 jiàoshì: n. classroom 教 hsk 4 jiào: v. teach 教授 hsk 4 jiàoshòu: n. professor 教育 hsk 4 jiàoyù: n. education; v. educate
jiào to teach, to instruct		
接 hsk 3, 11	扌 rad 64 shou: hand 妾 hsk ø qiè ♭: concubine	接 hsk 3 jiē: v. come into contact with, connect, take over, receive, meet 接受 hsk 4 jiēshòu: v. accept, take up 接着 hsk 4 jiēzhe: v. continue, go on 直接 hsk 4 zhíjiē: adj. direct, immediate
jiē ♭ to receive		
街 hsk 3, 12	行 hsk 3, rad 144 xíng: circulate 圭 hsk ø guī: jade tablet	街道 hsk 3 jiēdào: n. street
jiē street		
节 hsk 3, 5 節	⺾ rad 140 cǎo: vegetal 卩 rad 26 jié ↓: seal	季节 hsk 3 jìjié: n. season 节目 hsk 3 jiémù: n. show, performance, program 节日 hsk 3 jiérì: n. holiday, festival 节 hsk 4 jié: nm. section, period of class 节约 hsk 4 jiéyuē: v. economize, save, spare
jié ↓ festival		
结 hsk 3, 9 結	纟 rad 120 sī: silk 吉 hsk 6 jí: lucky	结婚 hsk 3 jiéhūn: v. get married 结束 hsk 3 jiéshù: v. stop, finish, end, terminate 结果 hsk 3 jiéguǒ: n. result 总结 hsk 4 zǒngjié: v. summarize, sum up
jié knot, bond		
姐 hsk 1, 8	女 hsk 1, rad 38 nǚ: woman 且 hsk 4 qiě ♭ : moreover	小姐 hsk 1 xiǎojie: n. Miss (if followed by a name or title), prostitute (if not followed by a name or a title) 姐姐 hsk 2 jiějie: n. elder sister
jiě ♭ older sister		
解 hsk 3, 13	角 hsk 3, rad 148 jiǎo: horn 刀 hsk 4, rad 18 dāo: knife 牛 hsk 2, rad 93 niú: beef	解决 hsk 3 jiějué: v. solve or resolve a problem or an issue 了解 hsk 3 liǎojiě: v. know, understand, comprehend 解释 hsk 4 jiěshì: v. explain, interpret, define 理解 hsk 4 lǐjiě: v. understand, comprehend
jiě to divide		

介 hsk 2, 4	人 hsk 1, rad 9 rén: man 丿 : no meaning	介绍 hsk 2 **jièshào**: n. an introduction, v. introduce sb. or sth., let know, recommend
jiè ↘ to introduce		
界 hsk 3, 9	田 hsk 6, rad 102 tián: field 介 hsk 2 jiè↘ : to introduce	世界 hsk 3 **shìjiè**: n. the world, the earth, the globe, the universe
jiè ↘ boundary		
借 hsk 3, 10	亻 rad 9 rén: man 昔 hsk 6 xī: former times	借 hsk 3 **jiè**: v. borrow, lend
jiè to lend		
巾 hsk 4, 3	巾 hsk 4, rad 50 jīn: turban	毛巾 hsk 4 **máojīn**: n. towel
jīn towel		
今 hsk 1, 4	人 hsk 1, rad 9 rén: man 丶 rad 3 zhǔ: stroke 一 rad 5 ya: second, hand	今天 hsk 1 **jīntiān**: n. today, now, at present
jīn today		
斤 hsk 3, 4	斤 hsk 3, rad 69 jīn: axe, 500 grams	公斤 hsk 3 **gōngjīn**: nm. kilogram
jīn weight equal to 0.5 kg		
金 hsk 4, 8	金 hsk 4, rad 167 jīn: gold, metal	奖金 hsk 4 **jiǎngjīn**: n. prize, reward, award, bonus 现金 hsk 4 **xiànjīn**: n. cash
jīn gold		

Cracking Chinese Characters – HSK 1, 2, 3, 4

仅 僅 **jǐn** barely	hsk 4 / 4 strokes	亻 rad 9 🔑 rén: man 又 hsk 3, rad 29 yòu: still, hand	不仅 hsk 4 **bùjǐn**: conj. not only
尽 盡 **jǐn / jìn** to the greatest extent / to use up	hsk 4 / 6 strokes	尺 hsk 5 chǐ: a Chinese foot 尸 hsk 6, rad 44 🔑 shī: dead body 冫 rad 15 bīng: ice	尽管 hsk 4 **jǐnguǎn**: conj. although, even though
紧 緊 **jǐn** tight	hsk 4 / 10 strokes	收 hsk ♭ shōu: gather together 糸 rad 120 🔑 mì: silk	紧张 hsk 4 **jǐnzhāng**: adj. feel nervous
近 **jìn ♩** near	hsk 2 / 7 strokes	辶 rad 162 🔑 chuò: brisk walking 斤 hsk 3, rad 69 🔑 jīn♩: axe, 500 grams	近 hsk 2 **jìn**: adj. recent, close, near, intimate; v. approach (in quantity) 附近 hsk 3 **fùjìn**: n. nearby, neighbour, vicinity, proximity 最近 hsk 3 **zuìjìn**: n. these days; adv. recently, of late, lately; adj. nearest
进 進 **jìn** to enter, to advance	hsk 2 / 7 strokes	辶 rad 162 🔑 chuò: brisk walking 井 hsk 6 jǐng: (a) well	进 hsk 2 **jìn**: v. enter 进行 hsk 2 **jìnxíng**: v. execute, carry out
禁 **jìn ♭** to prohibit	hsk 4 / 13 strokes	木 hsk 5, rad 75 mù: tree 林 hsk 4 lín ♭: woods 示 hsk 4, rad 113 🔑 shì: to venerate, to show	禁止 hsk 4 **jìnzhǐ**: v. forbid, prohibit
京 **jīng** capital city of a country, abbr. for 北京 Běijīng	hsk 1 / 8 strokes	亠 rad 8 🔑 tóu: shelter, head 口 hsk 3, rad 30 kǒu: mouth 小 hsk 1, rad 42 xiǎo: small	北京 hsk 1 **Běijīng**: n. Beijing 京剧 hsk 4 **Jīngjù**: n. Beijing Opera

经 經 jīng to pass through	hsk 2, 8 strokes	纟 rad 120 sī: silk 又 no meaning 工 hsk 1, rad 48 gōng: work 巠 hsk 0 jīng: underground watercourse	已经 hsk 2 yǐjīng: adv. already, yet 经常 hsk 3 jīngcháng: adv. often 经过 hsk 3 jīngguò: prep. through, as a result of; v. pass by, experience; n. process, course 经理 hsk 3 jīnglǐ: n. manager 经济 hsk 4 jīngjì: n. economy 经历 hsk 4 jīnglì: n. one's past experiences; v. go through, experience, undergo 经验 hsk 4 jīngyàn: n. experience
惊 驚 jīng ♩ to startle, to be scared	hsk 4, 11 strokes	忄 rad 61 xin: heart 京 hsk 1 jīng♩: capital city of a country, abbr. for 北京 Běijīng	吃惊 hsk 4 chījīng: sv. feel afraid suddenly, be startled, be shocked, be astonished, be taken aback
睛 jīng ♭ eyeball	hsk 2, 13 strokes	目 hsk 3, rad 109 mù: eye 青 hsk 5, rad 174 qīng ♭: blue/green	眼睛 hsk 2 yǎnjing: n. eye
精 jīng ♭ essence, vitality, energy	hsk 4, 14 strokes	米 hsk 1, rad 119 mǐ ♭: rice 青 hsk 5, rad 174 qīng ♭: blue/green	精彩 hsk 4 jīngcǎi: adj. (of a performance, match, etc.) brilliant, wonderful
景 jīng ♩ bright	hsk 4, 12 strokes	日 hsk 2, rad 72 rì: sun 京 hsk 1 jīng♩: capital city of a country, abbr. for 北京 Běijīng	景色 hsk 4 jǐngsè: n. scenery, view
警 jǐng ♩ to alert	hsk 4, 19 strokes	敬 hsk 5 jìng♩: to respect 苟 hsk 6 gǒu: if 攵 rad 66 pū: to bump, hand 言 hsk 4, rad 149 yán: speech (trad)	警察 hsk 4 jǐngchá: n. policeman, policewoman, cop

Cracking Chinese Characters – HSK 1, 2, 3, 4

净 (淨) hsk 3, 8 strokes	冫 rad 15 🔑 bīng ♭: ice 争 hsk 4 zhēng: to strive for	干净 hsk 3 **gānjìng**: adj. clean	
jìng ♭ clean			
竞 (競) hsk 4, 10 strokes	立 hsk 5, rad 117 🔑 lì: standing up 兄 hsk 5 xiōng: elder brother	竞争 hsk 4 **jìngzhēng**: v. compete, contend	
jìng to compete			
竟 hsk 4, 11 strokes	音 hsk 3, rad 180 🔑 yīn: sound 儿 hsk 1, rad 10 er: child	竟然 hsk 4 **jìngrán**: adv. unexpectedly 究竟 hsk 4 **jiūjìng**: adv. after all, anyway	
jìng finish, unexpectedly			
境 hsk 3, 14 strokes	土 hsk 5, rad 32 🔑 tǔ: earth 竟 hsk 4 jìng ↘: finish, unexpectedly	环境 hsk 3 **huánjìng**: n. environment, condition, circumstance	
jìng ↘ border			
静 (靜) hsk 3, 14 strokes	青 hsk 5, rad 174 🔑 qīng ♭: blue/green 争 hsk 4 zhēng: to strive for	安静 hsk 3 **ānjìng**: adj. noiseless, quiet, calm, v. quiet down, keep silent 冷静 hsk 4 **lěngjìng**: adj. calm, cool-headed, dispassionate	
jìng ♭ calm			
镜 (鏡) hsk 4, 16 strokes	钅 rad 167 🔑 jīn: gold, metal 竟 hsk 4 jìng ↘: finish, unexpectedly	镜子 hsk 4 **jìngzi**: n. mirror, glass 眼镜 hsk 4 **yǎnjìng**: n. glasses, spectacles	
jìng ↘ mirror			
究 hsk 4, 7 strokes	穴 hsk 6, rad 116 🔑 xué: cave, swing door 九 hsk 1 jiǔ ↘: nine	究竟 hsk 4 **jiūjìng**: adv. after all, anyway 研究 hsk 4 **yánjiū**: v. investigate, examine, go into	
jiū ↘ to investigate, actually			

九 jiǔ nine	hsk 1 2	乙 hsk 5, rad 5 yǐ: sickle 丿 rad 4 piě: oblique	九 hsk 1 **jiǔ**: num. nine
久 jiǔ (long) time	hsk 3 3	丿 rad 4 piě: oblique 勹 rad 20 bāo: to wrap ㇏ rad 4 yí: oblique	久 hsk 3 **jiǔ**: adj. old, for a long time
酒 jiǔ alcoholic beverage	hsk 3 10	氵 rad 85 shui: water 酉 rad 164 yǒu: alcohol	啤酒 hsk 3 **píjiǔ**: n. beer
旧 (舊) jiù old (by opposition to new)	hsk 3 5	丨 rad 2 gǔn: line 日 hsk 2, rad 72 rì: sun	旧 hsk 3 **jiù**: adj. old, worn
就 jiù just (emphasis), at once	hsk 2 12	京 hsk 1 jīng: capital city of a country, abbr. for 北京 Běijīng 尤 hsk 4 yóu: outstanding 尢 rad 43 yóu: weak 丶 rad 3 zhǔ: stroke	就 hsk 2 **jiù**: adv. immediately, right now, right away, adv. indicating certainty, right on
居 jū ♭ to reside	hsk 3 8	尸 hsk 6, rad 44 shī: dead body 古 hsk 5 gǔ ♭: ancient	邻居 hsk 3 **línjū**: n. neighbor
局 jú office	hsk 4 7	尸 hsk 6, rad 44 shī: dead body 一 rad 5 ya: second, hand 口 hsk 3, rad 30 kǒu: mouth	邮局 hsk 4 **yóujú**: n. post office

Cracking Chinese Characters – HSK 1, 2, 3, 4

举 (舉)	hsk 4 9	丶 rad 3 🔑 zhǔ: stroke 兴 hsk 1 xìng: feeling or desire to do something 丯 no meaning	举 hsk 4 jǔ: v. lift, hold up 举办 hsk 4 jǔbàn: v. hold (an exhibition, contest, etc.) 举行 hsk 4 jǔxíng: v. perform, take place
jǔ to lift			
句	hsk 3 5	勹 rad 20 bāo: to wrap 口 hsk 3, rad 30 🔑 kǒu: mouth	句子 hsk 3 jùzi: n. sentence
jù sentence			
拒	hsk 4 7	扌 rad 64 🔑 shou: hand 巨 hsk 5 jù↘: very large	拒绝 hsk 4 jùjué: v. decline, reject
jù ↘ to resist			
具	hsk 4 8	目 hsk 3, rad 109 mù ♭: eye 一 hsk 1, rad 1 yī: one 八 hsk 1, rad 12 🔑 bā: eight, separate	家具 hsk 4 jiājù: n. furniture
jù ♭ tool			
剧 (劇)	hsk 4 10	居 hsk 3 jū↘: to reside 刂 rad 18 🔑 dāo: knife	京剧 hsk 4 Jīngjù: n. Beijing Opera
jù ↘ drama			
据 (據)	hsk 3 11	扌 rad 64 🔑 shou: hand 居 hsk 3 jū↘: to reside	根据 hsk 3 gēnjù: n. basis, cause, foundation; prep. on the basis of, according to
jù ↘ according to			
距	hsk 4 11	足 hsk 2, rad 157 🔑 zú: foot 巨 hsk 5 jù↘: very large	距离 hsk 4 jùlí: v. be apart from, be at a distance from
jù ↘ at a distance of			

聚 jù ♭ to congregate	hsk 4 14	取 hsk 4 qǔ ♭ : to take 耳 hsk 3, rad 128 ěr: ear 又 hsk 3, rad 29 yòu: still, hand 丞 hsk ⌀ zhòng: to stand side by side; variant of 众	聚会 hsk 4 jùhuì: n. meeting, get-together
决 (決) jué to decide	hsk 3 6	冫 rad 15 bīng: ice 夬 hsk ⌀ guài: decisive	解决 hsk 3 jiějué: v. solve or resolve a problem or an issue 决定 hsk 3 juédìng: n. decision, determination, resolution; v. decide, determine
绝 (絕) jué to cut short	hsk 4 9	纟 rad 120 sī: silk 色 hsk 2, rad 139 sè: color	拒绝 hsk 4 jùjué: v. decline, reject
K 咖 kā phonetic component for co(ffee)	hsk 2 8	口 hsk 3, rad 30 kǒu: mouth 加 hsk 3 jiā: to add 力 hsk 3, rad 19 lì: force 口 hsk 3, rad 30 kǒu: mouth	咖啡 hsk 2 kāfēi: n. coffee
卡 kǎ to stop	hsk 3 5	上 hsk 1 shàng: upon 卜 rad 25 bo: divination	信用卡 hsk 3 xìnyòngkǎ: n. credit card
开 (開) kāi to open, start	hsk 1 4	一 hsk 1, rad 1 yī: one 廾 rad 55 gǒng: two hands	开 hsk 1 kāi: v. start, open (a door, a company), operate, drive, hold, pay (out); nm. carat 开始 hsk 2 kāishǐ: n. beginning; v. start, begin 离开 hsk 3 líkāi: v. leave, to be away from, part from, separate from 开玩笑 hsk 4 kāiwánxiào: v. play a joke, make fun of 开心 hsk 4 kāixīn: adj. happy, joyful, delighted
看 kàn to look at	hsk 1 9	手 hsk 2, rad 64 shǒu: hand 目 hsk 3, rad 109 mù: eye	看 hsk 1 kàn: v. look, watch, read, appreciate 看见 hsk 1 kànjiàn: v. see 看法 hsk 4 kànfǎ: n. opinion

Cracking Chinese Characters – HSK 1, 2, 3, 4

康 hsk 3, 11 strokes **kāng** healthy	广 hsk 4, rad 53 🔑 guǎng: shelter 隶 hsk 6, rad 171 lì: servant 聿 rad 129 yù: brush 氺 rad 85 shuǐ: water	健康 hsk 3 **jiànkāng**: adj. healthy
考 hsk 2, 6 strokes **kǎo ↓** to check	耂 rad 125 🔑 lǎo: old 丂 hsk ∅ kǎo ↓: breath, sigh	考试 hsk 2 **kǎoshì**: n. examination / take a test 考虑 hsk 4 **kǎolǜ**: v. think, consider
烤 hsk 4, 10 strokes **kǎo ↓** to roast	火 hsk 2, rad 86 🔑 huǒ: fire 考 hsk 2 kǎo ↓: to check	烤鸭 hsk 4 **kǎoyā**: n. roast duck
科 hsk 4, 9 strokes **kē ♭** branch of study	禾 rad 115 🔑 hé ♭: grain 斗 hsk 5, rad 68 dòu: measurer	科学 hsk 4 **kēxué**: n. science
棵 hsk 4, 12 strokes **kē** classifier for trees, cabbages, plants etc	木 hsk 5, rad 75 🔑 mù: tree 果 hsk 1 guǒ: fruit	棵 hsk 4 **kē**: nm. used for plants
咳 hsk 4, 9 strokes **ké / hāi** cough / interj. sound of sighing (to express sadness, regret, surprise)	口 hsk 3, rad 30 🔑 kǒu: mouth 亥 hsk ∅ hài: 9-11 pm	咳嗽 hsk 4 **késou**: v. cough

可 kě — can, may
hsk 2, 5 strokes

- 丁 hsk6 dīng: robust, fourth
- 口 hsk3, rad 30 kǒu: mouth

- 可能 hsk2 kěnéng: adj. possible, probable; adv. perhaps, likely; n. possibility; aux. may, can
- 可以 hsk2 kěyǐ: v. be able to, be worth, may; adj. not bad, passable, pretty good
- 可爱 hsk3 kě'ài: adj. cute, lovable, likeable
- 可怜 hsk4 kělián: adj. pitiful, pitiable, poor
- 可是 hsk4 kěshì: conj. but, yet, however
- 可惜 hsk4 kěxī: adj. regrettable, unfortunate

渴 kě ♭ — thirsty
hsk 3, 12 strokes

- 氵 rad 85 shuǐ: water
- 曰 rad 73 yuē: to say
- 匃 hsk∅ gài: beggar
- 曷 hsk∅ hé ♭: why

- 渴 hsk3 kě: adj. thirsty

克 kè — to be able to
hsk 4, 7 strokes

- 古 hsk5 gǔ: ancient
- 儿 hsk1, rad 10 er: child

- 巧克力 hsk4 qiǎokèlì: n. chocolate

刻 kè — quarter (hour)
hsk 3, 8 strokes

- 亥 hsk∅ hài: 9-11 pm
- 刂 rad 18 dāo: knife

- 刻 hsk3 kè: n. quarter of an hour, 15 minutes

客 kè ♭ — visitor
hsk 1, 9 strokes

- 宀 rad 40 mián: roof
- 各 hsk4 gè ♭: each
- 夂 rad 34 zhǐ: to go
- 口 hsk3, rad 30 kǒu: mouth

- 不客气 hsk1 búkèqi: you're welcome, it's my pleasure (answer to someone who thanks)
- 客人 hsk3 kèrén: n. guest
- 顾客 hsk4 gùkè: n. customer
- 客厅 hsk4 kètīng: n. living room

课 (課) kè — subject
hsk 2, 10 strokes

- 讠 rad 149 yán: speech
- 果 hsk1 guǒ: fruit
- 日 hsk2, rad 72 rì: sun
- 木 hsk5, rad 75 mù: tree

- 课 hsk2 kè: n. class, lesson, course; v. impose

肯 kěn — to agree
hsk 4, 8 strokes

- 止 hsk4, rad 77 zhǐ: to stop
- 月 rad 130 ròu: flesh

- 肯定 hsk4 kěndìng: adv. certainly, surely

Character	Info	Components	Words
空 **kōng** ♭ empty	hsk 3 8	穴 hsk 6, rad 116 xué: cave, swing door 工 hsk 1, rad 48 gōng ♭ : work	空调 hsk 3 **kōngtiáo**: n. air conditioner 空 hsk 4 **kōng**: adj. empty, vacant 空气 hsk 4 **kōngqì**: n. air 填空 hsk 4 **tiánkòng**: n. (of a test or questionnaire) to fill in the blanks
恐 **kǒng** ♭ afraid	hsk 4 10	巩 hsk 6 gǒng ♭ : secure 心 hsk 3, rad 61 xīn: heart	恐怕 hsk 4 **kǒngpà**: adv. perhaps, probably, maybe
口 **kǒu** mouth	hsk 3 3	口 hsk 3, rad 30 kǒu: mouth	口 hsk 3 **kǒu**: n. mouth; nm. used for people and some animals 入口 hsk 4 **rùkǒu**: n. entrance, entry
哭 **kū** to cry	hsk 3 10	口 hsk 3, rad 30 kǒu: mouth 口 hsk 3, rad 30 kǒu: mouth 犬 hsk 6, rad 94 quǎn: dog	哭 hsk 3 **kū**: v. cry, weep
苦 **kǔ** ♭ bitter	hsk 4 8	艹 rad 140 cǎo: vegetal 古 hsk 5 gǔ ♭ : ancient	苦 hsk 4 **kǔ**: adj. bitter 辛苦 hsk 4 **xīnkǔ**: adj. hard, toilsome, painstaking
裤 褲 **kù** ↓ underpants	hsk 3 12	衤 rad 145 yī: cloth 库 hsk 5 kù↓: warehouse	裤子 hsk 3 **kùzi**: n. trousers, pants
块 塊 **kuài** ♭ unit of currency, chunk, piece	hsk 1 7	土 hsk 5, rad 32 tǔ: earth 夬 hsk guài ♭ : decisive 大 hsk 1, rad 37 dà: big 一 rad 5 ya: second, hand	块 hsk 1 **kuài**: n. piece, lump; nm. piece, RMB Yuan; vm. together

快 hsk 2, 7	忄 rad 61 xīn: heart 夬 hsk∅ guài ♭ : decisive	快 hsk 2 kuài: adj. fast, adv. be going to, will, shall 快乐 hsk 2 kuàilè: adj. happy, joyful, cheerful, glad 凉快 hsk 4 liángkuai: adj. cool 愉快 hsk 4 yúkuài: adj. happy, pleased, joyful
kuài ♭ rapid		

筷 hsk 3, 13	⺮ rad 118 zhì: bamboo 快 hsk 2 kuài ⌐ : rapid	筷子 hsk 3 kuàizi: n. chopsticks
kuài ⌐ chopstick		

款 hsk 4, 12	土 hsk 5, rad 32 tǔ: earth 示 hsk 4, rad 113 shì: to venerate, to show 欠 hsk 5, rad 76 qiàn: tired	付款 hsk 4 fùkuǎn: v. pay
kuǎn item, paragraph, section, funds		

况 hsk 4, 7 況	冫 rad 15 bīng: ice 兄 hsk 5 xiōng: elder brother	情况 hsk 4 qíngkuàng: n. circumstance, situation, condition, state of affair
kuàng moreover		

矿 hsk 4, 8 礦	石 hsk 5, rad 112 shí: stone 广 hsk 4, rad 53 guǎng ♭ : shelter	矿泉水 hsk 4 kuàngquánshuǐ: n. mineral water
kuàng ♭ mineral deposit, ore		

困 hsk 4, 7	囗 rad 31 wéi: enclosure 木 hsk 5, rad 75 mù: tree	困 hsk 4 kùn: adj. feel sleepy 困难 hsk 4 kùnnan: adj. difficult, hard, tough; n. trouble, difficulty
kùn to trap		

L

垃 hsk 4, 8	土 hsk 5, rad 32 tǔ: earth 立 hsk 5, rad 117 lì: standing up	垃圾桶 hsk 4 lājītǒng: n. trash can
lā garbage		

Cracking Chinese Characters – HSK 1, 2, 3, 4

拉 lā to pull	hsk 4 8	扌 rad 64 shou: hand 立 hsk 5, rad 117 lì: standing up	拉 hsk 4 **lā**: v. pull
辣 là hot (spicy)	hsk 4 14	辛 hsk 4, rad 160 xīn: bitter 束 hsk 3 shù: to bind, control	辣 hsk 4 **là**: adj. (of taste) spicy, hot
来 來 lái to come	hsk 1 7	一 hsk 1, rad 1 yī: one 丷 rad 12 bā: eight, separate 木 hsk 5, rad 75 mù: tree	来 hsk 1 **lái**: v. come, arise, (used before a verb) will do sth., (used after a verb) come in order to do sth., or to indicate the movement toward the speaker, or to indicate the result or estimation 后来 hsk 3 **hòulái**: adv. later, afterwards 起来 hsk 3 **qǐlái**: v. used after a verb to indicate direction or trend 本来 hsk 4 **běnlái**: adv. originally 从来 hsk 4 **cónglái**: adv. right from the beginning, always, at all times, all along 将来 hsk 4 **jiānglái**: n. in the future, later 来不及 hsk 4 **láibují**: v. haven't enough time 来得及 hsk 4 **láidejí**: v. have enough time 来自 hsk 4 **láizì**: v. come from 原来 hsk 4 **yuánlái**: adj. former, original
蓝 藍 lán blue	hsk 3 13	艹 rad 140 cǎo: vegetal 监 hsk 6 jiān: hard 刂 rad 18 dāo: knife 𠂉 rad 118 zhú: bamboo 皿 rad 108 mǐn: container	蓝 hsk 3 **lán**: adj. blue
篮 籃 lán basket	hsk 2 16	⺮ rad 118 shì: bamboo 监 hsk 6 jiān: hard 刂 rad 18 dāo: knife 𠂉 rad 118 zhú: bamboo 皿 rad 108 mǐn: container	打篮球 hsk 2 **dǎlánqiú**: v. play basketball
懒 懶 lǎn lazy	hsk 4 16	忄 rad 61 xīn: heart 赖 hsk 6 lài: to depend on 束 hsk 3 shù: to bind, control 负 hsk 4 fù: to bear	懒 hsk 4 **lǎn**: adj. lazy

浪 làng — wave
- hsk 4, 10 strokes
- 氵 rad 85 shuǐ: water
- 良 hsk 5 liáng: good
- 浪费 hsk 4 làngfèi: v. squander, waste
- 浪漫 hsk 4 làngmàn: adj. romantic

老 lǎo — old (of people)
- hsk 1, 6 strokes
- 耂 rad 125 lǎo: old
- 土 hsk 5, rad 32 tǔ: earth
- 丿 rad 4 piě: oblique
- 匕 rad 21 bǐ: spoon, overthrown man
- 老师 hsk 1 lǎoshī: n. teacher
- 老 hsk 3 lǎo: adj. aged, old
- 老虎 hsk 4 lǎohǔ: n. tiger

了 le / liǎo — (completed action marker) / to finish
- hsk 1, 2 strokes
- 一 rad 5 ya: second, hand
- 亅 rad 6 jué: hook
- 了 hsk 1 le / liǎo: mp. used at the end of a sentence to indicate change in status; sa. used after a verb to indicate that the action is in the past and has been completed / v. finish; adv. completely (used in the negative)
- 除了 hsk 3 chúle: prep. except (for), besides, in addition to
- 了解 hsk 3 liǎojiě: v. know, understand, comprehend
- 为了 hsk 3 wèile: prep. for
- 受不了 hsk 4 shòubùliǎo: can't bear, can't stand

乐 (樂) lè / yuè — happy / music
- hsk 2, 5 strokes
- 丿 rad 4 piě: oblique
- 木 rad 75 děng: simplified tree
- 快乐 hsk 2 kuàilè: adj. happy, joyful, cheerful, glad
- 音乐 hsk 3 yīnyuè: n. music

累 lèi — tired
- hsk 2, 11 strokes
- 田 hsk 6, rad 102 tián: field
- 糸 rad 120 mì: silk
- 累 hsk 2 lèi: adj. tired, fatigued
- 积累 hsk 4 jīlěi: n. accumulation; v. accumulate

冷 lěng — cold
- hsk 1, 7 strokes
- 冫 rad 15 bīng: ice
- 令 hsk 5 lìng: to order
- 冷 hsk 1 lěng: adj. cold
- 冷静 hsk 4 lěngjìng: adj. calm, cool-headed, dispassionate

离 (離) lí — to leave
- hsk 2, 10 strokes
- 凶 hsk ∅ xiōng: ferocious
- 亠 rad 8 tóu: shelter, head
- 凶 hsk 6 xiōng: vicious
- 禸 rad 114 róu: get away
- 离 hsk 2 lí: prep. away from
- 离开 hsk 3 líkāi: v. leave, to be away from, part from, separate from
- 距离 hsk 4 jùlí: v. be apart from, be at a distance from

Cracking Chinese Characters – HSK 1, 2, 3, 4

礼 (禮)
lǐ — gift, rite, courtesy
hsk 3, 5 strokes

- 礻 rad 113 — shì: to venerate, to show
- 乚 rad 5 — yǐn: second, hand

- 礼物 hsk3 **lǐwù**: n. present, gift
- 礼拜天 hsk4 **lǐbàitiān**: n. Sunday
- 礼貌 hsk4 **lǐmào**: n. politeness, manners, ceremony, civility

---

李
lǐ — plum
hsk 3, 7 strokes

- 木 hsk5, rad 75 — mù: tree
- 子 hsk1, rad 39 — zi: child

- 行李箱 hsk3 **xínglǐxiāng**: n. trunk, baggage

里 (裡)
lǐ — inside
hsk 1, 7 strokes

- 里 hsk1, rad 166 — lǐ: neighborhood
- 田 hsk6, rad 102 — tián: field
- 土 hsk5, rad 32 — tǔ: earth

- 里 hsk1 **lǐ**: n. interior, inside
- 公里 hsk4 **gōnglǐ**: nm. kilometer

理
lǐ — to manage, to pay attention to, intrinsic order
hsk 3, 11 strokes

- 王 hsk5, rad 96 — yù: jade
- 里 hsk1, rad 166 — lǐ: neighborhood

- 经理 hsk3 **jīnglǐ**: n. manager
- 管理 hsk4 **guǎnlǐ**: n. management; v. be in charge of, manage
- 理发 hsk4 **lǐfà**: v. get a haircut
- 理解 hsk4 **lǐjiě**: v. understand, comprehend
- 理想 hsk4 **lǐxiǎng**: adj. perfect, desirable; n. ideal, dream, perfection
- 修理 hsk4 **xiūlǐ**: v. mend, repair
- 整理 hsk4 **zhěnglǐ**: v. put in order, arrange

力
lì — power
hsk 3, 2 strokes

- 力 hsk3, rad 19 — lì: force

- 努力 hsk3 **nǔlì**: adj. hard-working, diligent
- 力气 hsk4 **lìqi**: n. (physical) strength, might, force
- 能力 hsk4 **nénglì**: n. ability, capacity, capability
- 巧克力 hsk4 **qiǎokèlì**: n. chocolate
- 压力 hsk4 **yālì**: n. pressure, strain, stress, weight

历 (歷)
lì — to pass through
hsk 3, 4 strokes

- 厂 hsk5, rad 27 — chǎng: production facility
- 力 hsk3, rad 19 — lì: force

- 历史 hsk3 **lìshǐ**: n. history
- 经历 hsk4 **jīnglì**: n. one's past experiences; v. go through, experience, undergo

---

厉 (厲)
lì — strict
hsk 4, 5 strokes

- 厂 hsk5, rad 27 — chǎng: production facility
- 万 hsk3 — wàn: ten thousand

- 厉害 hsk4 **lìhai**: adj. grave, serious, acute

丽 (麗) hsk 4, 7	一 hsk 1, rad 1 yī: one 冂 hsk ∅ jié: archaic variant of 节 jié (node, segment) 冂 hsk ∅ jié: archaic variant of 节 jié (node, segment)	美丽 hsk 4 měilì: adj. beautiful
lì beautiful		
利 hsk 4, 7	禾 rad 115 hé: grain 刂 rad 18 dāo: knife	流利 hsk 4 liúlì: adj. fluent 顺利 hsk 4 shùnlì: adj. smooth, without a hitch
lì advantage, profit, sharp		
励 (勵) hsk 4, 7	厉 hsk 4 lì: strict 力 hsk 3, rad 19 lì: force	鼓励 hsk 4 gǔlì: n. inspiration, encouragement; v. encourage, work up, cheer on
lì ♩ to encourage		
例 hsk 4, 8	亻 rad 9 rén: man 列 hsk 4 liè ♭: to arrange 歹 hsk 6, rad 78 dǎi: death 刂 rad 18 dāo: knife	例如 hsk 4 lìrú: v. take for example; prep. such as
lì ♭ example		
俩 (倆) hsk 4, 9	亻 rad 9 rén: man 两 hsk 2 liǎng ♭: two (quantity)	俩 hsk 4 liǎ: num. pair, couple
liǎ ♭ both, some		
连 (連) hsk 4, 7	辶 rad 162 chuò: brisk walking 车 hsk 1, rad 159 chē: car	连 hsk 4 lián: adv. one after another; v. link, connect; prep. including, (used with 也 or 都) even
lián to link		
怜 (憐) hsk 4, 8	忄 rad 61 xīn: heart 令 hsk 5 lìng: to order	可怜 hsk 4 kělián: adj. pitiful, pitiable, poor
lián to pity		

Cracking Chinese Characters – HSK 1, 2, 3, 4

联 聯 hsk 4, 12	lián — to ally	耳 hsk 3, rad 128 ěr: ear 关 hsk 1 guān: to close	互联网 hsk 4 hùliánwǎng: n. the Internet 联系 hsk 4 liánxì: n. contact; v. communicate, establish contact
脸 臉 hsk 3, 11	liǎn — face	月 rad 130 ròu: flesh 佥 hsk ⌀ qiān: all 亼 hsk ⌀ jí: to assemble ⺍ rad 42 xiǎo: small 一 hsk 1, rad 1 yī: one	脸 hsk 3 liǎn: n. face
练 練 hsk 3, 8	liàn — to practice	纟 rad 120 sī: silk 东 hsk 1 dōng: east ⼄ rad 5 ya: second, hand	练习 hsk 3 liànxí: n. exercise; v. practice
炼 煉 hsk 3, 9	liàn — to refine	火 hsk 2, rad 86 huǒ: fire 东 hsk 1 dōng: east ⼄ rad 5 ya: second, hand	锻炼 hsk 3 duànliàn: v. do physical training, to take exercise
凉 涼 hsk 4, 10	liáng — cool, cold	冫 rad 15 bīng: ice 京 hsk 1 jīng: capital city of a country, abbr. for 北京 Běijīng	凉快 hsk 4 liángkuai: adj. cool
两 兩 hsk 2, 7	liǎng — two (quantity)	一 hsk 1, rad 1 yī: one 冂 rad 13 jiōng: scope 人 hsk 1, rad 9 rén: man 人 hsk 1, rad 9 rén: man	两 hsk 2 liǎng: num. two
亮 hsk 1, 9	liàng — clear	亠 rad 8 tóu: shelter, head 口 hsk 3, rad 30 kǒu: mouth 冖 rad 14 mì: to cover 几 hsk 1, rad 16 jī: table	漂亮 hsk 1 piàoliang: adj. good-looking, pretty, beautiful 月亮 hsk 3 yuèliang: n. the Moon

谅	hsk 4, 10	讠 rad 149 yán: speech 京 hsk 1 jīng: capital city of a country, abbr. for 北京 Běijīng	原谅 hsk 4 **yuánliàng**: v. forgive, excuse, pardon
liàng to forgive			
辆 (輛)	hsk 3, 11	车 hsk 1, rad 159 chē: car 两 hsk 2 liǎng: two (quantity)	辆 hsk 3 **liàng**: nm. used for automobiles
liàng classifier for vehicles			
量	hsk 4, 12	旦 hsk 5 dàn: dawn 里 hsk 1, rad 166 lǐ: neighborhood	商量 hsk 4 **shāngliang**: v. consult, discuss, talk over 数量 hsk 4 **shùliàng**: n. amount, quantity 质量 hsk 4 **zhìliàng**: n. quality
liàng / liáng quantity / to measure			
聊	hsk 3, 11	耳 hsk 3, rad 128 ěr: ear 卯 hsk ∅ mǎo: 5-7 am	聊天 hsk 3 **liáotiān**: sv. chat 无聊 hsk 4 **wúliáo**: adj. boring, dull, uninteresting
liáo to chat			
料	hsk 3, 10	米 hsk 1, rad 119 mǐ: rice 斗 hsk 5, rad 68 dòu: measurer	饮料 hsk 3 **yǐnliào**: n. beverage, drink 材料 hsk 4 **cáiliào**: n. reference material 塑料袋 hsk 4 **sùliàodài**: n. plastic bag
liào material, stuff, to anticipate			
列	hsk 4, 6	歹 hsk 6, rad 78 dǎi: death 刂 rad 18 dāo: knife	排列 hsk 4 **páiliè**: v. arrange, rank, put in order
liè to arrange			
邻 (鄰)	hsk 3, 7	令 hsk 5 lìng: to order 阝 rad 163 yì: city	邻居 hsk 3 **línjū**: n. neighbor
lín neighbor			

Cracking Chinese Characters – HSK 1, 2, 3, 4

林 **lín** woods	hsk 4 8 strokes	木 hsk 5, rad 75 🔑 mù: tree 木 hsk 5, rad 75 🔑 mù: tree	森林 hsk 4 **sēnlín**: n. forest
零 **líng** ↓ zero	hsk 2 13 strokes	雨 hsk 1, rad 173 🔑 yǔ: rain 令 hsk 5 lìng↓: to order	零 hsk 2 **líng**: num. zero 零钱 hsk 4 **língqián**: n. change
龄 齡 **líng** ↓ length of experience, membership etc	hsk 4 13 strokes	齿 hsk 5, rad 211 🔑 chǐ: tooth, wheelwork 令 hsk 5 lìng↓: to order	年龄 hsk 4 **niánlíng**: n. age
另 **lìng** ♭ other, separate	hsk 4 5 strokes	口 hsk 3, rad 30 🔑 kǒu: mouth 力 hsk 3, rad 19 lì ♭: force	另外 hsk 4 **lìngwài**: adv. in addition
流 **liú** ↓ to flow	hsk 4 10 strokes	氵 rad 85 🔑 shuǐ: water 㐬 hsk ∅ liú↓: corrupted form of 荒, (a) cup with pendants, pennant, wild, uncultivated	交流 hsk 4 **jiāoliú**: v. communicate, have an exchange with, flow simultaneously 流利 hsk 4 **liúlì**: adj. fluent 流行 hsk 4 **liúxíng**: adj. popular, fashionable
留 **liú** to stay, to remain	hsk 3 10 strokes	卯 hsk ∅ mǎo: 5-7 am 田 hsk 6, rad 102 🔑 tián: field	留学 hsk 3 **liúxué**: v. study in a foreign country 留 hsk 4 **liú**: v. stay
六 **liù** six	hsk 1 4 strokes	亠 rad 8 tóu: shelter, head 八 hsk 1, rad 12 🔑 bā: eight, separate	六 hsk 1 **liù**: num. six

85

楼 hsk 3, 13 strokes 樓 **lóu** ↘ floor	木 hsk 5, rad 75 mù: tree 娄 hsk ∅ lóu ↗: surname Lou		楼 hsk 3 **lóu**: n. building
旅 hsk 2, 10 strokes **lǚ** trip	方 hsk 3, rad 70 fāng: square, direction 氏 hsk 6, rad 83 shì: clan		旅游 hsk 2 **lǚyóu**: v. travel, tour 旅行 hsk 4 **lǚxíng**: v. travel, journey, tour
路 hsk 2, 13 strokes **lù** road	足 hsk 2, rad 157 zú: foot 各 hsk 4 gè: each 夂 rad 34 zhǐ: to go 口 hsk 3, rad 30 kǒu: mouth		路 hsk 2 **lù**: n. road, journey, route; nm. used to indicate a bus route, line, or a kind (of person) 高速公路 hsk 4 **gāosùgōnglù**: n. expressway 迷路 hsk 4 **mílù**: v. get lost, lose one's way
律 hsk 4, 9 strokes **lǜ** law	彳 rad 60 chì: walk around 聿 rad 129 yù: brush		法律 hsk 4 **fǎlǜ**: n. law 律师 hsk 4 **lǜshī**: n. lawyer
虑 hsk 4, 10 strokes 慮 **lǜ** to think over	虍 rad 141 hū: tiger 心 hsk 3, rad 61 xīn: heart		考虑 hsk 4 **kǎolǜ**: v. think, consider
绿 hsk 3, 11 strokes 綠 **lǜ** ↘ green	纟 rad 120 sī: silk 录 hsk 5 lù ↘: diary		绿 hsk 3 **lǜ**: adj. green
乱 hsk 4, 7 strokes 亂 **luàn** in confusion or disorder	舌 hsk 6, rad 135 shé: tongue 乚 rad 5 yǐn: second, hand		乱 hsk 4 **luàn**: adj. messy, disorderly, in confusion, confused

Cracking Chinese Characters – HSK 1, 2, 3, 4

论 論 hsk 4, 6 strokes **lùn** ↘ opinion	讠 rad 149 yán: speech 仑 hsk∅ lún↘: to arrange	讨论 hsk 4 **tǎolùn**: v. discuss, talk about, argue, debate 无论 hsk 4 **wúlùn**: conj. no matter what, how, etc., regardless of	
落 hsk 4, 12 strokes **luò** ↘ to fall or drop	艹 rad 140 cǎo: vegetal 洛 hsk∅ luò↘: Luohe River (Shaanxi and Henan provinces)	降落 hsk 4 **jiàngluò**: v. descend, land	
M **吗** 嗎 hsk 1, 6 strokes **ma** ↘ (question tag)	口 hsk 3, rad 30 kǒu: mouth 马 hsk 3, rad 187 mǎ↘: horse	吗 hsk 1 **ma**: mp. used at the end of a sentence, indicating a question	
妈 媽 hsk 1, 6 strokes **mā** ↘ mom	女 hsk 1, rad 38 nǚ: woman 马 hsk 3, rad 187 mǎ↘: horse	妈妈 hsk 1 **māma**: n. mother, ma, mamma, mum	
麻 hsk 4, 11 strokes **má** feeling pins and needles, numb, generic name for hemp, flax etc	麻 hsk 4, rad 200 má: hemp 广 hsk 4, rad 53 guǎng: shelter 林 hsk 4 lín: woods	麻烦 hsk 4 **máfan**: adj. troublesome; n. bother, burden; v. bother, trouble	
马 馬 hsk 3, 3 strokes **mǎ** horse	马 hsk 3, rad 187 mǎ: horse	马 hsk 3 **mǎ**: n. horse 马上 hsk 3 **mǎshàng**: adv. immediately, at once 马虎 hsk 4 **mǎhu**: adj. careless, negligent	
码 碼 hsk 4, 8 strokes **mǎ** ↘ weight	石 hsk 5, rad 112 shí: stone 马 hsk 3, rad 187 mǎ↘: horse	号码 hsk 4 **hàomǎ**: n. number 密码 hsk 4 **mìmǎ**: n. code, password	

买 (買)
mǎi — to buy
- hsk 1, 6 strokes
- 一 rad 5 — ya: second, hand
- 头 hsk 3 — tóu: head
- 买 hsk 1 **mǎi**: v. buy

卖 (賣)
mài ↘ — to sell
- hsk 2, 8 strokes
- 十 hsk 1, rad 24 — shí: ten
- 买 hsk 1 — mǎi ↘: to buy
- 卖 hsk 2 **mài**: v. sell

满 (滿)
mǎn — to fill
- hsk 3, 13 strokes
- 氵 rad 85 — shui: water
- 艹 rad 140 — cǎo: vegetal
- 两 hsk 2 — liǎng: two (quantity)
- 满意 hsk 3 **mǎnyì**: v. be satisfied
- 满 hsk 4 **mǎn**: adj. filled, full of

慢
màn ↘ — slow
- hsk 2, 14 strokes
- 忄 rad 61 — xin: heart
- 曼 hsk ∅ — màn ↘: handsome
- 慢 hsk 2 **màn**: adj. slow

漫
màn ↘ — free, unrestrained
- hsk 4, 14 strokes
- 氵 rad 85 — shui: water
- 曼 hsk ∅ — màn ↘: handsome
- 浪漫 hsk 4 **làngmàn**: adj. romantic

忙
máng ♭ — busy
- hsk 2, 6 strokes
- 忄 rad 61 — xin: heart
- 亡 hsk 6 — wáng ♭: to flee, lose, die
- 亠 rad 8 — tóu: shelter, head
- 乚 rad 5 — yǐn: second, hand
- 忙 hsk 2 **máng**: adj. busy; v. be busy doing sth., hurry
- 帮忙 hsk 3 **bāngmáng**: v. help, give a helping hand, do a favor, lend a hand

猫 (貓)
māo ♭ — cat
- hsk 1, 11 strokes
- 犭 rad 94 — quǎn: dog
- 艹 rad 140 — cǎo ♭: vegetal
- 田 hsk 6, rad 102 — tián: field
- 猫 hsk 1 **māo**: n. cat
- 熊猫 hsk 3 **xióngmāo**: n. panda

Cracking Chinese Characters – HSK 1, 2, 3, 4

毛 máo hair, feather	hsk 4 4 strokes	毛 hsk 4, rad 82 🔑 máo: fur	毛 hsk 4 **máo**: adj. fine, depreciated; n. hair, fur, feather; nm. tenth of one yuan (monetary unit); v. be angry 毛巾 hsk 4 **máojīn**: n. towel 羽毛球 hsk 4 **yǔmáoqiú**: n. badminton
冒 mào ↓ to emit, risk, rash	hsk 3 9 strokes	冃 hsk ∅ mào↓: old variant of 帽, hat 冂 rad 13 🔑 jiōng: scope 二 hsk 1, rad 7 èr: two 目 hsk 3, rad 109 mù: eye	感冒 hsk 3 **gǎnmào**: v. have/catch a cold
帽 mào ↓ hat	hsk 3 12 strokes	巾 hsk 4, rad 50 🔑 jīn: turban 冒 hsk 3 mào↓: to emit, risk, rash	帽子 hsk 3 **màozi**: n. hat, cap
貌 mào ↓ appearance	hsk 4 14 strokes	豸 rad 153 🔑 zhì: feline, cat family 皃 hsk ∅ mào↓: countenance, appearance	礼貌 hsk 4 **lǐmào**: n. politeness, manners, ceremony, civility
么 麽 me used to form interrogative 什么	hsk 1 3 strokes	丿 rad 4 🔑 piě: oblique 厶 rad 28 sī: secret	什么 hsk 1 **shénme**: pron. express explicit meaning, referring to the thing uncertain or unspoken, what 怎么 hsk 1 **zěnme**: pron. inquiring for property, condition, way, and cause, etc. 怎么样 hsk 1 **zěnmeyàng**: pron. How about it? What do you think? (inquiring for comments and suggestions as an independent sentence) as an independent sentence) 为什么 hsk 2 **wèishénme**: why 多么 hsk 3 **duōme**: adv. how (wonderful, etc.)
没 沒 méi (negative prefix for verbs)	hsk 1 7 strokes	氵 rad 85 🔑 shui: water 殳 rad 79 shū: weapon	没关系 hsk 1 **méiguānxi**: sp. have no relation with. That's all right. You are welcome. 没有 hsk 1 **méiyǒu**: v. have nothing or nobody, can't compare with others

每 hsk 2, 7 strokes **měi** each	𠂉 variance of 亻 rad 9 — rén: man 母 hsk 4, rad 80 — mǔ: mother	每 hsk 2 **měi**: pron. every, each
美 hsk 4, 9 strokes **měi** beautiful, abbr. for the Americas	羊 rad 123 — yáng: sheep 大 hsk 1, rad 37 — dà: big	美丽 hsk 4 **měilì**: adj. beautiful
妹 hsk 2, 8 strokes **mèi** younger sister	女 hsk 1, rad 38 — nǚ: woman 未 hsk 5 — wèi: not yet 一 hsk 1, rad 1 — yī: one 木 hsk 5, rad 75 — mù: tree	妹妹 hsk 2 **mèimei**: n. younger sister
们 (門) hsk 1, 5 strokes **men** plural marker for pronouns	亻 rad 9 — rén: man 门 hsk 2, rad 169 — mén: gate	我们 hsk 1 **wǒmen**: pron. we, us 咱们 hsk 4 **zánmen**: pron. we or us (inclusive of person or people spoken to)
门 (門) hsk 2, 3 strokes **mén** gate	门 hsk 2, rad 169 — mén: gate	门 hsk 2 **mén**: n. door, exits and entrances, switch, family; nm. used for curriculum in school, marriage, artillery 专门 hsk 4 **zhuānmén**: adv. specially, technically
梦 (夢) hsk 4, 11 strokes **mèng** dream	木 hsk 5, rad 75 — mù: tree 林 hsk 4 — lín: woods 夕 hsk 5, rad 36 — xī: evening	梦 hsk 4 **mèng**: n. dream; v. have a dream while sleeping
迷 hsk 4, 9 strokes **mí** to bewilder	辶 rad 162 — chuò: brisk walking 米 hsk 1, rad 119 — mǐ: rice	迷路 hsk 4 **mílù**: v. get lost, lose one's way

Cracking Chinese Characters – HSK 1, 2, 3, 4

米 mǐ rice	hsk 1 6	米 hsk 1, rad 119 🔑 mǐ: rice	米饭 hsk 1 **mǐfàn**: n. cooked rice 米 hsk 3 **mǐ**: nm. meter
密 mì ↓ secret	hsk 4 11	宓 hsk ∅ mì↓: still; silent; 宀 rad 40 🔑 mián: roof 必 hsk 3 bì: certainly, must 山 hsk 3, rad 46 shān: mountain	密码 hsk 4 **mìmǎ**: n. code, password
免 miǎn to excuse somebody, to exempt	hsk 4 7	⺈ rad 18 dāo: knife 口 hsk 3, rad 30 kǒu: mouth 儿 hsk 1, rad 10 🔑 er: child 兄 hsk 5 xiōng: elder brother	免费 hsk 4 **miǎnfèi**: adj. free
面 miàn face	hsk 1 9	面 hsk 1, rad 176 🔑 miàn: face	后面 hsk 1 **hòumiàn**: n. at the back, in the rear, behind, later, afterwards 前面 hsk 1 **qiánmiàn**: n. before, in front, at the head, ahead 面条 hsk 2 **miàntiáo**: n. noodle 见面 hsk 3 **jiànmiàn**: v. meet 面包 hsk 3 **miànbāo**: n. bread 对面 hsk 4 **duìmiàn**: n. the opposite side 方面 hsk 4 **fāngmiàn**: n. aspect
秒 miǎo second (of time)	hsk 4 9	禾 rad 115 🔑 hé: grain 少 hsk 1 shǎo: few	秒 hsk 4 **miǎo**: n. second
民 mín the people	hsk 4 5	巳 hsk ∅ sì: 9-11 a.m. 氏 hsk 6, rad 83 🔑 shì: clan	民族 hsk 4 **mínzú**: n. nation, race, nationality, ethnic group
名 míng ♭ name	hsk 1 6	夕 hsk 5, rad 36 xī ♭: evening 口 hsk 3, rad 30 🔑 kǒu: mouth	名字 hsk 1 **míngzi**: n. name, title 有名 hsk 3 **yǒumíng**: adj. famous 报名 hsk 4 **bàomíng**: sv. participate in an activity or organization, enroll, sign up 著名 hsk 4 **zhùmíng**: adj. famous, celebrated

明 míng bright	hsk 1, 8	日 hsk 2, rad 72 rì: sun 月 hsk 1, rad 74 yuè: moon	明天 hsk 1 **míngtiān**: n. tomorrow 聪明 hsk 3 **cōngming**: adj. bright, clever, intelligent 明白 hsk 3 **míngbai**: adj. plain, explicit, clear; v. know, understand 说明 hsk 4 **shuōmíng**: v. explain, illustrate, show 证明 hsk 4 **zhèngmíng**: v. prove, manifest, bear witness to
命 mìng life	hsk 4, 8	人 hsk ∅ jí: to assemble 叩 hsk ∅ kòu: to knock, kowtow 口 hsk 3, rad 30 kǒu: mouth 卩 rad 26 jié: seal	生命 hsk 4 **shēngmìng**: n. life
末 mò end	hsk 3, 5	木 hsk 5, rad 75 mù: tree 一 hsk 1, rad 1 yī: one	周末 hsk 3 **zhōumò**: n. weekend
默 mò silent	hsk 4, 16	黑 hsk 2, rad 203 hēi: black 犬 hsk 6, rad 94 quǎn: dog	幽默 hsk 4 **yōumò**: adj. humorous, funny
母 mǔ mother	hsk 4, 5	母 hsk 4, rad 80 mǔ: mother	母亲 hsk 4 **mǔqīn**: n. mother
目 mù eye	hsk 3, 5	目 hsk 3, rad 109 mù: eye	节目 hsk 3 **jiémù**: n. show, performance, program 目的 hsk 4 **mùdì**: n. purpose, aim
慕 mù ♭ to admire	hsk 4, 14	莫 hsk 6 mò ♭: do not 忄 rad 61 xīn: heart	羡慕 hsk 4 **xiànmù**: v. admire, envy

N

拿
hsk 3, 10
ná — to hold

合 hsk4 hé: to join, to suit, to close, to shut
手 hsk2, rad 64 shǒu: hand

拿 hsk3 ná: v. hold, take

哪
hsk 1, 9
nǎ ↓ — how

口 hsk3, rad 30 kǒu: mouth
那 hsk1 nà↓: that

哪 hsk1 nǎ: pron. which (used in front of a measure word)
哪儿 hsk1 nǎ'er: pron. where

那
hsk 1, 6
nà — that

刀 hsk4, rad 18 dāo: knife
二 hsk1, rad 7 èr: two
阝 rad 163 yì: city

那 hsk1 nà: that, those, then (in that case)

奶
hsk 2, 5
nǎi ↓ — milk, breast

女 hsk1, rad 38 nǚ: woman
乃 hsk∅ nǎi↓: to be

牛奶 hsk2 niúnǎi: n. milk
奶奶 hsk3 nǎinai: n. grandmother

耐
hsk 4, 9
nài — capable of enduring

而 hsk3, rad 126 ér: and
寸 hsk6, rad 41 cùn: thumb

耐心 hsk4 nàixīn: n. patience

男
hsk 2, 7
nán — male

田 hsk6, rad 102 tián: field
力 hsk3, rad 19 lì: force

男 hsk2 nán: n. man, male

南
hsk 3, 9
nán ♭ — south

十 hsk1, rad 24 shí: ten
冂 rad 13 jiōng: scope
㐄 hsk∅ rěn: arch. upside (dead) down man
丷 rad 12 bā: eight, separate
干 hsk3, rad 51 gàn ♭: to do, dry

南 hsk3 nán: n. south

难 難 **nán** difficult	hsk 3 / 10	又 rad 29 yòu: still, hand 隹 rad 172 zhuī: short-tailed bird	难 hsk 3 **nán**: adj. difficult, hard 难过 hsk 3 **nánguò**: v. have a hard time 困难 hsk 4 **kùnnan**: adj. difficult, hard, tough; n. trouble, difficulty 难道 hsk 4 **nándào**: adv. used in a rhetorical question 难受 hsk 4 **nánshòu**: adj. feel unwell, feel ill, suffer pain
恼 惱 **nǎo** to get angry	hsk 4 / 9	忄 rad 61 xīn: heart 匈 hsk∅ xiōng: ferocious 亠 rad 8 tóu: shelter, head 凶 hsk 6 xiōng: vicious	烦恼 hsk 4 **fánnǎo**: adj. annoyed; n. vexation, worry, trouble; v. fret one's heart, be worried
脑 腦 **nǎo** brain	hsk 1 / 10	月 rad 130 ròu: flesh 匈 hsk∅ xiōng: ferocious 亠 rad 8 tóu: shelter, head 凶 hsk 6 xiōng: vicious	电脑 hsk 1 **diànnǎo**: n. computer
闹 鬧 **nào** noisy	hsk 4 / 8	门 hsk 2, rad 169 mén: gate 市 hsk 3 shì: market	热闹 hsk 4 **rènao**: adj. lively, bustling with noise and excitement
呢 **ne** ♭ (marker of declarative, interrogative or alternative statements)	hsk 1 / 8	口 hsk 3, rad 30 kǒu: mouth 尸 hsk 6, rad 44 shī: dead body 匕 rad 21 bǐ: spoon, overthrown man 尼 hsk∅ ní ♭: Buddhist nun	呢 hsk 1 **ne**: mp. used at the end of a sentence to indicate a declarative sentence or interrogative statement
内 內 **nèi** inside	hsk 4 / 4	冂 rad 13 jiōng: scope 人 hsk 1, rad 9 rén: man	内 hsk 4 **nèi**: n. inner, inside 内容 hsk 4 **nèiróng**: n. content, substance
能 **néng** can	hsk 1 / 10	厶 rad 28 sī: secret 月 rad 130 ròu: flesh 肯 hsk∅ yù: a small worm 匕 rad 21 bǐ: spoon, overthrown man 比 hsk 2, rad 81 bǐ: to confront	能 hsk 1 **néng**: aux. can, may 可能 hsk 2 **kěnéng**: adj. possible, probable; adv. perhaps, likely; n. possibility; aux. may, can 能力 hsk 4 **nénglì**: n. ability, capacity, capability

Cracking Chinese Characters – HSK 1, 2, 3, 4

你 nǐ you (informal)	hsk 1 7	亻 rad 9 🔑 rén: man 尔 hsk 4 ěr: thus	你 hsk 1 **nǐ**: pron. you

年 nián year	hsk 1 6	丿 rad 4 piě: oblique 干 hsk 3, rad 51 🔑 gàn: to do, dry 厂 no meaning	年 hsk 1 **nián**: n. year 去年 hsk 2 **qùnián**: n. last year 年级 hsk 3 **niánjí**: n. grade (in the primary or middle school), year (in college or university) 年轻 hsk 3 **niánqīng**: adj. young 年龄 hsk 4 **niánlíng**: n. age

鸟 鳥 niǎo bird	hsk 3 5	鸟 hsk 3, rad 196 🔑 niǎo: bird	鸟 hsk 3 **niǎo**: n. bird

您 nín ♭ you (courteous)	hsk 2 11	你 hsk 1 nǐ ♭ : you 心 hsk 3, rad 61 🔑 xīn: heart	您 hsk 2 **nín**: pron. you or your (used to address someone with respect)

牛 niú ox	hsk 2 4	牛 hsk 2, rad 93 🔑 niú: beef	牛奶 hsk 2 **niúnǎi**: n. milk

弄 nòng ♭ to do	hsk 4 7	王 hsk 5, rad 96 yù: jade 廾 rad 55 🔑 gǒng ♭ : two hands	弄 hsk 4 **nòng**: v. do, manage, handle

努 nǔ ♩ to exert	hsk 3 7	奴 hsk 6 nú♩: slave 女 hsk 1, rad 38 nǚ: woman 又 hsk 3, rad 29 yòu: still, hand 力 hsk 3, rad 19 🔑 lì: force	努力 hsk 3 **nǔlì**: adj. hard-working, diligent

女 **nǚ** female	hsk 1 3	女 hsk 1, rad 38 nǚ: woman	女儿 hsk 1 **nǚ'ér**: n. daughter 女 hsk 2 **nǚ**: n. woman, female
暖 **nuǎn** ♭ warm	hsk 4 13	日 hsk 2, rad 72 rì: sun 爰 hsk ⌀ yuán ♭ : thereupon, where 爪 rad 87 zhǎo: claw 一 hsk 1, rad 1 yī: one 友 hsk 1 yǒu: friend	暖和 hsk 4 **nuǎnhuo**: adj. warm
O 偶 **ǒu** ♭ accidental, idol	hsk 4 11	亻 rad 9 rén: man 禺 hsk ⌀ yú: ancient area 田 hsk 6, rad 102 tián: field 禸 rad 114 róu ♭ : get away	偶尔 hsk 4 **ǒu'ěr**: adv. once in a while, occasionally
P 爬 **pá** ♭ to crawl	hsk 3 8	爪 rad 87 zhǎo: claw 巴 hsk 5 bā ♭ : to long for	爬山 hsk 3 **páshān**: v. climb mountains
怕 **pà** to be afraid	hsk 3 8	忄 rad 61 xin: heart 白 hsk 2, rad 106 bái: white	害怕 hsk 3 **hàipà**: v. be afraid, be frightened 恐怕 hsk 4 **kǒngpà**: adv. perhaps, probably, maybe
排 **pái** to arrange, put in order, a row	hsk 4 11	扌 rad 64 shou: hand 非 hsk 2, rad 175 fēi: false	安排 hsk 4 **ānpái**: n. arrangement, plan to do sth; v. plan in detail, arrange 排队 hsk 4 **páiduì**: v. line up 排列 hsk 4 **páiliè**: v. arrange, rank, put in order
牌 **pái** (playing) card, brand	hsk 4 12	片 hsk 3, rad 91 piàn: slice 卑 hsk 6 bēi: low 丶 rad 3 zhǔ: stroke 甲 hsk 5 jiǎ: shell; first in a list 十 hsk 1, rad 24 shí: ten	登机牌 hsk 4 **dēngjīpái**: n. boarding pass

Cracking Chinese Characters – HSK 1, 2, 3, 4

盘 盤 **pán** plate	hsk 3 11	舟 hsk6, rad137 zhōu: boat 皿 rad108 🔑 mǐn: container	盘子 hsk3 **pánzi**: n. tray, plate, dish
判 **pàn** ♭ to judge	hsk 4 7	半 hsk3 bàn ♭ : half 刂 rad18 🔑 dāo: knife	判断 hsk4 **pànduàn**: n. decision, judgement, estimation
乓 **pāng** (onom.) pang	hsk 4 6	丿 rad4 🔑 piě: oblique 丘 hsk6 qiū: mound 丶 rad3 zhǔ: stroke	乒乓球 hsk4 **pīngpāngqiú**: n. table tennis, ping-pong
旁 **páng** ♭ beside	hsk 2 10	亠 rad8 tóu: shelter, head 丷 rad12 bā: eight, separate 冖 rad14 mì: to cover 方 hsk3, rad70 🔑 fāng ♭ : square, direction	旁边 hsk2 **pángbiān**: n. side, by the side of, nearby
胖 **pàng** fat	hsk 3 9	月 rad130 🔑 ròu: flesh 半 hsk3 bàn: half	胖 hsk3 **pàng**: adj. fat; v. get fat
跑 **pǎo** ♭ to run	hsk 2 12	足 hsk2, rad157 🔑 zú: foot 包 hsk3 bāo ♭ : to cover	跑步 hsk2 **pǎobù**: v. run, jog
陪 **péi** to accompany	hsk 4 10	阝 rad170 🔑 fù: mound 音 hsk∅ pǒu: to spit out	陪 hsk4 **péi**: v. accompany, keep one's company

朋 **péng** friend	hsk 1 8	月 hsk 1, rad 74 yuè: moon 月 hsk 1, rad 74 yuè: moon	朋友 hsk 1 **péngyou**: n. friend
批 **pī** ♭ to ascertain	hsk 4 7	扌 rad 64 shou: hand 比 hsk 2, rad 81 bǐ ♭ : to confront	批评 hsk 4 **pīpíng**: n. criticism, comment; v. criticize, comment
皮 **pí** leather	hsk 3 5	皮 hsk 3, rad 107 pí: skin	皮鞋 hsk 3 **píxié**: n. leather shoes 皮肤 hsk 4 **pífū**: n. skin 橡皮 hsk 4 **xiàngpí**: n. eraser
啤 **pí** beer	hsk 3 11	口 hsk 3, rad 30 kǒu: mouth 卑 hsk 6 bēi: low 丶 rad 3 zhǔ: stroke 甲 hsk 5 jiǎ: shell, first in a list 十 hsk 1, rad 24 shí: ten	啤酒 hsk 3 **píjiǔ**: n. beer
脾 **pí** spleen	hsk 4 12	月 rad 130 ròu: flesh 卑 hsk 6 bēi: low 丶 rad 3 zhǔ: stroke 甲 hsk 5 jiǎ: shell, first in a list 十 hsk 1, rad 24 shí: ten	脾气 hsk 4 **píqi**: n. temper, disposition
篇 **piān** ♭ sheet	hsk 4 15	⺮ rad 118 shì: bamboo 扁 hsk 6 biǎn ♭ : flat 户 hsk 4, rad 63 hù: gate 册 hsk ∅ cè: book	篇 hsk 4 **piān**: nm. used for essays, articles, etc.
片 **piàn** thin piece, slice	hsk 3 4	片 hsk 3, rad 91 piàn: slice	照片 hsk 3 **zhàopiàn**: n. photo

Cracking Chinese Characters – HSK 1, 2, 3, 4

骗 騙 **piàn ♭** to cheat	hsk 4 12	马 hsk 3, rad 187 🔑 mǎ: horse 扁 hsk 6 biǎn ♭: flat 户 hsk 4, rad 63 hù: gate 册 hsk ∅ cè: book	骗 hsk 4 **piàn**: v. deceive, cheat
票 **piào** ticket	hsk 2 11	覀 rad 146 xī: west, lid 示 hsk 4, rad 113 🔑 shì: to venerate, to show	票 hsk 2 **piào**: n. ticket
漂 **piào ↓** elegant	hsk 1 14	氵 rad 85 🔑 shuǐ: water 票 hsk 2 piào↓: ticket	漂亮 hsk 1 **piàoliang**: adj. good-looking, pretty, beautiful
聘 **pìn ♭** to engage (someone)	hsk 4 13	耳 hsk 3, rad 128 🔑 ěr: ear 甹 hsk ∅ pīng ♭: chivalrous knight 由 hsk 4 yóu: from, cause, to follow 丂 hsk ∅ kǎo: breath, sigh	应聘 hsk 4 **yìngpìn**: v. employed by 招聘 hsk 4 **zhāopìn**: v. recruit and employ through advertisement and examination
乓 **pīng** (onom.) ping	hsk 4 6	丘 hsk 6 qiū: mound 丿 rad 4 🔑 piě: oblique	乒乓球 hsk 4 **pīngpāngqiú**: n. table tennis, ping-pong
平 **píng** flat, level, to draw (score)	hsk 3 5	干 hsk 3, rad 51 🔑 gàn: to do, dry 丶 rad 3 zhǔ: stroke 丶 rad 3 zhǔ: stroke	水平 hsk 3 **shuǐpíng**: n. standard, level (of skill, ability and knowledge, etc.) 平时 hsk 4 **píngshí**: n. normally, usually
评 評 **píng ↓** to discuss	hsk 4 7	讠 rad 149 🔑 yán: speech 平 hsk 3 píng↓: flat, level, to draw (score)	批评 hsk 4 **pīpíng**: n. criticism, comment; v. criticize, comment

苹 蘋 **píng ↙** apple	hsk 1 8	⺾ rad 140 🔑 cǎo: vegetal 平 hsk 3 píng↙: flat, level, to draw (score)	苹果 hsk 1 **píngguǒ**: n. apple
瓶 **píng ♭** bottle	hsk 3 10	并 hsk 4 bìng ♭: to combine 瓦 hsk 6, rad 98 🔑 wǎ: tile	瓶子 hsk 3 **píngzi**: n. bottle
泼 潑 **pō** to splash	hsk 4 8	氵 rad 85 🔑 shuǐ: water 发 hsk 3 fā: to send out	活泼 hsk 4 **huópo**: adj. lively
破 **pò ♭** broken	hsk 4 10	石 hsk 5, rad 112 🔑 shí: stone 皮 hsk 3, rad 107 pí ♭: skin	破 hsk 4 **pò**: adj. broken, damaged
葡 **pú ↙** grape, abbr. for Portugal	hsk 4 12	⺾ rad 140 🔑 cǎo: vegetal 匍 hsk ø pú↙: crawl 勹 rad 20 bāo: to wrap 甫 hsk ø fǔ: (classical) barely	葡萄 hsk 4 **pútao**: n. grape
普 **pǔ** general	hsk 4 12	並 hsk ø bìng: stand or place side by side 日 hsk 2, rad 72 🔑 rì: sun 丷 rad 12 bā: eight, separate 亚 hsk 4 yà: Asia	普遍 hsk 4 **pǔbiàn**: adj. universal, general 普通话 hsk 4 **pǔtōnghuà**: n. Mandarin Chinese
七 **qī** seven	hsk 1 2	一 hsk 1, rad 1 🔑 yī: one 乚 rad 5 yǐn: second, hand	七 hsk 1 **qī**: num. seven

Cracking Chinese Characters – HSK 1, 2, 3, 4

妻 qī ♭ wife	hsk 2 8	十 hsk 1, rad 24 shí: ten 彐 rad 58 jì ♭ : snout 女 hsk 1, rad 38 🔑 nǔ: woman	妻子 hsk 2 qīzi: n. wife
戚 qī relative (family)	hsk 4 11	戊 hsk ∅ wù: fifth (in order) 尗 hsk ∅ shū: nervous	亲戚 hsk 4 qīnqi: n. kinsfolk, relative, relation
期 qī ↙ a period of time	hsk 1 12	其 hsk 3 qí↙: his 月 hsk 1, rad 74 🔑 yuè: moon	星期 hsk 1 xīngqī: n. week 学期 hsk 4 xuéqī: n. school term, semester
其 qí his	hsk 3 8	甘 hsk 6, rad 99 gān: sweet 一 hsk 1, rad 1 yī: one 八 hsk 1, rad 12 🔑 bā: eight, separate	其实 hsk 3 qíshí: adv. actually, in fact, as a matter of fact 其他 hsk 3 qítā: pron. other, else 其次 hsk 4 qícì: prep. secondly, next, then 其中 hsk 4 qízhōng: prep. among, in, inside 尤其 hsk 4 yóuqí: adv. especially, particularly, above all, least of all, by far, of all things, in particular
奇 qí strange	hsk 3 8	大 hsk 1, rad 37 🔑 dà: big 可 hsk 2 kě: can, may	奇怪 hsk 3 qíguài: adj. odd, queer, strange, unusual, peculiar
骑 騎 qí ↙ to ride (an animal or a bike)	hsk 3 11	马 hsk 3, rad 187 🔑 mǎ: horse 奇 hsk 3 qí↙: strange	骑 hsk 3 qí: v. ride (an animal or bicycle), sit on the back of
起 qǐ ♭ to rise	hsk 1 10	走 hsk 2, rad 156 🔑 zǒu: to walk 己 hsk 3, rad 49 jǐ ♭ : personal	对不起 hsk 1 duìbuqǐ: sp. I'm sorry, excuse me 起床 hsk 2 qǐchuáng: v. rise (from bed), get up 一起 hsk 2 yīqǐ: adv. together 起飞 hsk 3 qǐfēi: v. (of aircraft) take off, lift off, launch 起来 hsk 3 qǐlái: v. used after a verb to indicate direction or trend 引起 hsk 4 yǐnqǐ: v. bring, cause, lead to, give rise to, bring about, come of, arise from

气 qì gas	hsk 1 4	气 hsk 1, rad 84 qì: air	不客气 hsk 1 búkèqi: you're welcome, it's my pleasure (answer to someone who thanks) 天气 hsk 1 tiānqì: n. weather 生气 hsk 3 shēngqì: v. take offence, be/get angry, be offended 空气 hsk 4 kōngqì: n. air 力气 hsk 4 lìqi: n. (physical) strength, might, force 脾气 hsk 4 píqi: n. temper, disposition 气候 hsk 4 qìhòu: n. climate
弃 棄 qì to abandon	hsk 4 7	亠 rad 8 tóu: shelter, head 厶 rad 28 sī: secret 廾 rad 55 gǒng: two hands	放弃 hsk 4 fàngqì: v. give up
汽 qì˩ steam	hsk 2 7	氵 rad 85 shuǐ: water 气 hsk 1, rad 84 qì˩: air	公共汽车 hsk 2 gōnggòngqìchē: n. bus
千 qiān thousand	hsk 2 3	丿 rad 4 piě: oblique 十 hsk 1, rad 24 shí: ten	千 hsk 2 qiān: num. thousand 千万 hsk 4 qiānwàn: adv. however, anyhow, in any case, at any rate, at any price
铅 鉛 qiān lead (chemistry)	hsk 2 10	钅 rad 167 jīn: gold, metal 几 hsk 1, rad 16 jī: table 口 hsk 3, rad 30 kǒu: mouth	铅笔 hsk 2 qiānbǐ: n. pencil
签 簽 qiān˩ to sign one's name	hsk 4 13	⺮ rad 118 shì: bamboo 佥 hsk qiān˩: all 人 hsk jí: to assemble ⺍ rad 42 xiǎo: small 一 hsk 1, rad 1 yī: one	签证 hsk 4 qiānzhèng: n. visa
前 qián ahead	hsk 1 9	⺌ rad 12 bā: eight, separate 一 hsk 1, rad 1 yī: one 月 hsk 1, rad 74 yuè: moon 刂 rad 18 dāo: knife	前面 hsk 1 qiánmiàn: n. before, in front, at the head, ahead 以前 hsk 3 yǐqián: adv. before (a point of time), back, ago, previously, formerly 提前 hsk 4 tíqián: v. advance the date or time of, move up (a date), do something in advance (or ahead of time)

Cracking Chinese Characters – HSK 1, 2, 3, 4

钱 hsk 1, 10 strokes, 錢 **qián** ♭ coin	钅 rad 167 🔑 jīn: gold, metal 戈 rad 62 gē: halberd 戋 hsk∅ jiān ♭: narrow	钱 hsk 1 **qián**: n. money 零钱 hsk 4 **língqián**: n. change	

| **歉** hsk 4, 14 strokes
 qiàn ↘
 to apologize | 兼 hsk 5 jiān: double
 欠 hsk 5, rad 76 🔑 qiàn↘: tired | 抱歉 hsk 4 **bàoqiàn**: v. be sorry, feel apologetic, regret
 道歉 hsk 4 **dàoqiàn**: sv. make an apology |

| **敲** hsk 4, 14 strokes
 qiāo
 to hit | 高 hsk 1, rad 189 gāo: high
 攴 rad 66 🔑 pū: to bump, hand | 敲 hsk 4 **qiāo**: v. knock, beat, strike |

| **桥** hsk 4, 10 strokes, 橋
 qiáo ↘
 bridge | 木 hsk 5, rad 75 🔑 mù: tree
 乔 hsk∅ qiáo↘: tall
 夭 hsk∅ yāo: tender, gentle
 丿 : no meaning | 桥 hsk 4 **qiáo**: n. bridge |

| **巧** hsk 4, 5 strokes
 qiǎo
 skillful, clever | 工 hsk 1, rad 48 🔑 gōng: work
 丂 hsk∅ kǎo: breath, sigh | 巧克力 hsk 4 **qiǎokèlì**: n. chocolate |

| **且** hsk 4, 5 strokes
 qiě
 moreover | 一 hsk 1, rad 1 🔑 yī: one
 目 hsk 3, rad 109 mù: eye
 日 hsk 2, rad 72 rì: sun | 不但…而且… hsk 3 **bùdàn…érqiě…**: conj. moreover, not only… but also…
 并且 hsk 4 **bìngqiě**: conj. further more, besides |

| **切** hsk 4, 4 strokes
 qiè
 close to, definitely | 七 hsk 1 qī: seven
 刀 hsk 4, rad 18 🔑 dāo: knife | 一切 hsk 4 **yīqiè**: adj. all, every |

亲 (親)	hsk 4, 9 strokes	亠 rad 8 tóu: shelter, head 立 hsk 5, rad 117 lì: standing up 木 rad 75 děng: simplified tree	父亲 hsk 4 fùqīn: n. father 母亲 hsk 4 mǔqīn: n. mother 亲戚 hsk 4 qīnqi: n. kinsfolk, relative, relation
qīn parent			
琴	hsk 4, 12 strokes	王 hsk 5, rad 96 yù: jade 今 hsk 1 jīn ♭: today	弹钢琴 hsk 4 tángāngqín: play the piano
qín ♭ musical instrument (in general)			
轻 (輕)	hsk 3, 9 strokes	车 hsk 1, rad 159 chē: car 乂 no meaning 工 hsk 1, rad 48 gōng: work 巠 hsk ø jīng ♭: underground watercourse	年轻 hsk 3 niánqīng: adj. young 轻 hsk 4 qīng: adj. light 轻松 hsk 4 qīngsōng: adj. light, relaxed; v. relax
qīng ♭ light (not heavy), soft			
清	hsk 3, 11 strokes	氵 rad 85 shuǐ: water 青 hsk 5, rad 174 qīng ♩: blue/green	清楚 hsk 3 qīngchu: adj. clear, distinct; v. be clear about, understand
qīng ♩ clear, pure			
情	hsk 2, 11 strokes	忄 rad 61 xīn: heart 青 hsk 5, rad 174 qīng ♩: blue/green	事情 hsk 2 shìqing: n. matter, business, circumstance, event, affair, incident, occurrence 热情 hsk 3 rèqíng: adj. fervent, warm 爱情 hsk 4 àiqíng: n. love (between a man and a woman) 感情 hsk 4 gǎnqíng: n. feeling, emotion 情况 hsk 4 qíngkuàng: n. circumstance, situation, condition, state of affair 同情 hsk 4 tóngqíng: v. sympathize, show sympathy 心情 hsk 4 xīnqíng: n. mood, frame of mind, temper
qíng ♩ feeling			
晴	hsk 2, 12 strokes	日 hsk 2, rad 72 rì: sun 青 hsk 5, rad 174 qīng ♩: blue/green	晴 hsk 2 qíng: adj. fine, clear
qíng ♩ clear, fine (weather)			

Cracking Chinese Characters – HSK 1, 2, 3, 4

请 請 qǐng ↘ to request *hsk 1, 10*	讠 rad 149 yán: speech 青 hsk 5, rad 174 qīng↘: blue/green	请 hsk 1 **qǐng**: v. please, request, ask, invite, engage, hire, entertain, treat 请假 hsk 3 **qǐngjià**: sv. ask for leave 申请 hsk 4 **shēnqǐng**: v. apply for, ask for, make an official request 邀请 hsk 4 **yāoqǐng**: v. invite, call on, send an invitation
穷 窮 qióng poor, destitute *hsk 4, 7*	穴 hsk 6, rad 116 xué: cave, swing door 力 hsk 3, rad 19 lì: force	穷 hsk 4 **qióng**: adj. poor, poverty-stricken
秋 qiū autumn *hsk 3, 9*	禾 rad 115 hé: grain 火 hsk 2, rad 86 huǒ: fire	秋 hsk 3 **qiū**: n. fall, autumn
求 qiú to seek *hsk 3, 7*	一 hsk 1, rad 1 yī: one 水 hsk 1, rad 85 shuǐ: water 丶 rad 3 zhǔ: stroke	要求 hsk 3 **yāoqiú**: n. request, demand, need; v. ask, request, demand, claim
球 qiú ↘ ball *hsk 2, 11*	王 hsk 5, rad 96 yù: jade 求 hsk 3 qiú↘: to seek 一 hsk 1, rad 1 yī: one 水 hsk 1, rad 85 shuǐ: water 丶 rad 3 zhǔ: stroke	打篮球 hsk 2 **dǎlánqiú**: v. play basketball 踢足球 hsk 2 **tīzúqiú**: v. play soccer 地球 hsk 4 **dìqiú**: n. the Earth 乒乓球 hsk 4 **pīngpāngqiú**: n. table tennis, ping-pong 网球 hsk 4 **wǎngqiú**: n. tennis 羽毛球 hsk 4 **yǔmáoqiú**: n. badminton
区 區 qū area, district, region, distinguish *hsk 4, 4*	⼖ rad 23 xì: to hide, box 匚 rad 22 fāng: open box 乂 no meaning	郊区 hsk 4 **jiāoqū**: n. suburbs, outskirts 区别 hsk 4 **qūbié**: n. difference
取 qǔ to take *hsk 4, 8*	耳 hsk 3, rad 128 ěr: ear 又 hsk 3, rad 29 yòu: still, hand	取 hsk 4 **qǔ**: v. take, get

去 qù — to go
hsk 1, 5 strokes

- 土 hsk 5, rad 32 — tǔ: earth
- 厶 rad 28 🔑 — sī: secret

- 去 hsk 1 **qù**: v. go, leave, remove, get rid of, (used after a verb) indicating the tendency of the action
- 去年 hsk 2 **qùnián**: n. last year
- 过去 hsk 3 **guòqù**: n. in the past

趣 qù — interesting
hsk 3, 15 strokes

- 走 hsk 2, rad 156 🔑 — zǒu: to walk
- 取 hsk 4 — qǔ: to take

- 感兴趣 hsk 3 **gǎn xìngqù**: interest, taste
- 有趣 hsk 4 **yǒuqù**: adj. interesting, fascinating, amusing, funny

---

全 quán — all
hsk 4, 6 strokes

- 入 hsk 4, rad 11 🔑 — rù: to enter
- 人 hsk 1, rad 9 — rén: man
- 王 hsk 5, rad 96 — yù: jade

- 安全 hsk 4 **ānquán**: adj. safe, secure; n. safety, security
- 全部 hsk 4 **quánbù**: adj. whole, complete, total, all
- 完全 hsk 4 **wánquán**: adv. completely, absolutely, entirely, all, totally

---

泉 quán — spring (small stream)
hsk 4, 9 strokes

- 白 hsk 2, rad 106 — bái: white
- 水 hsk 1, rad 85 🔑 — shuǐ: water

- 矿泉水 hsk 4 **kuàngquánshuǐ**: n. mineral water

缺 quē — deficiency
hsk 4, 10 strokes

- 缶 rad 121 🔑 — fǒu: jar
- 夬 hsk ∅ — guài: decisive

- 缺点 hsk 4 **quēdiǎn**: n. defect, drawback, flaw, fault, shortcoming
- 缺少 hsk 4 **quēshǎo**: v. lack, be short of, be pressed for, be in want of

---

却 què — but
hsk 4, 7 strokes (卻)

- 去 hsk 1 — qù: to go
- 卩 rad 26 🔑 — jié: seal

- 却 hsk 4 **què**: conj. but, yet, however, while

确 què — authentic, firm, real
hsk 4, 12 strokes (確)

- 石 hsk 5, rad 112 🔑 — shí: stone
- 角 hsk 3, rad 148 — jiǎo: horn

- 确实 hsk 4 **quèshí**: adv. really, indeed
- 正确 hsk 4 **zhèngquè**: adj. right, correct, proper
- 准确 hsk 4 **zhǔnquè**: adj. exact, precise

Cracking Chinese Characters – HSK 1, 2, 3, 4

裙 hsk 3, 12 **qún** ♭ skirt	衤 rad 145 🔑 yī: cloth 君 hsk 6 jūn ♭ : monarch	裙子 hsk 3 **qúnzi**: n. skirt
然 hsk 2, 12 **rán** ↴ correct	肰 hsk ∅ rán↴: dog meat 月 rad 130 ròu: flesh 犬 hsk 6, rad 94 quǎn: dog 灬 rad 86 🔑 biāo: fire, legs	虽然…但是… hsk 2 **suīrán…dànshì…**: although…still…, even if…nevertheless… 当然 hsk 3 **dāngrán**: adv.. of course, naturally, certainly 然后 hsk 3 **ránhòu**: conj. then, after that, afterwards 突然 hsk 3 **tūrán**: adj. sudden, abrupt, unexpected; adv. suddenly, abruptly, unexpectedly 既然 hsk 4 **jìrán**: conj. since 竟然 hsk 4 **jìngrán**: adv. unexpectedly 然而 hsk 4 **rán'ér**: conj. yet, but, however, nevertheless 仍然 hsk 4 **réngrán**: adv. still, yet 自然 hsk 4 **zìrán**: n. nature, natural world
染 hsk 4, 9 **rǎn** to contaminate, catch (a disease), dye	氿 hsk ∅ guǐ: mountain spring 木 hsk 5, rad 75 🔑 mù: tree	污染 hsk 4 **wūrǎn**: v. contaminate, pollute, taint
让 讓 hsk 2, 5 **ràng** ♭ to give way, let somebody do something, yield	讠 rad 149 🔑 yán: speech 上 hsk 1 shàng ♭ : upon	让 hsk 2 **ràng**: v. let, allow, make, ask, transfer the ownership to
扰 擾 hsk 4, 7 **rǎo** to disturb	扌 rad 64 🔑 shou: hand 尤 hsk 4 yóu: outstanding	打扰 hsk 4 **dǎrǎo**: v. bother, interrupt, intervene
热 熱 hsk 1, 10 **rè** heat	扌 rad 64 shou: hand 丸 hsk 6 wán: ball 执 hsk 5 zhí: to execute (a plan) 灬 rad 86 biāo: fire, legs	热 hsk 1 **rè**: adj. hot, high in temperature; v. heat up, warm up 热情 hsk 3 **rèqíng**: adj. fervent, warm 热闹 hsk 4 **rènao**: adj. lively, bustling with noise and excitement

人 rén person	hsk 1 2 strokes	人 ʰˢᵏ¹,ʳᵃᵈ⁹ rén: man	人 ʰˢᵏ¹ rén: n. human being, person, people 别人 ʰˢᵏ³ biérén: pron. other people, another person 客人 ʰˢᵏ³ kèrén: n. guest
认 rèn ↓ to recognize	hsk 1 4 strokes 認	讠 ʳᵃᵈ¹⁴⁹ yán: speech 人 ʰˢᵏ¹,ʳᵃᵈ⁹ rén↓: man	认识 ʰˢᵏ¹ rènshi: v. get to know, get acquainted with 认为 ʰˢᵏ³ rènwéi: v. think, consider 认真 ʰˢᵏ³ rènzhēn: adj. conscientious, earnest, serious
任 rèn ↓ to assign	hsk 4 6 strokes	亻 ʳᵃᵈ⁹ rén↓: man 壬 ʰˢᵏ⁰ rén↓: ninth of the ten Heavenly Stems	任何 ʰˢᵏ⁴ rènhé: pron. any, whichever, whatever 任务 ʰˢᵏ⁴ rènwu: n. assignment, mission, task, job, duty 责任 ʰˢᵏ⁴ zérèn: n. duty, responsibility
扔 rēng to throw	hsk 4 5 strokes	扌 ʳᵃᵈ⁶⁴ shou: hand 乃 ʰˢᵏ⁰ nǎi: to be	扔 ʰˢᵏ⁴ rēng: v. throw away, cast aside
仍 réng still	hsk 4 4 strokes	亻 ʳᵃᵈ⁹ rén: man 乃 ʰˢᵏ⁰ nǎi: to be	仍然 ʰˢᵏ⁴ réngrán: adv. still, yet
日 rì day, sun	hsk 2 4 strokes	日 ʰˢᵏ²,ʳᵃᵈ⁷² rì: sun	日 ʰˢᵏ² rì: n. day or date 生日 ʰˢᵏ² shēngrì: n. birthday 节日 ʰˢᵏ³ jiérì: n. holiday, festival 日记 ʰˢᵏ⁴ rìjì: n. diary, journal
容 róng to hold	hsk 3 10 strokes	宀 ʳᵃᵈ⁴⁰ mián: roof 谷 ʰˢᵏ⁶,ʳᵃᵈ¹⁵⁰ gǔ: valley	容易 ʰˢᵏ³ róngyì: adj. easy, ready 内容 ʰˢᵏ⁴ nèiróng: n. content, substance

Cracking Chinese Characters – HSK 1, 2, 3, 4

| 肉 hsk 2, 6 strokes | 肉 hsk 2, rad 130 ròu: meat | 羊肉 hsk 2 yángròu: n. mutton |

ròu — meat

| 如 hsk 3, 6 strokes | 女 hsk 1, rad 38 nǚ: woman
 口 hsk 3, rad 30 kǒu: mouth | 如果 hsk 3 rúguǒ: conj. if, in case, in the event of, supposing that
 比如 hsk 4 bǐrú: v. take sth for example
 例如 hsk 4 lìrú: v. take for example; prep. such as |

rú — in compliance with, like, as

| 入 hsk 4, 2 strokes | 入 hsk 4, rad 11 rù: to enter | 入口 hsk 4 rùkǒu: n. entrance, entry
 收入 hsk 4 shōurù: n. income, revenue |

rù — to enter

S

| 赛 (賽) hsk 3, 14 strokes | 宀 rad 40 mián: roof
 井 hsk 6 jǐng: (a) well
 大 hsk 1, rad 37 dà: big
 贝 hsk 5, rad 154 bèi: shell, money | 比赛 hsk 3 bǐsài: n. competition, game, match; v. compete, have a contest |

sài — to compete

| 三 hsk 1, 3 strokes | 一 hsk 1, rad 1 yī: one
 二 hsk 1, rad 7 èr: two | 三 hsk 1 sān: num. three |

sān — three

| 伞 (傘) hsk 3, 6 strokes | 人 hsk 1, rad 9 rén: man
 丷 rad 12 bā: eight, separate
 十 hsk 1, rad 24 shí: ten | 伞 hsk 3 sǎn: n. umbrella |

sǎn — umbrella

| 散 hsk 4, 12 strokes | 龷 remnant from flax 枾
 月 hsk 1, rad 74 yuè: moon
 攵 rad 66 pū: to bump, hand | 散步 hsk 4 sànbù: sv. take a walk, go for a walk |

sàn — to scatter, let out

扫 掃	hsk 3 6	扌 rad 64 shou: hand 彐 rad 58 jì: snout	打扫 hsk 3 **dǎsǎo**: v. clean, sweep
sǎo to sweep			

色	hsk 2 6	色 hsk 2, rad 139 sè: color ク rad 18 dāo: knife 巴 hsk 5 bā: to long for	颜色 hsk 2 **yánsè**: n. color 景色 hsk 4 **jǐngsè**: n. scenery, view
sè color			

森	hsk 4 12	木 hsk 5, rad 75 mù: tree 林 hsk 4 lín: woods	森林 hsk 4 **sēnlín**: n. forest
sēn forest, luxuriant vegetation			

沙	hsk 4 7	氵 rad 85 shui: water 少 hsk 1 shǎo: few	沙发 hsk 4 **shāfā**: n. sofa, upholstered arm chair
shā granule, powder			

山	hsk 3 3	山 hsk 3, rad 46 shān: mountain	爬山 hsk 3 **páshān**: v. climb mountains
shān mountain			

衫	hsk 3 8	衤 rad 145 yī: cloth 彡 rad 59 shān: beard, brush	衬衫 hsk 3 **chènshān**: n. shirt
shān garment			

伤 傷	hsk 4 6	亻 rad 9 rén: man 力 hsk 3, rad 19 lì: force	伤心 hsk 4 **shāngxīn**: adj. sad, grieved, heart-broken, broken-hearted
shāng to injure			

Cracking Chinese Characters – HSK 1, 2, 3, 4

商 hsk 1, 11 **shāng** commerce, merchant, discuss	亠 rad 8 tóu: shelter, head 丷 rad 12 bā: eight, separate 冂 rad 13 jiōng: scope 八 hsk 1, rad 12 bā: eight, separate 口 hsk 3, rad 30 kǒu: mouth 冏 hsk∅ jiǒng: velvetleaf, plant of the jute family	商店 hsk1 **shāngdiàn**: n. shop, store 商量 hsk4 **shāngliang**: v. consult, discuss, talk over
上 hsk 1, 3 **shàng / shang** upon / within (a certain area)	卜 rad 25 bo: divination 一 hsk 1, rad 1 yī: one	上 hsk1 **shàng / shang**: n. last time, high place, superior; adv. upper, up, on, upward; v. ascend, advance, submit, go to, be up to, appear on the stage, move upward; (used after a verb to indicate the beginning or continuation of an action, or the amount or value to be reached) / n. (used after a noun, to indicate a position, a place or a certain aspect) 上午 hsk1 **shàngwǔ**: n. morning 上班 hsk2 **shàngbān**: v. go to work, start work 晚上 hsk2 **wǎnshang**: n. evening 早上 hsk2 **zǎoshang**: n. morning 马上 hsk3 **mǎshàng**: adv. immediately, at once 上网 hsk3 **shàngwǎng**: v. get online
烧 (燒) hsk 3, 10 **shāo** to burn	火 hsk 2, rad 86 huǒ: fire 戈 rad 62 gē: halberd 几 hsk 1, rad 16 jī: table	发烧 hsk3 **fāshāo**: v. have a fever
稍 hsk 4, 12 **shāo** somewhat	禾 rad 115 hé: grain 肖 hsk 6 xiào: similar	稍微 hsk4 **shāowēi**: adv. a little, bit, slightly
勺 hsk 4, 3 **sháo** spoon	勹 rad 20 bāo: to wrap 丶 rad 3 zhǔ: stroke	勺子 hsk4 **sháozi**: n. spoon, scoop, ladle
少 hsk 1, 4 **shǎo** few	小 hsk 1, rad 42 xiǎo: small 丿 rad 4 piě: oblique	多少 hsk1 **duōshǎo**: pron. how many, how much 少 hsk1 **shǎo**: adj. little, not much, v. be short, be lack 减少 hsk4 **jiǎnshǎo**: v. reduce, decrease, cut down, diminish 缺少 hsk4 **quēshǎo**: v. lack, be short of, be pressed for, be in want of 至少 hsk4 **zhìshǎo**: adv. at least

绍 绍 **shào** ♭ to continue	hsk 2 8	糸 rad 120 mì: silk 召 hsk 5 zhào ♭: to call together 刀 hsk 4, rad 18 dāo: knife 口 hsk 3, rad 30 kǒu: mouth	介绍 hsk 2 **jièshào**: n. an introduction, v. introduce sb. or sth., let know, recommend
社 **shè** society	hsk 4 7	礻 rad 113 shì: to venerate, to show 土 hsk 5, rad 32 tǔ: earth	社会 hsk 4 **shèhuì**: n. society
申 **shēn** to extend, state, explain	hsk 4 5	田 hsk 6, rad 102 tián: field 丨 rad 2 gǔn: line	申请 hsk 4 **shēnqǐng**: v. apply for, ask for, make an official request
身 **shēn** body	hsk 2 7	身 hsk 2, rad 158 shēn: body	身体 hsk 2 **shēntǐ**: n. body (of a human or animal)
深 **shēn** ↓ deep, depth	hsk 4 11	氵 rad 85 shuǐ: water 罙 hsk ø shēn↓: deep	深 hsk 4 **shēn**: adj. deep
什 **shén** ♭ what	hsk 1 4	亻 rad 9 rén ♭: man 十 hsk 1, rad 24 shí: ten	什么 hsk 1 **shénme**: pron. express explicit meaning, referring to the thing uncertain or unspoken, what 为什么 hsk 2 **wèishénme**: why
甚 **shèn** very	hsk 4 9	甘 hsk 6, rad 99 gān: sweet 匹 hsk 5 pǐ: classifier for horses, mules etc	甚至 hsk 4 **shènzhì**: adv. even, so far as to, so much so that

Cracking Chinese Characters – HSK 1, 2, 3, 4

生 hsk 1, 5 strokes **shēng** to be born	生 hsk 1, rad 100 🔑 shēng: be born	先生 hsk 1 **xiānsheng**: n. (addressing) Mr., Mister, sir 学生 hsk 1 **xuésheng**: n. student 医生 hsk 1 **yīshēng**: n. doctor, surgeon 生病 hsk 2 **shēngbìng**: v. fall sick, fall ill, get ill, be taken ill 生日 hsk 2 **shēngrì**: n. birthday 生气 hsk 3 **shēngqì**: v. take offence, be/get angry, be offended 出生 hsk 4 **chūshēng**: v. be born 发生 hsk 4 **fāshēng**: v. take place, happen 生活 hsk 4 **shēnghuó**: n. life, livelihood 生命 hsk 4 **shēngmìng**: n. life 生意 hsk 4 **shēngyì**: n. business, trade 卫生间 hsk 4 **wèishēngjiān**: n. toilet, bathroom, lavatory
声 hsk 3, 7 strokes 聲 **shēng** voice	士 hsk 4, rad 33 shì: scholar 尸 : no meaning 尸 hsk 6, rad 44 shī: dead body 丨 rad 2 gǔn: line	声音 hsk 3 **shēngyīn**: n. sound, voice
省 hsk 4, 9 strokes **shěng** province, to economize, save	少 hsk 1 shǎo: few 目 hsk 3, rad 109 🔑 mù: eye	省 hsk 4 **shěng**: n. province
剩 hsk 4, 12 strokes **shèng** ♭ to remain	乘 hsk 4 chéng ♭ : to ride 刂 rad 18 🔑 dāo: knife	剩 hsk 4 **shèng**: v. be left over, remain
匙 hsk 4, 11 strokes **shi** ↓ key	是 hsk 1 shì ↓: to be 匕 rad 21 🔑 bǐ: spoon, overthrown man	钥匙 hsk 4 **yàoshi**: n. key (to a lock)
失 hsk 4, 5 strokes **shī** to lose	大 hsk 1, rad 37 🔑 dà: big 丿 rad 4 piě: oblique	失败 hsk 4 **shībài**: n. failure, loss, miss, defeat, breakdown, v. be defeated, be beaten, lose, fail, come to nothing 失望 hsk 4 **shīwàng**: adj. disappointed, frustrated; v. lose hope

HSK Academy

师 shī teacher (師) hsk 1, 6 strokes	刂 rad 18 dāo: knife 巾 hsk 4, rad 50 jīn: turban	老师 hsk 1 lǎoshī: n. teacher 律师 hsk 4 lǜshī: n. lawyer 师傅 hsk 4 shīfu: n. used to address strangers in everyday life, similar to "mister" or "sir"
十 shí ten hsk 1, 2 strokes	十 hsk 1, rad 24 shí: ten	十 hsk 1 shí: num. ten 十分 hsk 4 shífēn: adv. very, fully, utterly, extremely, completely
时 shí ♭ o'clock, time (時) hsk 1, 7 strokes	日 hsk 2, rad 72 rì ♭ : sun 寸 hsk 6, rad 41 cùn: thumb	时候 hsk 1 shíhou: n. moment, time, period 时间 hsk 2 shíjiān: n. time 小时 hsk 2 xiǎoshí: n. hour 按时 hsk 4 ànshí: adv. on time, on schedule, punctually 当时 hsk 4 dāngshí: n. at that time 及时 hsk 4 jíshí: adj. just right, just enough, adv. in time 平时 hsk 4 píngshí: n. normally, usually 同时 hsk 4 tóngshí: n. (at the) same time; conj. furthermore 暂时 hsk 4 zànshí: n. temporarily 准时 hsk 4 zhǔnshí: adv. on time, punctually
识 shí ♭ to know (識) hsk 1, 7 strokes	讠 rad 149 yán: speech 只 hsk 3 zhī ♭ : nm. single / adv. only	认识 hsk 1 rènshi: v. get to know, get acquainted with 知识 hsk 4 zhīshi: n. knowledge
实 shī real (實) hsk 3, 8 strokes	宀 rad 40 mián: roof 头 hsk 3 tóu: head	其实 hsk 3 qíshí: adv. actually, in fact, as a matter of fact 诚实 hsk 4 chéngshí: adj. honest 确实 hsk 4 quèshí: adv. really, indeed 实际 hsk 4 shíjì: adj. real, actual 实在 hsk 4 shízài: adj. true, real, honest, dependable; adv. indeed, really
拾 shí to pick up hsk 4, 9 strokes	扌 rad 64 shou: hand 合 hsk 4 hé: to join, to suit, to close, to shut	收拾 hsk 4 shōushi: v. put in order, tidy, clear away

Cracking Chinese Characters – HSK 1, 2, 3, 4

史 hsk 3 5 strokes **shǐ** history		口 hsk 3, rad 30 🔑 kǒu: mouth 乂 no meaning	历史 hsk 3 **lìshǐ**: n. history
使 hsk 4 8 strokes **shǐ** to make, use, send on a mission, cause		亻 rad 9 🔑 rén: man 吏 hsk ∅ lì: minor government official or functionary (old)	大使馆 hsk 4 **dàshǐguǎn**: n. embassy 即使 hsk 4 **jíshǐ**: conj. even if 使 hsk 4 **shǐ**: v. make, cause, enable 使用 hsk 4 **shǐyòng**: v. use
始 hsk 2 8 strokes **shǐ** ♭ to begin		女 hsk 1, rad 38 🔑 nǚ: woman 台 hsk 4 tái: platform, abbr. for Taiwan 厶 rad 28 sī ♭: secret 口 hsk 3, rad 30 kǒu: mouth	开始 hsk 2 **kāishǐ**: n. beginning; v. start, begin
士 hsk 4 3 strokes **shì** scholar, specialist worker		士 hsk 4, rad 33 🔑 shì: scholar	博士 hsk 4 **bóshì**: n. doctor (an academic degree) 护士 hsk 4 **hùshi**: n. nurse 硕士 hsk 4 **shuòshì**: n. master's degree
世 hsk 3 5 strokes **shì** life, generation		一 hsk 1, rad 1 🔑 yī: one 廿 hsk ∅ niàn: twenty (20) 乚 rad 5 yǐn: second, hand	世界 hsk 3 **shìjiè**: n. the world, the earth, the globe, the universe 世纪 hsk 4 **shìjì**: n. century
市 hsk 3 5 strokes **shì** market		亠 rad 8 tóu: shelter, head 巾 hsk 4, rad 50 🔑 jīn: turban	超市 hsk 3 **chāoshì**: n. supermarket 城市 hsk 3 **chéngshì**: n. city
示 hsk 4 5 strokes **shì** to show		示 hsk 4, rad 113 🔑 shì: to venerate, to show	表示 hsk 4 **biǎoshì**: v. express, convey

式 shì type	hsk 4 6 strokes	弋 rad 56 yì: retrievable arrow 工 hsk 1, rad 48 gōng: work	正式 hsk 4 zhèngshì: adj. formal, official, regular
事 shì matter	hsk 2 8 strokes	一 hsk 1, rad 1 yī: one 口 hsk 3, rad 30 kǒu: mouth 肀 rad 129 yù: brush 亅 rad 6 jué: hook	事情 hsk 2 shìqing: n. matter, business, circumstance, event, affair, incident, occurrence 故事 hsk 3 gùshi: n. story 同事 hsk 3 tóngshì: n. colleague
视 shì↓ to look at	hsk 1 8 strokes 視	礻 rad 113 shì↓: to venerate, to show 见 hsk 1, rad 147 jiàn: to see	电视 hsk 1 diànshì: n. television 重视 hsk 4 zhòngshì: v. attach importance to, make much of
试 shì↓ to test	hsk 2 8 strokes 試	讠 rad 149 yán: speech 式 hsk 4 shì↓: type	考试 hsk 2 kǎoshì: n. examination / take a test 试 hsk 3 shì: v. try
室 shì♭ room	hsk 2 9 strokes	宀 rad 40 mián: roof 至 hsk 4, rad 133 zhì♭: to reach	教室 hsk 2 jiàoshì: n. classroom 办公室 hsk 3 bàngōngshì: n. office
是 shì♭ to be	hsk 1 9 strokes	日 hsk 2, rad 72 rì♭: sun 正 hsk 2 zhèng: just (right)	是 hsk 1 shì: v. be; adj. correct; n. truth, yes; pron. this, that 虽然…但是… hsk 2 suīrán…dànshì…: although…still…, even if…nevertheless… 还是 hsk 3 háishì: adv. had better, adv. or, adv. still, all the same 总是 hsk 3 zǒngshì: adv. always 可是 hsk 4 kěshì: conj. but, yet, however 是否 hsk 4 shìfǒu: adv. whether or not 要是 hsk 4 yàoshì: conj. if 于是 hsk 4 yúshì: conj. as a result, therefore, whereupon
柿 shì↓ persimmon (fruit)	hsk 4 9 strokes	木 hsk 5, rad 75 mù: tree 市 hsk 3 shì↓: market	西红柿 hsk 4 xīhóngshì: n. tomato

Cracking Chinese Characters – HSK 1, 2, 3, 4

适 (適) **shì** to fit	hsk 4, 9 strokes	辶 rad 162 chuò: brisk walking 舌 hsk 6, rad 135 shé: tongue	合适 hsk 4 héshì: adj. fit, suitable, appropriate 适合 hsk 4 shìhé: v. suit, fit, be appropriate for 适应 hsk 4 shìyìng: v. adjust, adapt, fit
释 (釋) **shì** to explain	hsk 4, 12 strokes	釆 rad 165 biàn: to distinguish 睪 hsk ∅ yì: look secretely	解释 hsk 4 jiěshì: v. explain, interpret, define
收 **shōu** to receive	hsk 4, 6 strokes	丩 hsk ∅ jiū: hand 攵 rad 66 pū: to bump, hand	收 hsk 4 shōu: v. receive, accept 收入 hsk 4 shōurù: n. income, revenue 收拾 hsk 4 shōushi: v. put in order, tidy, clear away
手 **shǒu** hand	hsk 2, 4 strokes	手 hsk 2, rad 64 shǒu: hand	手表 hsk 2 shǒubiǎo: n. wrist watch, watch 手机 hsk 2 shǒujī: n. mobile phone 洗手间 hsk 3 xǐshǒujiān: n. toilet, washroom, bathroom
首 **shǒu** head	hsk 4, 9 strokes	首 hsk 4, rad 185 shǒu: head	首都 hsk 4 shǒudū: n capital (of a country) 首先 hsk 4 shǒuxiān: adv. first of all
受 **shòu** to receive	hsk 4, 8 strokes	爫 rad 87 zhǎo: claw 冖 rad 14 mì: to cover 又 hsk 3, rad 29 yòu: still, hand	接受 hsk 4 jiēshòu: v. accept, take up 难受 hsk 4 nánshòu: adj. feel unwell, feel ill, suffer pain 受不了 hsk 4 shòubùliǎo: can't bear, can't stand 受到 hsk 4 shòudào: v. accept, receive
售 **shòu** to sell, carry out (a plan or intrigue)	hsk 4, 11 strokes	隹 rad 172 zhuī: short-tailed bird 口 hsk 3, rad 30 kǒu: mouth	售货员 hsk 4 shòuhuòyuán: n. shop assistant, salesclerk

授 shòu ↘ to teach	hsk 4 11	扌 rad 64 🔑 shou ↘: hand 受 hsk 4 shòu ↘: to receive	教授 hsk 4 jiàoshòu: n. professor
瘦 shòu ♭ thin	hsk 3 14	疒 rad 104 🔑 nè: disease 叟 hsk ø sǒu ♭: old gentleman 臼 rad 134 jiù: mortar 丨 rad 2 gǔn: line 又 hsk 3, rad 29 yòu: still, hand	瘦 hsk 3 shòu: adj. thin, emaciated, lean; v. become thin
书 書 shū ♭ book	hsk 1 4	ㄱ rad 5 🔑 ya: second, hand ㄱ rad 5 🔑 ya: second, hand 丨 rad 2 gǔn: line 丶 rad 3 zhǔ ♭: stroke	书 hsk 1 shū: n. book 图书馆 hsk 3 túshūguǎn: n. library
叔 shū uncle	hsk 3 8	未 hsk ø shū: nervous 又 hsk 3, rad 29 🔑 yòu: still, hand	叔叔 hsk 3 shūshu: n. uncle (referring to a man younger than one's father)
舒 shū to stretch	hsk 3 12	人 hsk 1, rad 9 rén: man 舌 hsk 6, rad 135 🔑 shé: tongue 予 hsk 6 yǔ: to give	舒服 hsk 3 shūfu: adj. pleased, comfortable
输 輸 shū to lose	hsk 4 13	车 hsk 1, rad 159 🔑 chē: car 俞 hsk ø yú: yes (used by Emperor or ruler); OK; to accede; to assent; 亼 hsk ø jí: to assemble 刖 hsk ø yuè: to amputate one or both feet (punishment in imperial China)	输 hsk 4 shū: v. lose, be beaten, be defeated
熟 shú ↘ familiar, cooked (of food), ripe (of fruit)	hsk 4 15	孰 hsk ø shú ↘: who, which, what 享 hsk 5 xiǎng: to enjoy 丸 hsk 6 wán: ball 灬 rad 86 🔑 biāo: fire, legs	熟悉 hsk 4 shúxī: adj. familiar; v. know well, be familiar with, have intimate knowledge of

Cracking Chinese Characters – HSK 1, 2, 3, 4

暑	hsk 4 12	日 hsk 2, rad 72 🔑 rì: sun 者 hsk 3 zhě: (after a noun) person involved in ...	放暑假 hsk 4 **fàngshǔjià**: v. have a summer vacation
shǔ hot weather			
术 術	hsk 4 5	木 hsk 5, rad 75 🔑 mù: tree 丶 rad 3 zhǔ ♭: stroke	技术 hsk 4 **jìshù**: n. technology, technique 艺术 hsk 4 **yìshù**: n. art
shù ♭ skill			
束	hsk 3 7	木 hsk 5, rad 75 🔑 mù: tree 口 hsk 3, rad 30 kǒu: mouth	结束 hsk 3 **jiéshù**: v. stop, finish, end, terminate
shù to bind, control			
树 樹	hsk 3 9	木 hsk 5, rad 75 🔑 mù: tree 对 hsk 1 duì: correct, opposite	树 hsk 3 **shù**: n. tree
shù tree			
数 數	hsk 3 13	娄 hsk ø lóu: surname, one of the 28 Lunar mansions in Chinese astronomy, a constellation 攵 rad 66 🔑 pū: to bump, hand	数学 hsk 3 **shùxué**: n. mathematics 数量 hsk 4 **shùliàng**: n. amount, quantity 数字 hsk 4 **shùzì**: n. figure, numeral, number
shù number			
刷	hsk 3 8	尸 hsk 6, rad 44 shī: dead body 巾 hsk 4, rad 50 jīn: turban 刂 rad 18 🔑 dāo: knife	刷牙 hsk 3 **shuāyá**: v. clean one's teeth, brush one's teeth
shuā to brush			
帅 帥	hsk 4 5	刂 rad 18 dāo: knife 巾 hsk 4, rad 50 🔑 jīn: turban	帅 hsk 4 **shuài**: adj. handsome, graceful (used for a man)
shuài handsome			

双 shuāng double, pair	hsk 3, 4 strokes, 雙	又 rad 29 yòu: still, hand 又 hsk 3, rad 29 yòu: still, hand	双 hsk 3 shuāng: nm. pair, couple
谁 shuí ♭ who	hsk 1, 10 strokes, 誰	讠 rad 149 yán: speech 隹 rad 172 zhuī ♭: short-tailed bird	谁 hsk 1 shéi: pron. who(m)
水 shuǐ water	hsk 1, 4 strokes	水 hsk 1, rad 85 shuǐ: water	水 hsk 1 shuǐ: n. water 水果 hsk 1 shuǐguǒ: n. fruit 水平 hsk 3 shuǐpíng: n. standard, level (of skill, ability and knowledge, etc.) 矿泉水 hsk 4 kuàngquánshuǐ: n. mineral water
睡 shuì ♭ to sleep	hsk 1, 13 strokes	目 hsk 3, rad 109 mù: eye 垂 hsk 6 chuí ♭: to hang (down)	睡觉 hsk 1 shuìjiào: v. sleep, go to bed
顺 shùn to obey	hsk 4, 9 strokes, 順	川 hsk 6, rad 47 chuān: river 页 hsk 4, rad 181 yè: head, leaf	顺便 hsk 4 shùnbiàn: adv. conveniently, without extra effort 顺利 hsk 4 shùnlì: adj. smooth, without a hitch 顺序 hsk 4 shùnxù: n. order, sequence, succession
说 shuō to speak	hsk 1, 9 strokes, 說	讠 rad 149 yán: speech 兑 hsk 5 duì: to cash	说 hsk 1 shuō: v. speak, talk, say 说话 hsk 2 shuōhuà: v. speak, talk, say 说明 hsk 4 shuōmíng: v. explain, illustrate, show 小说 hsk 4 xiǎoshuō: n. novel, fiction
硕 shuò large	hsk 4, 11 strokes, 碩	石 hsk 5, rad 112 shí: stone 页 hsk 4, rad 181 yè: head, leaf	硕士 hsk 4 shuòshì: n. master's degree

Cracking Chinese Characters – HSK 1, 2, 3, 4

司 **sī** ♭ to take charge of	hsk 2 5 strokes	𠃌 rad 5 ya: second, hand 𠮛 hsk∅ zhǐ ♭: purpose 一 hsk 1, rad 1 yī: one 口 hsk 3, rad 30 🔑 kǒu: mouth	公司 hsk 2 **gōngsī**: n. company, firm 司机 hsk 3 **sījī**: n. driver
思 **sī** to think	hsk 2 9 strokes	田 hsk 6, rad 102 tián: field 心 hsk 3, rad 61 🔑 xīn: heart	意思 hsk 2 **yìsi**: n. fun, interest, enjoyment, meaning, content, indication, hint, opinion, idea, concept
死 **sǐ** to die	hsk 4 6 strokes	歹 hsk 6, rad 78 🔑 dǎi: death 匕 rad 21 bǐ: spoon, overthrown man	死 hsk 4 **sǐ**: v. die
四 **sì** four	hsk 1 5 strokes	口 hsk 3, rad 30 🔑 kǒu: mouth 儿 hsk 1, rad 10 er: child	四 hsk 1 **sì**: num. four
松 (鬆) **sōng** to loose, relax	hsk 4 8 strokes	木 hsk 5, rad 75 🔑 mù: tree 公 hsk 2 gōng: public	放松 hsk 4 **fàngsōng**: v. relax 轻松 hsk 4 **qīngsōng**: adj. light, relaxed; v. relax
送 **sòng** to deliver	hsk 2 9 strokes	辶 rad 162 🔑 chuò: brisk walking 关 hsk 1 guān: to close	送 hsk 2 **sòng**: v. give sb. sth. as a gift, see sb off, escort or provide transportation for sb.
嗽 **sòu** cough	hsk 4 14 strokes	口 hsk 3, rad 30 🔑 kǒu: mouth 欶 hsk∅ shuò: to suck; to drink; 束 hsk 3 shù: to bind, control 欠 hsk 5, rad 76 qiàn: tired	咳嗽 hsk 4 **késou**: v. cough

诉	hsk 2, 7	讠 rad 149 yán: speech 斤 hsk 3, rad 69 jīn: axe, 500 grams 丶 rad 3 zhǔ: stroke	告诉 hsk 2 gàosu: v. tell
sù to tell	訴		

速	hsk 4, 10	辶 rad 162 chuò: brisk walking 束 hsk 3 shù: to bind, control	高速公路 hsk 4 gāosùgōnglù: n. expressway 速度 hsk 4 sùdù: n. speed
sù fast			

塑	hsk 4, 13	朔 hsk ∅ shuò: beginning, first day of lunar month, north 屰 hsk ∅ nì: disobedient 月 hsk 1, rad 74 yuè: moon 土 hsk 5, rad 32 tǔ: earth	塑料袋 hsk 4 sùliàodài: n. plastic bag
sù to mould, plastic			

酸	hsk 4, 14	酉 rad 164 yǒu: alcohol 夋 hsk ∅ qūn: to dawdle	酸 hsk 4 suān: adj. sour, sad, rigid; adj. tingling, aching
suān sour			

算	hsk 3, 14	⺮ rad 118 shì: bamboo 目 hsk 3, rad 109 mù: eye 廾 rad 55 gǒng: two hands	打算 hsk 3 dǎsuàn: n. plan; v. be going to do sth., plan to
suàn to regard as			

虽	hsk 2, 9	口 hsk 3, rad 30 kǒu: mouth 虫 hsk 5, rad 142 chóng: insect	虽然…但是… hsk 2 suīrán…dànshì…: although…still…, even if…nevertheless…
suī although	雖		

随	hsk 4, 11	阝 rad 170 fù: mound 辶 hsk ∅ yòu: to walk	随便 hsk 4 suíbiàn: adj. casual, random, informal 随着 hsk 4 suízhe: conj. along with, in the wake of, in pace with
suí to follow	隨		

Cracking Chinese Characters – HSK 1, 2, 3, 4

岁 歲	hsk 1 6 strokes	山 hsk 3, rad 46 🔑 shān: mountain 夕 hsk 5, rad 36 xī: evening	岁 hsk 1 **suì**: nm. year (of age)

suì
classifier for years (of age)

孙 孫	hsk 4 6 strokes	子 hsk 1, rad 39 🔑 zi: child 小 hsk 1, rad 42 xiǎo: small	孙子 hsk 4 **sūnzi**: n. grandson

sūn
grandson

所	hsk 2 8 strokes	户 hsk 4, rad 63 🔑 hù: gate 斤 hsk 3, rad 69 jīn: axe, 500 grams	因为…所以… hsk 2 **yīnwèi…suǒyǐ…**: because… thus…, on account of…then… 厕所 hsk 4 **cèsuǒ**: n. toilet, bathroom, washroom 所有 hsk 4 **suǒyǒu**: adj. all

suǒ
place, part. Introducing a relative clause or passive

T

他	hsk 1 5 strokes	亻 rad 9 🔑 rén: man 也 hsk 2 yě: also	他 hsk 1 **tā**: pron. he, him 其他 hsk 3 **qítā**: pron. other, else

tā
he, him

它	hsk 2 5 strokes	宀 rad 40 🔑 mián: roof 匕 rad 21 bǐ: spoon, overthrown man	它 hsk 2 **tā**: pron. it, its

tā
it, its

她	hsk 1 6 strokes	女 hsk 1, rad 38 🔑 nǚ: woman 也 hsk 2 yě: also	她 hsk 1 **tā**: pron. she, her

tā
she, her

台 **tái** platform, abbr. for Taiwan	hsk 4, 5 strokes	厶 rad 28 sī: secret 口 hsk 3, rad 30 kǒu: mouth	台 hsk 4 **tái**: nm. used for machines
抬 **tái** to lift	hsk 4, 8 strokes	扌 rad 64 shou: hand 台 hsk 4 tái: platform, abbr. for Taiwan	抬 hsk 4 **tái**: v. lift, raise, move, carry
太 **tài** highest	hsk 1, 4 strokes	大 hsk 1, rad 37 dà: big 、 rad 3 zhǔ: stroke	太 hsk 1 **tài**: adv. (in expressing approval or compliment) very much or extremely, adv. too, excessively 太阳 hsk 3 **tàiyáng**: n. the Sun
态 (態) **tài** attitude	hsk 4, 8 strokes	太 hsk 1 tài: highest 心 hsk 3, rad 61 xīn: heart	态度 hsk 4 **tàidu**: n. manner, attitude
谈 (談) **tán** to speak	hsk 4, 10 strokes	讠 rad 149 yán: speech 炎 hsk 6 yán: flame	谈 hsk 4 **tán**: v. talk, speak, chat, discuss
弹 (彈) **tán** to play (a string instrument)	hsk 4, 11 strokes	弓 rad 57 gōng: bow 单 hsk 3 dān: list, form	弹钢琴 hsk 4 **tángāngqín**: play the piano
汤 (湯) **tāng** soup	hsk 4, 6 strokes	氵 rad 85 shui: water 昜 hsk 0 yáng: sun shine	汤 hsk 4 **tāng**: n. soup

Cracking Chinese Characters – HSK 1, 2, 3, 4

糖 hsk 4, 16 strokes **táng** ↓ sugar	米 hsk 1, rad 119 🔑 mǐ: rice 唐 hsk 6 táng ↓: to exaggerate 广 hsk 4, rad 53 guǎng: shelter 彐 rad 129 yù: brush 口 hsk 3, rad 30 kǒu: mouth	糖 hsk 4 **táng**: n. sugar, candy
躺 hsk 4, 15 strokes **tǎng** to recline	身 hsk 2, rad 158 🔑 shēn: body 尚 hsk 5 shàng: still ⺌ rad 42 xiǎo: small 冋 hsk ∅ jiōng: desert, border	躺 hsk 4 **tǎng**: v. lie down, recline
趟 hsk 4, 15 strokes **tàng** classifier for times, round trips or rows	走 hsk 2, rad 156 🔑 zǒu: to walk 尚 hsk 5 shàng: still ⺌ rad 42 xiǎo: small 冋 hsk ∅ jiōng: desert, border	趟 hsk 4 **tàng**: vm. time (of walk or trip)
萄 hsk 4, 11 strokes **táo** ♭ grape	艹 rad 140 🔑 cǎo: vegetal 勹 rad 20 bāo ♭: to wrap 缶 rad 121 fǒu: jar	葡萄 hsk 4 **pútao**: n. grape
讨 hsk 4, 5 strokes 討 **tǎo** to discuss, provoke, send armed forces to suppress	讠 rad 149 🔑 yán: speech 寸 hsk 6, rad 41 cùn: thumb	讨论 hsk 4 **tǎolùn**: v. discuss, talk about, argue, debate 讨厌 hsk 4 **tǎoyàn**: adj. disagreeable, disgusting; v. dislike, be tired of, be sick of, be disgusted
特 hsk 3, 10 strokes **tè** special	牛 rad 93 🔑 niu: beef 寺 hsk 6 sì: Buddhist temple 土 hsk 5, rad 32 tǔ: earth 寸 hsk 6, rad 41 cùn: thumb	特别 hsk 3 **tèbié**: adj special, unusual, particular, out of the ordinary, adv. very, exceptionally, particularly, specially 特点 hsk 4 **tèdiǎn**: n. characteristic, distinguishing feature, fingerprint, particular, distinctive mark
疼 hsk 3, 10 strokes **téng** ♭ (it) hurts	疒 rad 104 🔑 nè ♭: disease 冬 hsk 3 dōng: winter	疼 hsk 3 **téng**: adj. ache, hurt

125

梯 tī ♭ ladder	hsk 3 11	木 hsk 5, rad 75 🔑 mù: tree 弟 hsk 2 dì ♭: younger brother	电梯 hsk 3 **diàntī**: n. elevator
踢 tī to kick	hsk 2 15	足 hsk 2, rad 157 🔑 zú: foot 易 hsk 3 yì: easy 勿 hsk 5 wù: do not 日 hsk 2, rad 72 rì: sun	踢足球 hsk 2 **tīzúqiú**: v. play soccer
提 tí to carry (hanging down from the hand)	hsk 3 12	扌 rad 64 🔑 shou: hand 是 hsk 1 shì: to be	提高 hsk 3 **tígāo**: v. raise, improve, increase 提 hsk 4 **tí**: v. carry in one's hand, lift, put forward, raise; n. ladle 提供 hsk 4 **tígōng**: v. give, provide, supply, offer 提前 hsk 4 **tíqián**: v. advance the date or time of, move up (a date), do something in advance (or ahead of time) 提醒 hsk 4 **tíxǐng**: sv. remind, warn, call attention to
题 題 tí topic	hsk 2 15	是 hsk 1 shì: to be 页 hsk 4, rad 181 yè: head, leaf	题 hsk 2 **tí**: n. questions, problems (in a test or a quiz) 问题 hsk 2 **wèntí**: n. question, problem
体 體 tǐ body or part of the body, style, form	hsk 2 7	亻 rad 9 🔑 rén: man 本 hsk 1 běn: roots or stems of plants	身体 hsk 2 **shēntǐ**: n. body (of a human or animal) 体育 hsk 3 **tǐyù**: n. sports, sports activities
天 tiān day	hsk 1 4	大 hsk 1, rad 37 🔑 dà: big 一 hsk 1, rad 1 yī: one	今天 hsk 1 **jīntiān**: n. today, now, at present 明天 hsk 1 **míngtiān**: n. tomorrow 天气 hsk 1 **tiānqì**: n. weather 昨天 hsk 1 **zuótiān**: n. yesterday 聊天 hsk 3 **liáotiān**: sv. chat 礼拜天 hsk 4 **lǐbàitiān**: n. Sunday
甜 tián sweet	hsk 3 11	舌 hsk 6, rad 135 shé: tongue 甘 hsk 6, rad 99 🔑 gān: sweet	甜 hsk 3 **tián**: adj. sweet

Cracking Chinese Characters – HSK 1, 2, 3, 4

填 **tián** to fill, stuff	hsk 4 13	土 hsk 5, rad 32 🔑 tǔ: earth 真 hsk 2 zhēn: really	填空 hsk 4 **tiánkòng**: n. (of a test or questionnaire) to fill in the blanks
条 條 **tiáo** strip; classifier for something long, narrow, thin	hsk 2 7	夂 rad 34 zhǐ: to go 木 rad 75 🔑 děng: simplified tree	面条 hsk 2 **miàntiáo**: n. noodle 条 hsk 3 **tiáo**: nm. used for long and slender things 条件 hsk 4 **tiáojiàn**: n. requirement, prerequisite, qualification
跳 **tiào** to jump	hsk 2 13	足 hsk 2, rad 157 🔑 zú: foot 兆 hsk 6 zhào: trillion	跳舞 hsk 2 **tiàowǔ**: sv. dance
铁 鐵 **tiě** iron (metal)	hsk 3 10	钅 rad 167 🔑 jīn: gold, metal 失 hsk 4 shī: to lose	地铁 hsk 3 **dìtiě**: n. subway
厅 廳 **tīng** ♭ (reception) hall	hsk 4 4	厂 hsk 5, rad 27 🔑 chǎng: production facility 丁 hsk 6 dīng ♭: robust, fourth	餐厅 hsk 4 **cāntīng**: n. restaurant 客厅 hsk 4 **kètīng**: n. living room
听 聽 **tīng** to listen	hsk 1 7	口 hsk 3, rad 30 🔑 kǒu: mouth 斤 hsk 3, rad 69 jīn: axe, 500 grams	听 hsk 1 **tīng**: v. hear, listen, obey, accept
停 **tíng** ♩ to stop	hsk 4 11	亻 rad 9 rén: man 亭 hsk 6 tíng ♩: pavilion	停 hsk 4 **tíng**: v. stop

挺 tǐng — straight
hsk 4, 9 strokes
- 扌 rad 64 shou: hand
- 廷 hsk∅ tíng: palace courtyard

挺 hsk4 **tǐng**: adv. very, quite, pretty, rather

通 tōng — to go through
hsk 4, 10 strokes
- 辶 rad 162 chuò: brisk walking
- 甬 hsk∅ yǒng: the Yongjiang river

交通 hsk4 **jiāotōng**: n. traffic
普通话 hsk4 **pǔtōnghuà**: n. Mandarin Chinese
通过 hsk4 **tōngguò**: prep. by means of, by way of, by, through; v. adopt (a motion or proposal), approve, pass, pass through, request approval
通知 hsk4 **tōngzhī**: n. notice, notification; v. inform, notify

同 tóng — similar
hsk 1, 6 strokes
- 冂 rad 13 jiōng: scope
- 一 hsk 1, rad 1 yī: one
- 口 hsk 3, rad 30 kǒu: mouth

同学 hsk1 **tóngxué**: n. student, classmate
同事 hsk3 **tóngshì**: n. colleague
同意 hsk3 **tóngyì**: v. agree, approve, assent to, consent to, accede to
共同 hsk4 **gòngtóng**: adj. common
同情 hsk4 **tóngqíng**: v. sympathize, show sympathy
同时 hsk4 **tóngshí**: n. (at the) same time; conj. furthermore
相同 hsk4 **xiāngtóng**: adj. same

童 tóng — child, virgin
hsk 4, 12 strokes
- 立 hsk 5, rad 117 lì: standing up
- 里 hsk 1, rad 166 lǐ: neighborhood

儿童 hsk4 **értóng**: n. a child

桶 tǒng — bucket
hsk 4, 11 strokes
- 木 hsk 5, rad 75 mù: tree
- 甬 hsk∅ yǒng: the Yongjiang river

垃圾桶 hsk4 **lājītǒng**: n. trash can

头 (頭) tóu — head
hsk 3, 5 strokes
- 丶 rad 3 zhǔ: stroke
- 丶 rad 3 zhǔ: stroke
- 大 hsk 1, rad 37 dà: big

头发 hsk3 **tóufa**: n. hair

突 tū — to dash, sudden
hsk 3, 9 strokes
- 穴 hsk 6, rad 116 xué: cave, swing door
- 犬 hsk 6, rad 94 quǎn: dog

突然 hsk3 **tūrán**: adj. sudden, abrupt, unexpected, adv. suddenly, abruptly, unexpectedly

Cracking Chinese Characters – HSK 1, 2, 3, 4

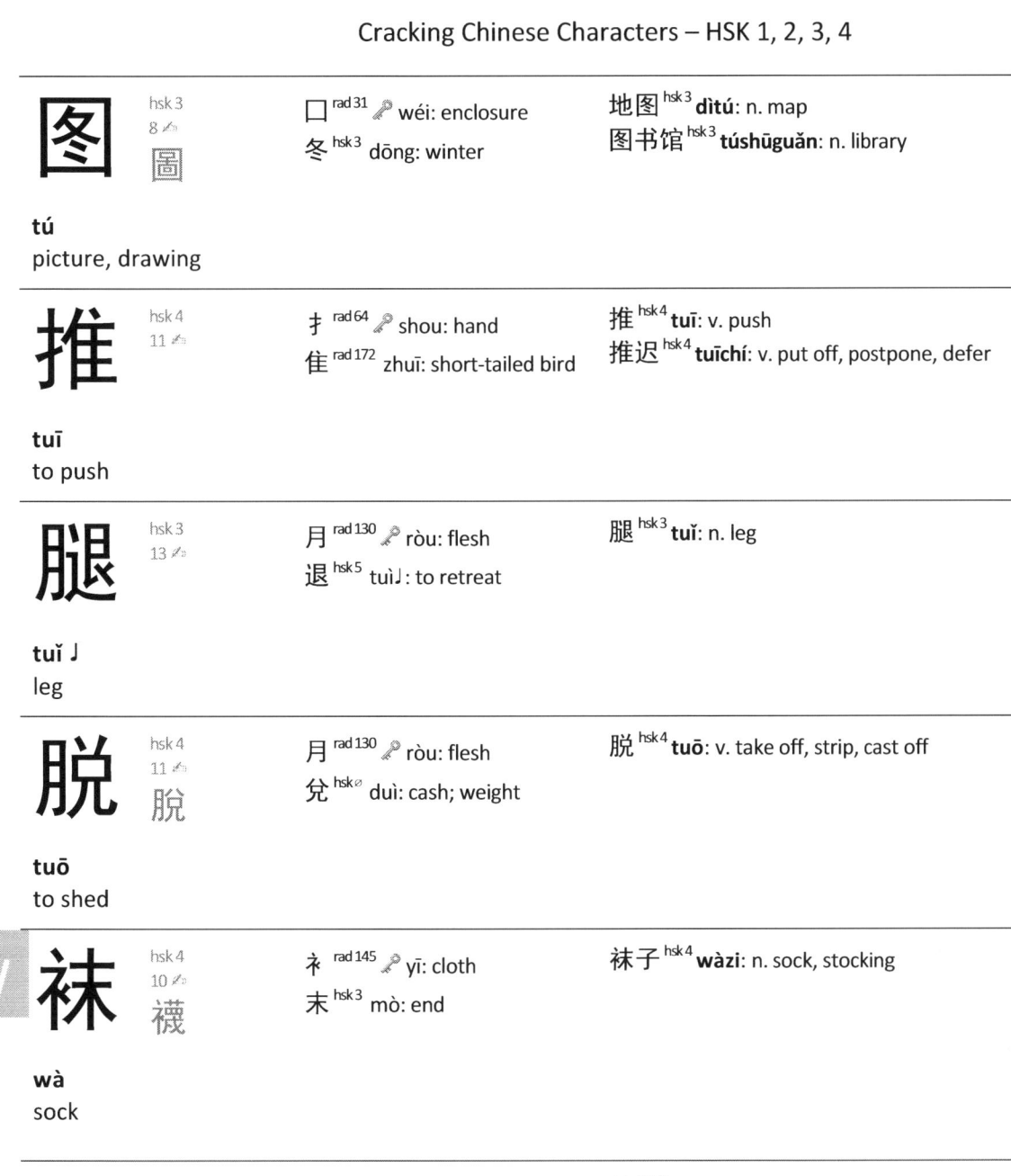

图 圖 **tú** picture, drawing	hsk 3 8	囗 rad 31 **wéi**: enclosure 冬 hsk 3 **dōng**: winter	地图 hsk 3 **dìtú**: n. map 图书馆 hsk 3 **túshūguǎn**: n. library
推 **tuī** to push	hsk 4 11	扌 rad 64 **shou**: hand 隹 rad 172 **zhuī**: short-tailed bird	推 hsk 4 **tuī**: v. push 推迟 hsk 4 **tuīchí**: v. put off, postpone, defer
腿 **tuǐ** leg	hsk 3 13	月 rad 130 **ròu**: flesh 退 hsk 5 **tuì**: to retreat	腿 hsk 3 **tuǐ**: n. leg
脱 脫 **tuō** to shed	hsk 4 11	月 rad 130 **ròu**: flesh 兑 hsk ∅ **duì**: cash; weight	脱 hsk 4 **tuō**: v. take off, strip, cast off
袜 襪 **wà** sock	hsk 4 10	衤 rad 145 **yī**: cloth 末 hsk 3 **mò**: end	袜子 hsk 4 **wàzi**: n. sock, stocking
外 **wài** outside	hsk 2 5	夕 hsk 5, rad 36 **xī**: evening 卜 rad 25 **bo**: divination	外 hsk 2 **wài**: n. exterior, foreign (country); adj. other, additional, unofficial, distantly related 另外 hsk 4 **lìngwài**: adv. in addition
完 **wán** to finish	hsk 2 7	宀 rad 40 **mián**: roof 元 hsk 3 **yuán**: unit of money (in PRC: Chinese yuan, in USA: dollar, etc)	完 hsk 2 **wán**: v. indicating finished, be used up, run out 完成 hsk 3 **wánchéng**: v. accomplish, complete, finish, achieve, fulfill 完全 hsk 4 **wánquán**: adv. completely, absolutely, entirely, all, totally

玩 wán to play, have fun	hsk 2 8	王 hsk 5, rad 96 🔑 yù: jade 元 hsk 3 yuán: unit of money (in PRC: Chinese yuan, in USA: dollar, etc)	玩 hsk 2 **wán**: v. play 开玩笑 hsk 4 **kāiwánxiào**: v. play a joke, make fun of
晚 wǎn evening	hsk 2 11	日 hsk 2, rad 72 🔑 rì: sun 免 hsk 4 miǎn: to excuse somebody, to exempt	晚上 hsk 2 **wǎnshang**: n. evening
碗 wǎn ↘ bowl	hsk 3 13	石 hsk 5, rad 112 🔑 shí: stone 宛 hsk ∅ wǎn↘: winding 夗 hsk ∅ yuàn: to turn over when asleep	碗 hsk 3 **wǎn**: n. bowl, nm. a bowl of
万 萬 wàn ten thousand	hsk 3 3	一 hsk 1, rad 1 🔑 yī: one 力 hsk 3, rad 19 🔑 lì: force	万 hsk 3 **wàn**: num. ten thousand 千万 hsk 4 **qiānwàn**: adv. however, anyhow, in any case, at any rate, at any price
网 網 wǎng net	hsk 3 6	网 hsk 3, rad 122 🔑 wǎng: net	上网 hsk 3 **shàngwǎng**: v. get online 互联网 hsk 4 **hùliánwǎng**: n. the Internet 网球 hsk 4 **wǎngqiú**: n. tennis 网站 hsk 4 **wǎngzhàn**: n. website
往 wǎng to go (in a direction)	hsk 2 8	彳 rad 60 🔑 chì: walk around 主 hsk 3 zhǔ: owner	往 hsk 2 **wǎng**: prep. to, toward 往往 hsk 4 **wǎngwǎng**: adv. always
忘 wàng ↘ to forget	hsk 3 7	亡 hsk 6 wáng↘: to flee, lose, die 心 hsk 3, rad 61 🔑 xīn: heart	忘记 hsk 3 **wàngjì**: v. forget, erase, drop (or fade, slip) from memory, go out of one's mind

Cracking Chinese Characters – HSK 1, 2, 3, 4

望 **wàng** ↘ to expect	hsk 2 11	亡 hsk 6 **wáng**↘: to flee, lose, die 月 hsk 1, rad 74 yuè: moon 玉 hsk 5, rad 96 yù: jade	希望 hsk 2 **xīwàng**: n. hope, wish; v. hope, wish, want, be desirous of 失望 hsk 4 **shīwàng**: adj. disappointed, frustrated; v. lose hope
危 **wēi** to endanger	hsk 4 6	⺈ rad 18 dāo: knife 厄 hsk ∅ è: distressed	危险 hsk 4 **wēixiǎn**: adj. dangerous, hazardous, jeopardous, perilous, precarious, risky
微 **wēi** ↘ tiny	hsk 4 13	彳 rad 60 chì: walk around 散 hsk ∅ **wēi**↘: small, trifling	稍微 hsk 4 **shāowēi**: adv. a little, bit, slightly
为 **wéi / wèi** to do, because of	hsk 2 4 為	丶 rad 3 zhǔ: stroke 力 hsk 3, rad 19 lì: force 丶 rad 3 zhǔ: stroke	为什么 hsk 2 **wèishénme**: why 因为…所以… hsk 2 **yīnwèi…suǒyǐ…**: because… thus…, on account of…then… 认为 hsk 3 **rènwéi**: v. think, consider 为 hsk 3 **wèi**: prep. for 为了 hsk 3 **wèile**: prep. for 成为 hsk 4 **chéngwéi**: v. become 以为 hsk 4 **yǐwéi**: v. think or believe, feel, suppose, assume
围 **wéi** ↘ to encircle	hsk 4 7 圍	囗 rad 31 **wéi**↘: enclosure 韦 rad 178 **wéi**↘: tanned leather	周围 hsk 4 **zhōuwéi**: n. surrounding
喂 **wéi / wèi** ↘ hello (when answering the phone) / v. to feed, raise	hsk 1 12	口 hsk 3, rad 30 kǒu: mouth 畏 hsk 6 **wèi**↘: to fear 田 hsk 6, rad 102 tián: field 氏 hsk 6, rad 83 shì: clan	喂 (叹词) hsk 1 **wéi**: interj. hello (esp. on telephone)

卫 **wèi** to guard, defend	hsk 4 3 衛	冂 rad 26 jié: seal 一 hsk 1, rad 1 yī: one	卫生间 hsk4 **wèishēngjiān**: n. toilet, bathroom, lavatory
位 **wèi** position	hsk 3 7	亻 rad 9 rén: man 立 hsk 5, rad 117 lì: standing up	位 hsk3 **wèi**: nm. used for people 座位 hsk4 **zuòwèi**: n. seat
味 **wèi** ↙ taste	hsk 4 8	口 hsk 3, rad 30 kǒu: mouth 未 hsk 5 wèi↙: not yet	味道 hsk4 **wèidào**: n. flavor, taste, savour
温 **wēn** ↙ warm, temperature	hsk 4 12 溫	氵 rad 85 shuǐ: water 昷 hsk∅ wēn↙: to feed a prisoner 日 hsk 2, rad 72 rì: sun 皿 rad 108 mǐn: container	温度 hsk4 **wēndù**: n. temperature
文 **wén** language	hsk 3 4	文 hsk 3, rad 67 wén: writing	文化 hsk3 **wénhuà**: n. culture, civilization 中文 hsk3 **Zhōngwén**: n. Chinese language 文章 hsk4 **wénzhāng**: n. essay, article
闻 **wén** news, story	hsk 3 9 聞	门 hsk 2, rad 169 mén: gate 耳 hsk 3, rad 128 ěr: ear	新闻 hsk3 **xīnwén**: n. news
问 **wèn** to ask	hsk 2 6 問	门 hsk 2, rad 169 mén: gate 口 hsk 3, rad 30 kǒu: mouth	问 hsk2 **wèn**: v. ask, inquire after 问题 hsk2 **wèntí**: n. question, problem

Cracking Chinese Characters – HSK 1, 2, 3, 4

我 **wǒ** I, me, my	hsk 1 7	扌 rad 64 shou: hand 戈 rad 62 🔑 gē: halberd	我 hsk 1 **wǒ**: pron. I, me 我们 hsk 1 **wǒmen**: pron. we, us
污 **wū** dirty	hsk 4 6	氵 rad 85 🔑 shui: water 亏 hsk 5 kuī: deficiency	污染 hsk 4 **wūrǎn**: v. contaminate, pollute, taint
无 無 **wú** not to have	hsk 4 4	无 hsk 4, rad 71 🔑 wú: without	无 hsk 4 **wú**: v. have not, there be not 无聊 hsk 4 **wúliáo**: adj. boring, dull, uninteresting 无论 hsk 4 **wúlùn**: conj. no matter what, how, etc., regardless of
五 **wǔ** five	hsk 1 4	二 hsk 1, rad 7 🔑 èr: two 丨 rad 2 gǔn: line ㄱ no meaning	五 hsk 1 **wǔ**: num. five
午 **wǔ** noon	hsk 1 4	亻 rad 9 rén: man 十 hsk 1, rad 24 🔑 shí: ten	上午 hsk 1 **shàngwǔ**: n. morning 下午 hsk 1 **xiàwǔ**: n. afternoon 中午 hsk 1 **zhōngwǔ**: n. noon, midday, noonday
舞 **wǔ** ♩ to dance	hsk 2 14	無 hsk 0 **wú**♩: not to have, -less 舛 rad 136 🔑 chuǎn: to oppose 夕 hsk 5, rad 36 xī: evening 夂 hsk 0 kuà: component in Chinese characters, mirror image of 夂	跳舞 hsk 2 **tiàowǔ**: sv. dance
务 務 **wù** business, matter, affair	hsk 2 5	夂 rad 34 zhǐ: to go 力 hsk 3, rad 19 🔑 lì: force	服务员 hsk 2 **fúwùyuán**: n. attendant, waiter, waitress 任务 hsk 4 **rènwu**: n. assignment, mission, task, job, duty

133

物 hsk 3, 8 strokes **wù** thing, object, creature	牛 rad 93 niu: beef 勿 hsk 5 wù: do not	动物 hsk 3 **dòngwù**: n. animal 礼物 hsk 3 **lǐwù**: n. present, gift 购物 hsk 4 **gòuwù**: sv. go shopping 植物 hsk 4 **zhíwù**: n. plant, flora, vegetation
误 誤 hsk 4, 9 strokes **wù** mistake	讠 rad 149 yán: speech 吴 hsk ∅ wú: one of the former Three Kingdoms, surname Wu	错误 hsk 4 **cuòwù**: adj. wrong, incorrect, mistaken; n. error, mistake 误会 hsk 4 **wùhuì**: n. misunderstanding; v. misunderstand, misapprehend
X 吸 hsk 4, 6 strokes **xī** to breathe	口 hsk 3, rad 30 kǒu: mouth 及 hsk 4 jí: and, catch up, reach	吸引 hsk 4 **xīyǐn**: v. attract, fascinate, arrest
西 hsk 1, 6 strokes **xī** west	西 hsk 1, rad 146 xī: west, lid	东西 hsk 1 **dōngxi**: n. thing, object 西瓜 hsk 2 **xīguā**: n. watermelon 西 hsk 3 **xī**: n. west 西红柿 hsk 4 **xīhóngshì**: n. tomato
希 hsk 2, 7 strokes **xī** to hope	Χ no meaning ナ : hand 巾 hsk 4, rad 50 jīn: turban	希望 hsk 2 **xīwàng**: n. hope, wish; v. hope, wish, want, be desirous of
息 hsk 2, 10 strokes **xī** to breathe, news	自 hsk 3, rad 132 zì: personal 心 hsk 3, rad 61 xīn: heart	休息 hsk 2 **xiūxi**: v. relax, have a rest, take a break 消息 hsk 4 **xiāoxi**: n. information, news, tidings 信息 hsk 4 **xìnxī**: n. information, news
悉 hsk 4, 11 strokes **xī** in all cases, know	釆 rad 165 biàn: to distinguish 心 hsk 3, rad 61 xīn: heart	熟悉 hsk 4 **shúxī**: adj. familiar; v. know well, be familiar with, have intimate knowledge of

Cracking Chinese Characters – HSK 1, 2, 3, 4

惜 hsk 4, 11 strokes **xī** to cherish	忄 rad 61 🔑 xin: heart 昔 hsk 6 xī: former times	可惜 hsk 4 **kěxī**: adj. regrettable, unfortunate
习 習 hsk 1, 3 strokes **xí** to practice	⺕ rad 5 🔑 ya: second, hand ⺀ rad 8 tóu: shelter, head	学习 hsk 1 **xuéxí**: v. study, learn 复习 hsk 3 **fùxí**: v. review 练习 hsk 3 **liànxí**: n. exercise; v. practice 习惯 hsk 3 **xíguàn**: n. habit, custom, usual practice; v. be accustomed to 预习 hsk 4 **yùxí**: v. preview
洗 hsk 2, 9 strokes **xǐ** to wash	氵 rad 85 🔑 shui: water 先 hsk 1 xiān: first	洗 hsk 2 **xǐ**: v. wash, develop and print (a picture), devastate 洗手间 hsk 3 **xǐshǒujiān**: n. toilet, washroom, bathroom 洗澡 hsk 3 **xǐzǎo**: v. take a bath, bathe, take a shower
喜 hsk 1, 12 strokes **xǐ** to be fond of	壴 hsk ∅ zhù: (archaic) drum 口 hsk 3, rad 30 🔑 kǒu: mouth	喜欢 hsk 1 **xǐhuan**: v. like or be interested in (sb. or sth.)
戏 戲 hsk 3, 6 strokes **xì** trick, play	又 rad 29 yòu: still, hand 戈 rad 62 🔑 gē: halberd	游戏 hsk 3 **yóuxì**: n. game, play, recreation
系 hsk 1, 7 strokes **xì** ♭ to connect	丿 rad 4 piě: oblique 糸 rad 120 🔑 mì ♭: silk	没关系 hsk 1 **méiguānxi**: sp. have no relation with, That's all right. You are welcome. 关系 hsk 3 **guānxì**: n. relation, relationship 联系 hsk 4 **liánxì**: n. contact; v. communicate, establish contact
细 細 hsk 4, 8 strokes **xì** thin, slender, delicate	纟 rad 120 🔑 sī: silk 田 hsk 6, rad 102 tián: field	详细 hsk 4 **xiángxì**: adj. detailed, minute, careful, at length, in detail 仔细 hsk 4 **zǐxì**: adj. careful, attentive

HSK Academy

下 xià below	hsk 1 3	一 hsk 1, rad 1 🔑 yī: one 丨 rad 2 gǔn: line 丶 rad 3 zhǔ: stroke	下 ʰˢᵏ¹ **xià**: n. low position or rank; adj. next, under, below; (used after a verb to indicate a movement from a higher place to a lower, or to indicate the completion or result of an action); v. be less than, go down to, fall, put into, play, give: nm. (used to indicate the amount of something in a container, or the repetition of an action) 下午 ʰˢᵏ¹ **xiàwǔ**: n. afternoon 下雨 ʰˢᵏ¹ **xiàyǔ**: v. rain 一下 ʰˢᵏ² **yīxià**: vm. once, in a short while
夏 xià summer	hsk 3 10	丆 no meaning 目 ʰˢᵏ³, ʳᵃᵈ ¹⁰⁹ mù: eye 夊 ʳᵃᵈ ³⁵ 🔑 suī: go slowly	夏 ʰˢᵏ³ **xià**: n. summer
先 xiān first	hsk 1 6	丿 ʳᵃᵈ ⁴ piě: oblique 土 ʰˢᵏ⁵, ʳᵃᵈ ³² tǔ: earth 儿 ʰˢᵏ¹, ʳᵃᵈ ¹⁰ 🔑 er: child	先生 ʰˢᵏ¹ **xiānsheng**: n. (addressing) Mr., Mister, sir 先 ʰˢᵏ³ **xiān**: adv. first 首先 ʰˢᵏ⁴ **shǒuxiān**: adv. first of all
鲜 鮮 xiān fresh	hsk 3 14	鱼 ʰˢᵏ², ʳᵃᵈ ¹⁹⁵ yú: fish 羊 ʰˢᵏ², ʳᵃᵈ ¹²³ yáng: sheep	新鲜 ʰˢᵏ³ **xīnxiān**: adj. fresh
咸 xián salted	hsk 4 9	戊 ʰˢᵏ⁰ wù: fifth (in order) 一 ʰˢᵏ¹, ʳᵃᵈ ¹ yī: one 口 ʰˢᵏ³, ʳᵃᵈ ³⁰ 🔑 kǒu: mouth	咸 ʰˢᵏ⁴ **xián**: adj. salty
险 險 xiǎn ♭ danger	hsk 4 9	阝 ʳᵃᵈ ¹⁷⁰ 🔑 fù: mound 金 ʰˢᵏ⁰ qiān ♭: all 人 ʰˢᵏ⁰ jí: to assemble 丷 ʳᵃᵈ ⁴² xiǎo: small 一 ʰˢᵏ¹, ʳᵃᵈ ¹ yī: one	危险 ʰˢᵏ⁴ **wēixiǎn**: adj. dangerous, hazardous, jeopardous, perilous, precarious, risky
现 現 xiàn ♭ to appear	hsk 1 8	王 ʰˢᵏ⁵, ʳᵃᵈ ⁹⁶ 🔑 yù: jade 见 ʰˢᵏ¹, ʳᵃᵈ ¹⁴⁷ jiàn ♭: to see	现在 ʰˢᵏ¹ **xiànzài**: n. now, nowadays, today, at present 发现 ʰˢᵏ³ **fāxiàn**: v. find out, discover 出现 ʰˢᵏ⁴ **chūxiàn**: v. come out, happen, show up, appear 现金 ʰˢᵏ⁴ **xiànjīn**: n. cash

Cracking Chinese Characters – HSK 1, 2, 3, 4

线 hsk 4, 8 strokes, 線	纟 rad 120 sī: silk 戋 hsk ∅ jiān ♭: narrow	占线 hsk 4 zhànxiàn: v. The line (of a telephone) is busy (or engaged)	
xiàn ♭ thread			
羡 hsk 4, 12 strokes, 羨	羊 hsk 2, rad 123 yáng: sheep 次 hsk 2 cì: next in sequence	羡慕 hsk 4 xiànmù: v. admire, envy	
xiàn to envy			
相 hsk 3, 9 strokes	木 hsk 5, rad 75 mù: tree 目 hsk 3, rad 109 mù: eye	相信 hsk 3 xiāngxìn: v. believe in, be convinced of, have faith in, place reliance on, put one's trust in 照相机 hsk 3 zhàoxiàngjī: n. camera 互相 hsk 4 hùxiāng: adv. each other, one another 相反 hsk 4 xiāngfǎn: adj. opposite, contrary, adverse, reverse, inverse, opposed, on the contrary 相同 hsk 4 xiāngtóng: adj. same	
xiāng each other			
香 hsk 3, 9 strokes	香 hsk 3, rad 186 xiāng: perfume	香蕉 hsk 3 xiāngjiāo: n. banana 香 hsk 4 xiāng: adj. delicious	
xiāng fragrant			
箱 hsk 3, 15 strokes	⺮ rad 118 shì: bamboo 相 hsk 3 xiāng↘: each other	冰箱 hsk 3 bīngxiāng: n. refrigerator 行李箱 hsk 3 xínglǐxiāng: n. trunk, baggage	
xiāng ↘ box			
详 hsk 4, 8 strokes, 詳	讠 rad 149 yán: speech 羊 hsk 2, rad 123 yáng: sheep	详细 hsk 4 xiángxì: adj. detailed, minute, careful, at length, in detail	
xiáng detailed			
响 hsk 3, 9 strokes, 響	口 hsk 3, rad 30 kǒu: mouth 向 hsk 3 xiàng↘: towards	影响 hsk 3 yǐngxiǎng: n. influence, effect; v. influence, affect, concern, work upon 响 hsk 4 xiǎng: v. make a sound	
xiǎng ↘ sound, echo			

HSK Academy

想 **xiǎng ↘** to think	hsk 1 13	相 ʰˢᵏ³ xiāng↘: each other 木 ʰˢᵏ⁵, ʳᵃᵈ⁷⁵ mù: tree 目 ʰˢᵏ³, ʳᵃᵈ¹⁰⁹ mù: eye 心 ʰˢᵏ³, ʳᵃᵈ⁶¹ 🔑 xīn: heart	想 ʰˢᵏ¹ **xiǎng**: v. think, want, suppose, miss, remember 理想 ʰˢᵏ⁴ **lǐxiǎng**: adj. perfect, desirable; n. ideal, dream, perfection
向 **xiàng** towards	hsk 3 6	丶 ʳᵃᵈ³ zhǔ: stroke 冂 ʰˢᵏ∅ jiōng: desert, border 冂 ʳᵃᵈ¹³ jiōng: scope 口 ʰˢᵏ³, ʳᵃᵈ³⁰ 🔑 kǒu: mouth	向 ʰˢᵏ³ **xiàng**: prep. to, towards 方向 ʰˢᵏ⁴ **fāngxiàng**: n. direction
象 **xiàng** elephant	hsk 4 11	⺈ ʳᵃᵈ¹⁸ dāo: knife 口 ʰˢᵏ³, ʳᵃᵈ³⁰ kǒu: mouth 豕 ʳᵃᵈ¹⁵² 🔑 chù: pig	印象 ʰˢᵏ⁴ **yìnxiàng**: n. impression, effect, feeling
像 **xiàng ↘** to resemble	hsk 3 13	亻 ʳᵃᵈ⁹ 🔑 rén: man 象 ʰˢᵏ⁴ xiàng↘: elephant	像 ʰˢᵏ³ **xiàng**: prep. for example; v. look alike 好像 ʰˢᵏ⁴ **hǎoxiàng**: adv. as if, seem, be like, look like
橡 **xiàng ↘** oak	hsk 4 15	木 ʰˢᵏ⁵, ʳᵃᵈ⁷⁵ 🔑 mù: tree 象 ʰˢᵏ⁴ xiàng↘: elephant	橡皮 ʰˢᵏ⁴ **xiàngpí**: n. eraser
消 **xiāo ↘** to disappear	hsk 4 10	氵 ʳᵃᵈ⁸⁵ 🔑 shuǐ: water 肖 ʰˢᵏ⁶ xiào↘: similar	消息 ʰˢᵏ⁴ **xiāoxi**: n. information, news, tidings
小 **xiǎo** small	hsk 1 3	小 ʰˢᵏ¹, ʳᵃᵈ⁴² 🔑 xiǎo: small	小 ʰˢᵏ¹ **xiǎo**: adj. small, little, youngest, (deprecating) my, our; adv. briefly, slightly; n. children, concubine 小姐 ʰˢᵏ¹ **xiǎojie**: n. Miss (if followed by a name or title), prostitute (if not followed by a name or a title) 小时 ʰˢᵏ² **xiǎoshí**: n. hour 小心 ʰˢᵏ³ **xiǎoxīn**: adj. careful; v. take care, be careful 小吃 ʰˢᵏ⁴ **xiǎochī**: n. snack, refreshment 小伙子 ʰˢᵏ⁴ **xiǎohuǒzi**: n. young man, lad 小说 ʰˢᵏ⁴ **xiǎoshuō**: n. novel, fiction

Cracking Chinese Characters – HSK 1, 2, 3, 4

效 **xiào** ♭ effect	hsk 4 10 ✎	交 ʰˢᵏ⁴ jiāo ♭ : to hand over 攵 ʳᵃᵈ⁶⁶ 🔑 pū: to bump, hand	效果 ʰˢᵏ⁴ **xiàoguǒ**: n. effect, result, outcome, purpose, impression
校 **xiào** ♭ school	hsk 1 10 ✎	木 ʰˢᵏ⁵, ʳᵃᵈ⁷⁵ 🔑 mù: tree 交 ʰˢᵏ⁴ jiāo ♭ : to hand over	学校 ʰˢᵏ¹ **xuéxiào**: n. school 校长 ʰˢᵏ³ **xiàozhǎng**: n. principal, headmaster, (of a university or college) president, chancellor
笑 **xiào** laugh	hsk 2 10 ✎	⺮ ʳᵃᵈ¹¹⁸ 🔑 shì: bamboo 夭 ʰˢᵏ∅ yāo: tender 丿 ʳᵃᵈ⁴ piě: oblique 大 ʰˢᵏ¹, ʳᵃᵈ³⁷ dà: big	笑 ʰˢᵏ² **xiào**: v. laugh, smile 开玩笑 ʰˢᵏ⁴ **kāiwánxiào**: v. play a joke, make fun of 笑话 ʰˢᵏ⁴ **xiàohuà**: n. joke; v. laugh at, mock
些 **xiē** some	hsk 1 8 ✎	此 ʰˢᵏ⁴ cǐ: this, these 止 ʰˢᵏ⁴, ʳᵃᵈ⁷⁷ zhǐ: to stop 匕 ʳᵃᵈ²¹ bǐ: spoon, overthrown man 二 ʰˢᵏ¹, ʳᵃᵈ⁷ 🔑 èr: two	些 ʰˢᵏ¹ **xiē**: nm. some, a little bit
鞋 **xié** shoe	hsk 3 15 ✎	革 ʰˢᵏ⁵, ʳᵃᵈ¹⁷⁷ 🔑 gé: leather 圭 ʰˢᵏ∅ guī: jade tablet	皮鞋 ʰˢᵏ³ **píxié**: n. leather shoes
写 寫 **xiě** to write	hsk 1 5 ✎	冖 ʳᵃᵈ¹⁴ 🔑 mì: to cover 与 ʰˢᵏ⁴ yǔ: v. give, prep. with, conj. and / v. take part in	写 ʰˢᵏ¹ **xiě**: v. write
谢 謝 **xiè** to thank	hsk 1 12 ✎	讠 ʳᵃᵈ¹⁴⁹ 🔑 yán: speech 射 ʰˢᵏ⁵ shè: to shoot 身 ʰˢᵏ², ʳᵃᵈ¹⁵⁸ shēn: body 寸 ʰˢᵏ⁶, ʳᵃᵈ⁴¹ cùn: thumb	谢谢 ʰˢᵏ¹ **xièxie**: v. thank 感谢 ʰˢᵏ⁴ **gǎnxiè**: n. thanks, appreciation; v. thank, be grateful, appreciate

心 xīn — heart
hsk 3, 4 strokes

- 心 hsk 3, rad 61 🔑 xīn: heart

- 担心 hsk 3 **dānxīn**: v. worry, be anxious, feel concerned
- 放心 hsk 3 **fàngxīn**: v. be assured
- 关心 hsk 3 **guānxīn**: v. care for, be concerned about
- 小心 hsk 3 **xiǎoxīn**: adj. careful; v. take care, be careful
- 粗心 hsk 4 **cūxīn**: adj. careless, thoughtless
- 开心 hsk 4 **kāixīn**: adj. happy, joyful, delighted
- 耐心 hsk 4 **nàixīn**: n. patience
- 伤心 hsk 4 **shāngxīn**: adj. sad, grieved, heart-broken, broken-hearted
- 心情 hsk 4 **xīnqíng**: n. mood, frame of mind, temper
- 信心 hsk 4 **xìnxīn**: n. confidence, faith, reliance, assurance

辛 xīn — hard, laborious, (of taste) hot or pungent
hsk 4, 7 strokes

- 辛 hsk 4, rad 160 🔑 xīn: bitter

- 辛苦 hsk 4 **xīnkǔ**: adj. hard, toilsome, painstaking

新 xīn ♭ — new
hsk 2, 13 strokes

- 立 hsk 5, rad 117 lì: standing up
- 木 rad 75 děng: simplified tree
- 亲 hsk 4 qīn ♭: parent
- 斤 hsk 3, rad 69 🔑 jīn ♭: axe, 500 grams

- 新 hsk 2 **xīn**: adj. new, up-to-date
- 新闻 hsk 3 **xīnwén**: n. news
- 新鲜 hsk 3 **xīnxiān**: adj. fresh
- 重新 hsk 4 **chóngxīn**: adv. once again

信 xìn — letter, trust
hsk 3, 9 strokes

- 亻 rad 9 🔑 rén: man
- 言 hsk 4, rad 149 yán: speech (trad)

- 相信 hsk 3 **xiāngxìn**: v. believe in, be convinced of, have faith in, place reliance on, put one's trust in
- 信用卡 hsk 3 **xìnyòngkǎ**: n. credit card
- 短信 hsk 4 **duǎnxìn**: n. short message
- 信封 hsk 4 **xìnfēng**: n. envelope
- 信息 hsk 4 **xìnxī**: n. information, news
- 信心 hsk 4 **xìnxīn**: n. confidence, faith, reliance, assurance
- 自信 hsk 4 **zìxìn**: adj. self-confident

星 xīng — star
hsk 1, 9 strokes

- 日 hsk 2, rad 72 🔑 rì: sun
- 生 hsk 1, rad 100 shēng: be born

- 星期 hsk 1 **xīngqī**: n. week

醒 xǐng ↙ — to wake up, become aware
hsk 4, 16 strokes

- 酉 rad 164 🔑 yǒu: alcohol
- 星 hsk 1 xīng ↙: star

- 提醒 hsk 4 **tíxǐng**: sv. remind, warn, call attention to
- 醒 hsk 4 **xǐng**: v. wake, wake up

Cracking Chinese Characters – HSK 1, 2, 3, 4

兴 興 hsk 1, 6 strokes	⌣ rad 42 xiǎo: small 一 hsk 1, rad 1 yī: one 八 hsk 1, rad 12 bā: eight, separate	高兴 hsk 1 **gāoxìng**: adj. happy, glad, cheerful, pleased 感兴趣 hsk 3 **gǎn xìngqù**: interest, taste 兴奋 hsk 4 **xīngfèn**: adj. excited	

xìng — feeling or desire to do something

姓 hsk 2, 8 strokes

女 hsk 1, rad 38 nǚ: woman
生 hsk 1, rad 100 shēng: be born

姓 hsk 2 **xìng**: n. surname; v. be surnamed, take ... as surname

xìng — family name

幸 hsk 4, 8 strokes

土 hsk 5, rad 32 tǔ: earth
𢆉 hsk ∅ rěn: arch. upside (dead) down man
ハ rad 12 bā: eight, separate
干 hsk 3, rad 51 gàn: to do, dry

幸福 hsk 4 **xìngfú**: adj. happy; n. well-being, happiness, bliss

xìng — fortunate

性 hsk 4, 8 strokes

忄 rad 61 xin: heart
生 hsk 1, rad 100 shēng: be born

性别 hsk 4 **xìngbié**: n. gender, sex
性格 hsk 4 **xìnggé**: n. character, nature, temperament, disposition

xìng — nature, attribute, sex

熊 hsk 3, 14 strokes

能 hsk 1 néng: can
灬 rad 86 biāo: fire, legs

熊猫 hsk 3 **xióngmāo**: n. panda

xióng — bear

休 hsk 2, 6 strokes

亻 hsk 1, rad 9 rén: man
木 hsk 5, rad 75 mù: tree

休息 hsk 2 **xiūxi**: v. relax, have a rest, take a break

xiū — to rest

修 hsk 4, 9 strokes

亻 rad 9 rén: man
攸 hsk ∅ yōu: distant, far, adverbial prefix
彡 rad 59 shān: beard, brush

修理 hsk 4 **xiūlǐ**: v. mend, repair

xiū — to decorate

141

| 羞 hsk 4, 10 | 羊 rad 123 yáng: sheep
丑 hsk 5 chǒu: shameful | 害羞 hsk 4 hàixiū: adj. shy |

xiū
shy

| 秀 hsk 4, 7 | 禾 rad 115 hé: grain
乃 hsk ∅ nǎi: to be | 优秀 hsk 4 yōuxiù: adj. outstanding, great, superior, exceptional |

xiù
elegant, graceful, superior

| 须 (須) hsk 3, 9 | 彡 rad 59 shān: beard, brush
页 hsk 4, rad 181 yè: head, leaf | 必须 hsk 3 bìxū: adv. must, have to |

xū
to have to

| 需 hsk 3, 14 | 雨 hsk 1, rad 173 yǔ: rain
而 hsk 3, rad 126 ér: and | 需要 hsk 3 xūyào: v. need, claim, demand, want |

xū
to require

| 许 (許) hsk 4, 6 | 讠 rad 149 yán: speech
午 hsk 1 wǔ: noon | 许多 hsk 4 xǔduō: adj. numerous, great many, large number of, heaps of
也许 hsk 4 yěxǔ: adv. probably, perhaps, may, maybe, possibly
允许 hsk 4 yǔnxǔ: v. agree, permit, allow, let |

xǔ
to allow, praise, perhaps

| 序 hsk 4, 7 | 广 hsk 4, rad 53 guǎng: shelter
予 hsk 6 yǔ: to give | 顺序 hsk 4 shùnxù: n. order, sequence, succession |

xù
order, sequence

| 续 (續) hsk 4, 11 | 纟 rad 120 sī: silk
卖 hsk 2 mài: to sell | 继续 hsk 4 jìxù: adv. continue, proceed, carry on, get on, keep on |

xù
to continue, replenish

Cracking Chinese Characters – HSK 1, 2, 3, 4

选 xuǎn to choose	hsk 3, 9 strokes, 選	辶 rad 162 chuò: brisk walking 先 hsk 1 xiān: first	选择 hsk 3 xuǎnzé: n. a choice, selection, option; v. choose, select, pick
学 xué to learn	hsk 1, 8 strokes, 學	⺌ rad 42 xiǎo: small 冖 rad 14 mì: to cover 子 hsk 1, rad 39 zi: child	同学 hsk 1 tóngxué: n. student, classmate 学生 hsk 1 xuésheng: n. student 学习 hsk 1 xuéxí: v. study, learn 学校 hsk 1 xuéxiào: n. school 留学 hsk 3 liúxué: v. study in a foreign country 数学 hsk 3 shùxué: n. mathematics 科学 hsk 4 kēxué: n. science 学期 hsk 4 xuéqī: n. school term, semester
雪 xuě snow	hsk 2, 11 strokes	雨 hsk 1, rad 173 yǔ: rain 彐 rad 58 jì: snout	雪 hsk 2 xuě: n. snow

Y

呀 ya (particle equivalent to 啊 after a vowel, expressing surprise or doubt)	hsk 4, 7 strokes	口 hsk 3, rad 30 kǒu: mouth 牙 hsk 3, rad 92 yá: tooth, ivory	呀 hsk 4 ya: int. exclamation to show surprise; mp. used at the end of a sentence
压 yā to press	hsk 4, 6 strokes, 壓	厂 hsk 5, rad 27 chǎng: production facility 圡 hsk ∅ tǔ: simplified form of the combination of 猒 and 土 猒 hsk ∅ yàn: eat one's fill 土 hsk 5, rad 32 tǔ: earth	压力 hsk 4 yālì: n. pressure, strain, stress, weight
鸭 yā duck	hsk 4, 10 strokes, 鴨	甲 hsk 5 jiǎ: shell; first in a list 鸟 hsk 3, rad 196 niǎo: bird	烤鸭 hsk 4 kǎoyā: n. roast duck

143

牙	hsk 3 4 strokes	牙 ʰˢᵏ³’ ʳᵃᵈ⁹² 🔑 yá: tooth, ivory	刷牙 ʰˢᵏ³ **shuāyá**: v. clean one's teeth, brush one's teeth 牙膏 ʰˢᵏ⁴ **yágāo**: n. toothpaste
yá tooth			
亚 亞	hsk 4 6 strokes	一 ʰˢᵏ¹’ ʳᵃᵈ⁷ 🔑 èr: two 业 ʰˢᵏ³ yè: line of business	亚洲 ʰˢᵏ⁴ **Yàzhōu**: n. Asia
yà Asia			
烟 煙	hsk 4 10 strokes	火 ʰˢᵏ²’ ʳᵃᵈ⁸⁶ 🔑 huǒ: fire 因 ʰˢᵏ² yīn: cause	抽烟 ʰˢᵏ⁴ **chōuyān**: v. smoke a cigarette
yān smoke, cigar, cigarette			
严 嚴	hsk 4 7 strokes	一 ʰˢᵏ¹’ ʳᵃᵈ¹ 🔑 yī: one 亚 ʰˢᵏ⁴ yà: Asia 厂 ʰˢᵏ⁵’ ʳᵃᵈ²⁷ chǎng: production facility	严格 ʰˢᵏ⁴ **yángé**: adj. strict, rigorous, stringent 严重 ʰˢᵏ⁴ **yánzhòng**: adj. grave, serious, acute
yán tight (closely sealed)			
言	hsk 4 7 strokes	言 ʰˢᵏ⁴’ ʳᵃᵈ¹⁴⁹ 🔑 yán: speech (trad)	语言 ʰˢᵏ⁴ **yǔyán**: n. language
yán words			
研	hsk 4 9 strokes	石 ʰˢᵏ⁵’ ʳᵃᵈ¹¹² 🔑 shí: stone 开 ʰˢᵏ¹ kāi: to open, start	研究 ʰˢᵏ⁴ **yánjiū**: v. investigate, examine, go into
yán to research, grind			
盐 鹽	hsk 4 10 strokes	卜 ʰˢᵏ⁰ pú: simplified form of the traditional parts 臣丿卤 皿 ʳᵃᵈ¹⁰⁸ 🔑 mǐn: container	盐 ʰˢᵏ⁴ **yán**: n. salt
yán salt			

Cracking Chinese Characters – HSK 1, 2, 3, 4

颜 (顏) hsk 2, 15 strokes **yán** color, face, countenance	彦 hsk ∅ yàn: accomplished 页 hsk 4, rad 181 🔑 yè: head, leaf	颜色 hsk 2 **yánsè**: n. color	

眼 hsk 2, 11 strokes **yǎn** eye	目 hsk 3, rad 109 🔑 mù: eye 艮 rad 138 gěn: decided	眼睛 hsk 2 **yǎnjing**: n. eye 眼镜 hsk 4 **yǎnjìng**: n. glasses, spectacles

演 hsk 4, 14 strokes **yǎn** to act	氵 rad 85 🔑 shuǐ: water 寅 hsk ∅ yín: 3rd earthly branch: 3-5 a.m., 1st solar month (4th February-5th March), year of the Tiger	表演 hsk 4 **biǎoyǎn**: n. exhibition, show, program, performance; v. act, perform, play 演出 hsk 4 **yǎnchū**: n. performance, presentation 演员 hsk 4 **yǎnyuán**: n. actor or actress

厌 (厭) hsk 4, 6 strokes **yàn** to loathe	厂 hsk 5, rad 27 🔑 chǎng: production facility 犬 hsk 6, rad 94 quǎn: dog	讨厌 hsk 4 **tǎoyàn**: adj. disagreeable, disgusting; v. dislike, be tired of, be sick of, be disgusted

验 (驗) hsk 4, 10 strokes **yàn** ♭ to examine	马 hsk 3, rad 187 🔑 mǎ: horse 佥 hsk ∅ qiān ♭: all 亼 hsk ∅ jí: to assemble ⺌ rad 42 xiǎo: small 一 hsk 1, rad 1 yī: one	经验 hsk 4 **jīngyàn**: n. experience

扬 (揚) hsk 4, 6 strokes **yáng** to raise	扌 rad 64 🔑 shǒu: hand 勿 hsk 5 wù: do not	表扬 hsk 4 **biǎoyáng**: n. praise, recognition; v. praise

羊 hsk 2, 6 strokes **yáng** sheep	羊 hsk 2, rad 123 🔑 yáng: sheep	羊肉 hsk 2 **yángròu**: n. mutton

阳 yáng sun	hsk 3, 6	阝 rad 170 fù: mound 日 hsk 2, rad 72 rì: sun	太阳 hsk3 tàiyáng: n. the Sun 阳光 hsk4 yángguāng: n. sunshine, sunlight
洋 yáng↙ vast	hsk 4, 9	氵 rad 85 shuǐ: water 羊 hsk 2, rad 123 yáng↙: sheep	海洋 hsk4 hǎiyáng: n. ocean
养 (養) yǎng↙ to raise (animals)	hsk 4, 9	丷 rad 12 bā: eight, separate 羊 rad 123 yáng↙: sheep 介 hsk 2 jiè: to introduce	养成 hsk4 yǎngchéng: v. form, cultivate
样 (樣) yàng↙ manner	hsk 1, 10	木 hsk 5, rad 75 mù: tree 羊 hsk 2, rad 123 yáng↙: sheep	怎么样 hsk1 zěnmeyàng: pron. How about it? What do you think? (inquiring for comments and suggestions as an independent sentence) as an independent sentence) 一样 hsk3 yīyàng: adj. the same 样子 hsk4 yàngzi: n. appearance, shape, form
邀 yāo to invite	hsk 4, 16	辶 rad 162 chuò: brisk walking 敫 hsk∅ jiǎo: ancient musical instrument 白 hsk 2, rad 106 bái: white 方 hsk 3, rad 70 fāng: direction 攵 rad 66 pū: to bump, hand	邀请 hsk4 yāoqǐng: v. invite, call on, send an invitation
药 (藥) yào medicine	hsk 2, 9	艹 rad 140 cǎo: vegetal 纟 rad 120 sī: silk 勺 hsk 4 sháo: spoon 约 hsk 4 yuē: to make an appointment	药 hsk2 yào: n. medicine
要 yào to demand	hsk 2, 9	覀 rad 146 xī: west, lid 女 hsk 1, rad 38 nǚ: woman	要 hsk2 yào: v. want, be going to, shall, will, desire; adj. essential; n. main points; conj. if, either ... or 需要 hsk3 xūyào: v. need, claim, demand, want 要求 hsk3 yāoqiú: n. request, demand, need; v. ask, request, demand, claim 重要 hsk3 zhòngyào: adj. important 主要 hsk3 zhǔyào: adj. major, main 要是 hsk4 yàoshi: conj. if 只要 hsk4 zhǐyào: conj. only if, so long as

Cracking Chinese Characters – HSK 1, 2, 3, 4

钥 鑰 **yào** key	hsk 4, 9 strokes	钅 rad 167 jīn: gold, metal 月 hsk 1, rad 74 yuè: moon	钥匙 hsk 4 **yàoshi**: n. key (to a lock)
爷 爺 **yé** grandpa	hsk 3, 6 strokes	父 hsk 4, rad 88 fù: father 卩 rad 26 jié: seal	爷爷 hsk 3 **yéye**: n. grandfather, also used as a title of respect for an old man
也 **yě** also	hsk 2, 3 strokes	一 rad 5 ya: second, hand 丨 rad 2 gǔn: line 乚 rad 5 yǐn: second, hand	也 hsk 2 **yě**: adv. also, too, as well, either 也许 hsk 4 **yěxǔ**: adv. probably, perhaps, may, maybe, possibly
业 業 **yè** ♭ line of business	hsk 3, 5 strokes	丷 rad 12 bā: eight, separate 刂 rad 18 dāo: knife 一 hsk 1, rad 1 yī ♭: one	作业 hsk 3 **zuòyè**: n. school assignment, study assignment 毕业 hsk 4 **bìyè**: sv. graduate 职业 hsk 4 **zhíyè**: n. occupation, profession, vocation 专业 hsk 4 **zhuānyè**: n. major, specialty
叶 葉 **yè** leaf	hsk 4, 5 strokes	口 hsk 3, rad 30 kǒu: mouth 十 hsk 1, rad 24 shí: ten	叶子 hsk 4 **yèzi**: n. leaf (of a plant)
页 頁 **yè** page	hsk 4, 6 strokes	页 hsk 4, rad 181 yè: head, leaf	页 hsk 4 **yè**: nm. page

一 yī — num. one

一 hsk 1, 1	一 hsk 1, rad 1 🔑 yī: one	一 hsk 1 yī: num. one, (used before a verb to indicate an action to be followed by a result, or the suddenness of an action)
		一点儿 hsk 1 yīdiǎn'er: nm. a little
		第一 hsk 2 dìyī: num. first
		一下 hsk 2 yīxià: vm. once, in a short while
		一起 hsk 2 yīqǐ: adv. together
		一直 hsk 3 yìzhí: adv. all the time
		一定 hsk 3 yídìng: adj fixed, specified, regular, certain, adv. surely, certainly, necessarily
		一共 hsk 3 yīgòng: adv. altogether, in all, all told
		一会儿 hsk 3 yīhuì'er: a moment
		一样 hsk 3 yīyàng: adj. the same
		一般 hsk 3 yībān: adv. usually, generally, habitually, ordinarily
		一边 hsk 3 yībiān: adv. while, as, at the same time, simultaneously
		一切 hsk 4 yīqiè: adj. all, every

衣 yī — to dress

衣 hsk 1, 6	衣 hsk 1, rad 145 🔑 yī: cloth	衣服 hsk 1 yīfu: n. clothing, clothes, dress

医 (醫) yī — medical

医 hsk 1, 7	匚 rad 23 🔑 xì: to hide, box	医生 hsk 1 yīshēng: n. doctor, surgeon
	矢 rad 111 shǐ: arrow	医院 hsk 1 yīyuàn: n. hospital

宜 yí — proper

宜 hsk 2, 8	宀 rad 40 🔑 mián: roof	便宜 hsk 2 piányi: adj. cheap, inexpensive
	且 hsk 4 qiě: moreover	

姨 yí — mother's sister

姨 hsk 3, 9	女 hsk 1, rad 38 🔑 nǚ: woman	阿姨 hsk 3 āyí: n. aunt
	夷 hsk∅ yí ↵: safety, ancient tribes in the East of China	

Cracking Chinese Characters – HSK 1, 2, 3, 4

疑 **yí** ↓ to doubt	hsk 4 14	矣 ʰˢᵏ⁰ **yí**↓: doubt, symbolised by an old man with a cane *(who does not know where to put his foot 足 = ⺋ + 疋)* ⺋ no meaning 疋 ʳᵃᵈ ¹⁰³ 🔑 **pǐ**: roll, piece of cloth	怀疑 ʰˢᵏ⁴ **huáiyí**: v. doubt, suspect
已 **yǐ** already	hsk 2 3	己 ʰˢᵏ ³, ʳᵃᵈ ⁴⁹ 🔑 **jǐ**: personal	已经 ʰˢᵏ² **yǐjīng**: adv. already, yet
以 **yǐ** to use	hsk 2 4	㇄ no meaning 丶 ʳᵃᵈ ³ **zhǔ**: stroke 人 ʰˢᵏ ¹, ʳᵃᵈ ⁹ 🔑 **rén**: man	可以 ʰˢᵏ² **kěyǐ**: v. be able to, be worth, may; adj. not bad, passable, pretty good 因为…所以… ʰˢᵏ² **yīnwèi…suǒyǐ…**: because… thus…, on account of…then… 以前 ʰˢᵏ³ **yǐqián**: adv. before (a point of time), back, ago, previously, formerly 以 ʰˢᵏ⁴ **yǐ**: prep. using, taking, by means of 以为 ʰˢᵏ⁴ **yǐwéi**: v. think or believe, feel, suppose, assume
椅 **yǐ** ♭ chair	hsk 1 12	木 ʰˢᵏ ⁵, ʳᵃᵈ ⁷⁵ 🔑 **mù**: tree 大 ʰˢᵏ ¹, ʳᵃᵈ ³⁷ **dà**: big 可 ʰˢᵏ ² **kě**: can, may 奇 ʰˢᵏ ³ **qí** ♭: strange	椅子 ʰˢᵏ¹ **yǐzi**: n. chair
忆 憶 **yì** ↓ to recollect	hsk 4 4	忄 ʳᵃᵈ ⁶¹ 🔑 **xīn**: heart 乙 ʰˢᵏ ⁵, ʳᵃᵈ ⁵ **yǐ**↓: sickle	回忆 ʰˢᵏ⁴ **huíyì**: n. memory, recollection; v. recall
艺 藝 **yì** ↓ skill	hsk 4 4	艹 ʳᵃᵈ ¹⁴⁰ 🔑 **cǎo**: vegetal 乙 ʰˢᵏ ⁵, ʳᵃᵈ ⁵ **yǐ**↓: sickle	艺术 ʰˢᵏ⁴ **yìshù**: n. art
议 議 **yì** ↓ to comment on	hsk 3 5	讠 ʳᵃᵈ ¹⁴⁹ 🔑 **yán**: speech 义 ʰˢᵏ ⁵ **yì**↓: justice	会议 ʰˢᵏ³ **huìyì**: n. meeting 建议 ʰˢᵏ⁴ **jiànyì**: n. suggestion, advice; v. suggest, advise

译 yì — to translate
- hsk 4, 7 strokes
- 譯
- 讠 rad 149 — yán: speech
- 又 hsk 3, rad 29 — yòu: still, hand
- 二 hsk 1, rad 7 — èr: two
- 丨 rad 2 — gǔn: line

翻译 hsk4 **fānyì**: v. translate

易 yì — easy
- hsk 3, 8 strokes
- 日 hsk 2, rad 72 — rì: sun
- 勿 hsk 5 — wù: do not

容易 hsk3 **róngyì**: adj. easy, ready

谊 yì — friendship
- hsk 4, 10 strokes
- 誼
- 讠 rad 149 — yán: speech
- 宜 hsk 2 — yí: proper

友谊 hsk4 **yǒuyì**: n. friendship, companionship, fellowship

意 yì — idea
- hsk 2, 13 strokes
- 音 hsk 3, rad 180 — yīn: sound
- 心 hsk 3, rad 61 — xīn: heart

意思 hsk2 **yìsi**: n. fun, interest, enjoyment, meaning, content, indication, hint, opinion, idea, concept
满意 hsk3 **mǎnyì**: v. be satisfied
同意 hsk3 **tóngyì**: v. agree, approve, assent to, consent to, accede to
愿意 hsk3 **yuànyì**: aux. be willing, wish, like, want
注意 hsk3 **zhùyì**: v. pay attention to, to keep an eye on, take notice of
得意 hsk4 **déyì**: adj. be pleased with oneself, pride oneself on sth (or doing sth)
故意 hsk4 **gùyì**: adv. intentionally, deliberately, designedly
生意 hsk4 **shēngyì**: n. business, trade
意见 hsk4 **yìjiàn**: n. view, suggestion, opinion, idea
主意 hsk4 **zhǔyi**: n. opinion, idea, plan

因 yīn — cause
- hsk 2, 6 strokes
- 囗 rad 31 — wéi: enclosure
- 大 hsk 1, rad 37 — dà: big

因为…所以… hsk2 **yīnwèi…suǒyǐ…**: because… thus…, on account of…then…
因此 hsk4 **yīncǐ**: conj. therefore, for this reason, consequently, hence, so
原因 hsk4 **yuányīn**: n. reason, cause

阴 yīn — overcast (weather)
- hsk 2, 6 strokes
- 陰
- 阝 rad 170 — fù: mound
- 月 hsk 1, rad 74 — yuè: moon

阴 hsk2 **yīn**: adj. cloudy, overcast

音	hsk 3	音 hsk 3, rad 180 🔑 yīn: sound	声音 hsk 3 shēngyīn: n. sound, voice
yīn sound	9		音乐 hsk 3 yīnyuè: n. music

银 銀	hsk 3 11	钅 rad 167 🔑 jīn: gold, metal 艮 rad 138 gěn: decided	银行 hsk 3 yínháng: n. bank
yín silver; relating to money or currency			

引	hsk 4 4	弓 rad 57 🔑 gōng: bow 丨 rad 2 gǔn: line	吸引 hsk 4 xīyǐn: v. attract, fascinate, arrest 引起 hsk 4 yǐnqǐ: v. bring, cause, lead to, give rise to, bring about, come of, arise from
yǐn to draw (a bow), lead, induce, attract			

饮 飲	hsk 3 7	饣 rad 184 🔑 shí: to eat 欠 hsk 5, rad 76 qiàn: tired	饮料 hsk 3 yǐnliào: n. beverage, drink
yǐn / yìn drinks, decoction / to give (animals) water to drink			

印	hsk 4 5	厂 hsk 5, rad 27 chǎng: production facility 二 hsk 1, rad 7 èr: two 卩 rad 26 jié: seal	打印 hsk 4 dǎyìn: v. print 复印 hsk 4 fùyìn: v. copy, reproduce on a copying machine 印象 hsk 4 yìnxiàng: n. impression, effect, feeling
yìn to print, engrave, mark			

应 應	hsk 3 7	广 hsk 4, rad 53 guǎng: shelter ⺌ rad 42 xiǎo: small 一 hsk 1, rad 1 yī ♭ : one	应该 hsk 3 yīnggāi: aux. should, have to, ought to, must 适应 hsk 4 shìyìng: v. adjust, adapt, fit 应聘 hsk 4 yìngpìn: v. employed by
yīng / yìng ♭ to agree / to answer			

迎 yíng to welcome	hsk 3, 7 strokes	辶 rad 162 chuò: brisk walking 卬 hsk ø áng: I (regional colloquial) 匚 rad 22 fāng: open box 卩 rad 26 jié: seal	欢迎 hsk 3 huānyíng: v. welcome
赢 yíng to win	hsk 4, 17 strokes, 赢	赢 hsk ø luò: animals with short hair 亡 hsk 6 wáng: to flee, lose, die 口 hsk 3, rad 30 kǒu: mouth 月 rad 130 ròu: flesh 贝 hsk 5, rad 154 bèi: shell, money 凡 hsk 6 fán: ordinary	赢 hsk 4 yíng: v. win
影 yǐng picture	hsk 1, 15 strokes	日 hsk 2, rad 72 rì: sun 京 hsk 1 jīng: capital city of a country, abbr. for 北京 Běijīng 彡 rad 59 shān: beard, brush	电影 hsk 1 diànyǐng: n. motion picture, movie, film 影响 hsk 3 yǐngxiǎng: n. influence, effect; v. influence, affect, concern, work upon
永 yǒng perpetually, forever	hsk 4, 5 strokes	丶 rad 3 zhǔ: stroke 水 hsk 1, rad 85 shuǐ: water	永远 hsk 4 yǒngyuǎn: adv. forever, perpetually
泳 yǒng swimming	hsk 2, 8 strokes	氵 rad 85 shui: water 永 hsk 4 yǒng: perpetually, forever	游泳 hsk 2 yóuyǒng: v. swim
勇 yǒng brave	hsk 4, 9 strokes	甬 hsk ø yǒng: the Yongjiang river 力 hsk 3, rad 19 lì: force	勇敢 hsk 4 yǒnggǎn: adj. brave, courageous
用 yòng to use	hsk 3, 5 strokes	用 hsk 3, rad 101 yòng: to use	信用卡 hsk 3 xìnyòngkǎ: n. credit card 用 hsk 3 yòng: v. use 使用 hsk 4 shǐyòng: v. use 作用 hsk 4 zuòyòng: n. an effect, an influence

Cracking Chinese Characters – HSK 1, 2, 3, 4

优 優 hsk 4, 6 strokes **yōu** excellent	亻 rad 9 rén: man 尤 hsk 4 yóu: outstanding	优点 hsk 4 **yōudiǎn**: n. merit, advantage, virtue, excellence 优秀 hsk 4 **yōuxiù**: adj. outstanding, great, superior, exceptional	
幽 hsk 4, 9 strokes **yōu** remote, secluded	幺 rad 52 yāo: tiny 丝 hsk ∅ yōu: tiny, infinitesimal 山 hsk 3, rad 46 shān: mountain	幽默 hsk 4 **yōumò**: adj. humorous, funny	
尤 hsk 4, 4 strokes **yóu** outstanding	尢 rad 43 yóu: weak 丶 rad 3 zhǔ: stroke	尤其 hsk 4 **yóuqí**: adv. especially, particularly, above all, least of all, by far, of all things, in particular	
由 hsk 4, 5 strokes **yóu** from, cause, to follow	田 hsk 6, rad 102 tián: field 丨 rad 2 gǔn: line	由 hsk 4 **yóu**: prep. from 由于 hsk 4 **yóuyú**: prep. owing to, as a result of, due to, in virtue of	
邮 郵 hsk 3, 7 strokes **yóu** post (office)	由 hsk 4 yóu: from, cause, to follow 阝 rad 163 yì: city	电子邮件 hsk 3 **diànzǐyóujiàn**: n. email 邮局 hsk 4 **yóujú**: n. post office	
油 hsk 4, 8 strokes **yóu** oil	氵 rad 85 shuǐ: water 由 hsk 4 yóu: from, cause, to follow	加油站 hsk 4 **jiāyóuzhàn**: n. gas station	
游 hsk 2, 12 strokes **yóu** to walk	氵 rad 85 shuǐ: water 斿 hsk ∅ yóu: scallops along lower edge of flag 方 hsk 3, rad 70 fāng: square, direction 𠂉 rad 9 rén: man 子 hsk 1, rad 39 zi: child	旅游 hsk 2 **lǚyóu**: v. travel, tour 游泳 hsk 2 **yóuyǒng**: v. swim 游戏 hsk 3 **yóuxì**: n. game, play, recreation 导游 hsk 4 **dǎoyóu**: n. tour guide	

友 hsk 1, 4 strokes	㐅 : hand 又 hsk 3, rad 29 yòu⌟ : still, hand	朋友 hsk 1 péngyou: n. friend 友好 hsk 4 yǒuhǎo: adj. friendly, amicable 友谊 hsk 4 yǒuyì: n. friendship, companionship, fellowship
yǒu⌟ friend		
有 hsk 1, 6 strokes	㐅 : hand 月 hsk 1, rad 74 yuè: moon	没有 hsk 1 méiyǒu: v. have nothing or nobody, can't compare with others 有 hsk 1 yǒu: v. have, possess, exist; (used as a response when something exists or is owned) yes 有名 hsk 3 yǒumíng: adj. famous 只有…才… hsk 3 zhǐyǒu…cái…: only if… then… 所有 hsk 4 suǒyǒu: adj. all 有趣 hsk 4 yǒuqù: adj. interesting, fascinating, amusing, funny
yǒu to have		
又 hsk 3, 2 strokes	又 hsk 3, rad 29 yòu: still, hand	又 hsk 3 yòu: adv. again, once more
yòu also		
右 hsk 2, 5 strokes	㐅 : hand 口 hsk 3, rad 30 kǒu: mouth	右边 hsk 2 yòubian: n. right, right side 左右 hsk 4 zuǒyòu: n. around, about, approximately
yòu right (side)		
于 於 hsk 3, 3 strokes	二 hsk 1, rad 7 èr: two 亅 rad 6 jué: hook	关于 hsk 3 guānyú: prep. with regard to 终于 hsk 3 zhōngyú: adv. at last, finally 对于 hsk 4 duìyú: prep. regarding, as far as sth is concerned, with regards to 由于 hsk 4 yóuyú: prep. owing to, as a result of, due to, in virtue of 于是 hsk 4 yúshì: conj. as a result, therefore, whereupon
yú (indicating time or place) in, on, at		
鱼 魚 hsk 2, 8 strokes	鱼 hsk 2, rad 195 yú: fish	鱼 hsk 2 yú: n. fish
yú fish		

Cracking Chinese Characters – HSK 1, 2, 3, 4

愉 **yú** ↘ pleased	hsk 4 12	忄 rad 61 🔑 xīn: heart 俞 hsk∅ yú↘: yes (used by Emperor or ruler); OK; to accede; to assent; 亼 hsk∅ jí: to assemble 刖 hsk∅ yuè: to amputate one or both feet (punishment in imperial China)	愉快 hsk4 **yúkuài**: adj. happy, pleased, joyful
与 與 **yǔ / yù** v. give, prep. with, conj. and / v. take part in	hsk 4 3	一 hsk 1, rad 1 🔑 yī: one 𠄎 no meaning	与 hsk4 **yǔ**: prep. with, to
羽 **yǔ** feather	hsk 4 6	羽 hsk 4, rad 124 🔑 yǔ: feather	羽毛球 hsk4 **yǔmáoqiú**: n. badminton
雨 **yǔ** rain	hsk 1 8	雨 hsk 1, rad 173 🔑 yǔ: rain	下雨 hsk1 **xiàyǔ**: v. rain
语 語 **yǔ** dialect	hsk 1 9	讠 rad 149 🔑 yán: speech 五 hsk 1 wǔ: five 口 hsk 3, rad 30 kǒu: mouth	汉语 hsk1 **hànyǔ**: n. Chinese language 词语 hsk4 **cíyǔ**: n. word and phrase 语法 hsk4 **yǔfǎ**: n. grammar 语言 hsk4 **yǔyán**: n. language
育 **yù** to educate	hsk 3 8	亠 rad 8 tóu: shelter, head 厶 rad 28 sī: secret 月 rad 130 🔑 ròu: flesh	体育 hsk3 **tǐyù**: n. sports, sports activities 教育 hsk4 **jiàoyù**: n. education; v. educate
预 預 **yù** ↘ to advance	hsk 4 10	予 hsk6 yǔ↘: to give 页 hsk 4, rad 181 🔑 yè: head, leaf	预习 hsk4 **yùxí**: v. preview

遇 yù — to encounter

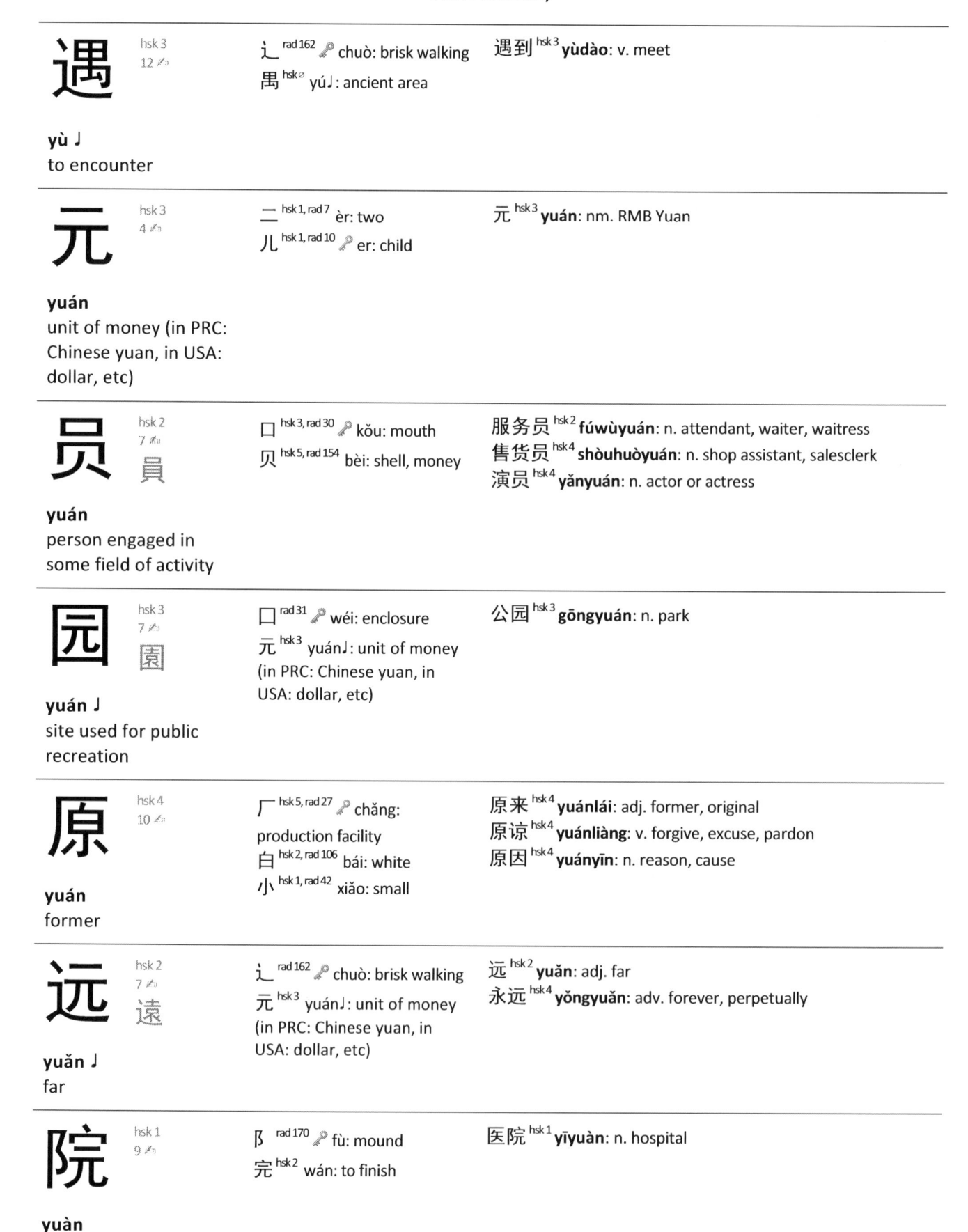

- hsk 3, 12 strokes
- 辶 rad 162 chuò: brisk walking
- 禺 hsk∅ yú: ancient area
- 遇到 hsk3 yùdào: v. meet

元 yuán — unit of money (in PRC: Chinese yuan, in USA: dollar, etc)

- hsk 3, 4 strokes
- 二 hsk 1, rad 7 èr: two
- 儿 hsk 1, rad 10 ér: child
- 元 hsk3 yuán: nm. RMB Yuan

员 (員) yuán — person engaged in some field of activity

- hsk 2, 7 strokes
- 口 hsk 3, rad 30 kǒu: mouth
- 贝 hsk 5, rad 154 bèi: shell, money
- 服务员 hsk2 fúwùyuán: n. attendant, waiter, waitress
- 售货员 hsk4 shòuhuòyuán: n. shop assistant, salesclerk
- 演员 hsk4 yǎnyuán: n. actor or actress

园 (園) yuán — site used for public recreation

- hsk 3, 7 strokes
- 囗 rad 31 wéi: enclosure
- 元 hsk3 yuán: unit of money (in PRC: Chinese yuan, in USA: dollar, etc)
- 公园 hsk3 gōngyuán: n. park

原 yuán — former

- hsk 4, 10 strokes
- 厂 hsk 5, rad 27 chǎng: production facility
- 白 hsk 2, rad 106 bái: white
- 小 hsk 1, rad 42 xiǎo: small
- 原来 hsk4 yuánlái: adj. former, original
- 原谅 hsk4 yuánliàng: v. forgive, excuse, pardon
- 原因 hsk4 yuányīn: n. reason, cause

远 (遠) yuǎn — far

- hsk 2, 7 strokes
- 辶 rad 162 chuò: brisk walking
- 元 hsk3 yuán: unit of money (in PRC: Chinese yuan, in USA: dollar, etc)
- 远 hsk2 yuǎn: adj. far
- 永远 hsk4 yǒngyuǎn: adv. forever, perpetually

院 yuàn — courtyard

- hsk 1, 9 strokes
- 阝 rad 170 fù: mound
- 完 hsk2 wán: to finish
- 医院 hsk1 yīyuàn: n. hospital

Cracking Chinese Characters – HSK 1, 2, 3, 4

愿 hsk 3, 14 strokes / 願 **yuàn ↘** to hope	原 hsk 4 yuán↘: former 心 hsk 3, rad 61 🔑 xīn: heart	愿意 hsk 3 **yuànyì**: aux. be willing, wish, like, want
约 hsk 4, 6 strokes / 約 **yuē** to make an appointment	纟 rad 120 🔑 sī: silk 勺 hsk 4 sháo: spoon	大约 hsk 4 **dàyuē**: adv. about, approximately, more or less 节约 hsk 4 **jiéyuē**: v. economize, save, spare 约会 hsk 4 **yuēhuì**: n. date, appointment; sv. to arrange to meet
月 hsk 1, 4 strokes **yuè** moon, month	月 hsk 1, rad 74 🔑 yuè: moon	月 hsk 1 **yuè**: n. month 月亮 hsk 3 **yuèliang**: n. the Moon
阅 hsk 4, 10 strokes / 閱 **yuè** to inspect	门 hsk 2, rad 169 🔑 mén: gate 兑 hsk ∅ duì: cash; weight	阅读 hsk 4 **yuèdú**: v. read; n. reading
越 hsk 3, 12 strokes **yuè ↘** to exceed	走 hsk 2, rad 156 🔑 zǒu: to walk 戉 hsk ∅ yuè↘: a battle-axe used in ancient China	越 hsk 3 **yuè**: adv. the more...the more...
云 hsk 4, 4 strokes / 雲 **yún** cloud	二 hsk 1, rad 7 🔑 èr: two 厶 rad 28 sī: secret	云 hsk 4 **yún**: n. cloud
允 hsk 4, 4 strokes **yǔn** to permit, just	厶 rad 28 sī: secret 儿 hsk 1, rad 10 🔑 er: child	允许 hsk 4 **yǔnxǔ**: v. agree, permit, allow, let

Character	Info	Components	Words
运 運 **yùn ↘** to move	hsk 2 7 strokes	辶 rad 162 chuò: brisk walking 云 hsk 4 yún↗: cloud	运动 hsk 2 **yùndòng**: v. take exercise
杂 雜 **zá** mixed	hsk 4 6 strokes	九 hsk 1 jiǔ: nine 木 hsk 5, rad 75 mù: tree	复杂 hsk 4 **fùzá**: adj. complicated, complex 杂志 hsk 4 **zázhì**: n. magazine
再 **zài** again	hsk 1 6 strokes	一 hsk 1, rad 1 yī: one 冂 rad 13 jiōng: scope 土 hsk 5, rad 32 tǔ: earth 冉 hsk⌀ rǎn: edge of a tortoiseshell	再见 hsk 1 **zàijiàn**: goodbye, see you again later 再 hsk 2 **zài**: adv. again, more, further
在 **zài** (located) at	hsk 1 6 strokes	𠂇 : hand 丨 rad 2 gǔn: line 土 hsk 5, rad 32 tǔ: earth	现在 hsk 1 **xiànzài**: n. now, nowadays, today, at present 在 hsk 1 **zài**: adv. in the process of doing sth, just, be + verb + ing; v. exist, lie, be at, be on 正在 hsk 2 **zhèngzài**: adv. be + verb + ing, in the process of, in the course of, in the middle of, in the act of 实在 hsk 4 **shízài**: adj. true, real, honest, dependable; adv. indeed, really
咱 **zán** we (speaker + person spoken to)	hsk 4 9 strokes	口 hsk 3, rad 30 kǒu: mouth 自 hsk 3, rad 132 zì: personal	咱们 hsk 4 **zánmen**: pron. we or us (inclusive of person or people spoken to)
暂 暫 **zàn ♭** of short duration	hsk 4 12 strokes	斩 hsk 6 zhǎn ♭: to behead (as form of capital punishment) 日 hsk 2, rad 72 rì: sun	暂时 hsk 4 **zànshí**: n. temporarily
脏 臟 **zāng / zàng** dirty / (anatomy) organ	hsk 4 10 strokes	月 rad 130 ròu: flesh 庄 hsk 6 zhuāng: farmstead	脏 hsk 4 **zāng**: adj. dirty

Cracking Chinese Characters – HSK 1, 2, 3, 4

早 hsk 2, 6 strokes	日 hsk 2, rad 72 🔑 rì: sun 十 hsk 1, rad 24 shí: ten	早上 hsk 2 zǎoshang: n. morning
zǎo early		

澡 hsk 3, 16 strokes	氵 rad 85 🔑 shuǐ: water 喿 hsk ∅ zào↙: chirping of birds 品 hsk 5 pǐn: article 木 hsk 5, rad 75 mù: tree	洗澡 hsk 3 xǐzǎo: v. take a bath, bathe, take a shower
zǎo ↙ bath		

则 則 hsk 4, 6 strokes	贝 hsk 5, rad 154 bèi: shell, money 刂 rad 18 🔑 dāo: knife	否则 hsk 4 fǒuzé: conj. otherwise
zé conjunction used to express contrast with a previous sentence or clause		

择 擇 hsk 3, 8 strokes	扌 rad 64 🔑 shǒu: hand 又 hsk 3, rad 29 yòu: still, hand 𦍒 no meaning	选择 hsk 3 xuǎnzé: n. a choice, selection, option; v. choose, select, pick
zé to select		

责 責 hsk 4, 8 strokes	龶 derived from primitive pictograph 朿, a tree with thorns 贝 hsk 5, rad 154 bèi: shell, money	负责 hsk 4 fùzé: adj. responsible; v. be in charge of, be responsible for 责任 hsk 4 zérèn: n. duty, responsibility
zé responsibility		

怎 hsk 1, 9 strokes	乍 hsk ∅ zhà: at first 心 hsk 3, rad 61 🔑 xīn: heart	怎么 hsk 1 zěnme: pron. inquiring for property, condition, way, and cause, etc. 怎么样 hsk 1 zěnmeyàng: pron. How about it? What do you think? (inquiring for comments and suggestions as an independent sentence) as an independent sentence)
zěn how		

增 hsk 4, 15 strokes	土 hsk 5, rad 32 🔑 tǔ: earth 曾 hsk 5 céng ♭: once 丷 no meaning 日 hsk 2, rad 72 🔑 rì: sun	增加 hsk 4 zēngjiā: v. increase
zēng ♭ to increase		

展 zhǎn to spread out	hsk 4, 10	尸 hsk 6, rad 44 shī: dead body 廿 hsk ∅ niàn: twenty 衣 hsk 1, rad 145 yī: cloth	发展 hsk 4 fāzhǎn: v. develop, expand, go along
占 佔 zhàn to take possession of	hsk 4, 5	卜 rad 25 bo: divination 口 hsk 3, rad 30 kǒu: mouth	占线 hsk 4 zhànxiàn: v. The line (of a telephone) is busy (or engaged)
站 zhàn ↙ station	hsk 2, 10	立 hsk 5, rad 117 lì: standing up 占 hsk 4 zhàn↙: to take possession of	火车站 hsk 2 huǒchēzhàn: n. railway station 站 hsk 2 zhàn: v. stand, halt, stop; n. station, stop 加油站 hsk 4 jiāyóuzhàn: n. gas station 网站 hsk 4 wǎngzhàn: n. website
张 張 zhāng ↙ to open up	hsk 3, 7	弓 rad 57 gōng: bow 长 hsk 2, rad 168 zhǎng↙: long	张 hsk 3 zhāng: v. open up, display, magnify; nm. used for flat objects: paper, bed, table, face, bows, etc 紧张 hsk 3 jǐnzhāng: adj. feel nervous
章 zhāng chapter	hsk 4, 11	立 hsk 5, rad 117 lì: standing up 早 hsk 2 zǎo: early	文章 hsk 4 wénzhāng: n. essay, article
丈 zhàng husband	hsk 2, 3	一 hsk 1, rad 1 yī: one 乂 no meaning	丈夫 hsk 2 zhàngfu: n. husband
招 zhāo ↙ to recruit	hsk 4, 8	扌 rad 64 shou: hand 召 hsk 5 zhào↙: to call together	打招呼 hsk 4 dǎzhāohu: v. greet sb by word or gesture 招聘 hsk 4 zhāopìn: v. recruit and employ through advertisement and examination

Cracking Chinese Characters – HSK 1, 2, 3, 4

着 著 hsk 2, 11 strokes **zháo / zhe** to be troubled with / part. indicating action in progress	羊 rad 123 **yáng**: sheep 目 hsk 3, rad 109 🔑 **mù**: eye	着 hsk 2 **zhe**: sa. used after a verb, indicating that the action starts and continues 着急 hsk 3 **zháojí**: v. worry, feel anxious 接着 hsk 4 **jiēzhe**: v. continue, go on 随着 hsk 4 **suízhe**: conj. along with, in the wake of, in pace with
找 hsk 2, 7 strokes **zhǎo** to try to find	扌 rad 64 🔑 **shou**: hand 戈 rad 62 **gē**: halberd	找 hsk 2 **zhǎo**: v. seek, look for
照 hsk 3, 13 strokes **zhào** ⌟ according to	昭 hsk∅ **zhāo**⌟: bright 灬 rad 86 🔑 **biāo**: fire, legs	护照 hsk 3 **hùzhào**: n. passport 照顾 hsk 3 **zhàogu**: v. look after, take care, show consideration for 照片 hsk 3 **zhàopiàn**: n. photo 照相机 hsk 3 **zhàoxiàngjī**: n. camera 按照 hsk 4 **ànzhào**: prep. according to 照 hsk 4 **zhào**: v. look (into the mirror)
折 hsk 4, 7 strokes **zhé** a loss	扌 rad 64 🔑 **shou**: hand 斤 hsk 3, rad 69 **jīn**: axe, 500 grams	打折 hsk 4 **dǎzhé**: sv. give a discount
者 hsk 3, 8 strokes **zhě** (after a noun) person involved in ...	耂 rad 125 🔑 **lǎo**: old 日 hsk 2, rad 72 **rì**: sun	或者 hsk 3 **huòzhě**: conj. or 记者 hsk 4 **jìzhě**: n. reporter, journalist 作者 hsk 4 **zuòzhě**: n. author, writer
这 這 hsk 1, 7 strokes **zhè** pron. this, these	辶 rad 162 🔑 **chuò**: brisk walking 文 hsk 3, rad 67 **wén**: writing	这 hsk 1 **zhè**: pron. this, here
针 針 hsk 4, 7 strokes **zhēn** needle	钅 rad 167 🔑 **jīn**: gold, metal 十 hsk 1, rad 24 **shí**: ten	打针 hsk 4 **dǎzhēn**: sv. give or have an injection

真 zhēn really, truly	hsk 2 10	直 hsk3 zhí: straight 十 hsk1, rad24 shí: ten 目 hsk3, rad109 mù: eye 一 hsk1, rad1 yī: one 八 hsk1, rad12 bā: eight, separate	真 hsk2 zhēn: adv. indeed, really 认真 hsk3 rènzhēn: adj. conscientious, earnest, serious 传真 hsk4 chuánzhēn: n. fax 真正 hsk4 zhēnzhèng: adj. genuine, true, real
争 zhēng to strive for	hsk 4 6	刀 rad18 dāo: knife 彐 rad58 jì: snout 亅 rad6 jué: hook	竞争 hsk4 jìngzhēng: v. compete, contend
整 zhěng exactly	hsk 4 16	敕 hsk∅ chì: imperial orders 束 hsk3 shù: to bind, control 攵 rad66 pū: to bump, hand 正 hsk2 zhèng: just (right)	整理 hsk4 zhěnglǐ: v. put in order, arrange
正 zhèng just (right)	hsk 2 5	一 hsk1, rad1 yī: one 止 hsk4, rad77 zhǐ: to stop	正在 hsk2 zhèngzài: adv. be + verb + ing, in the process of, in the course of, in the middle of, in the act of 真正 hsk4 zhēnzhèng: adj. genuine, true, real 正常 hsk4 zhèngcháng: adj. normal, regular 正好 hsk4 zhènghǎo: adj. suitable 正确 hsk4 zhèngquè: adj. right, correct, proper 正式 hsk4 zhèngshì: adj. formal, official, regular
证 zhèng to admonish	hsk 4 7	讠 rad149 yán: speech 正 hsk2 zhèng: just (right)	保证 hsk4 bǎozhèng: n. guarantee; v. guarantee, ensure, promise 签证 hsk4 qiānzhèng: n. visa 证明 hsk4 zhèngmíng: v. prove, manifest, bear witness to
之 zhī (possessive part., literary equivalent of 的 de), (used in place of an objective noun or pronoun)	hsk 4 3	丿 rad4 piě: oblique 丶 rad3 zhǔ: stroke 乙 no meaning	百分之 hsk4 bǎi fēn zhī: percent 之 hsk4 zhī: sa. auxiliary word, used to form a gramatical structure

Cracking Chinese Characters – HSK 1, 2, 3, 4

支 zhī to support	hsk 4 4 strokes	支 hsk 4, rad 65 🔑 zhī: branch	支持 hsk 4 **zhīchí**: n. support, assistance; v. assist, support, stand for, back up, hold out
汁 zhī ♭ juice	hsk 4 5 strokes	氵 rad 85 🔑 shuǐ: water 十 hsk 1, rad 24 shí ♭: ten	果汁 hsk 4 **guǒzhī**: n. juice
只 隻 zhī / zhǐ nm. single / adv. only	hsk 3 5 strokes	口 hsk 3, rad 30 🔑 kǒu: mouth 八 hsk 1, rad 12 bā: eight, separate	只 (副词) hsk 3 **zhǐ**: adv. only, merely, just 只 (量词) hsk 3 **zhī**: nm. one of a pair, for animals, furnitures, boats or ships 只有…才… hsk 3 **zhǐyǒu…cái…**: only if… then… 只好 hsk 4 **zhǐhǎo**: adv. have to, be obliged to, cannot… but… 只要 hsk 4 **zhǐyào**: conj. only if, so long as
知 zhī ♭ to know	hsk 2 8 strokes	矢 rad 111 🔑 shǐ ♭: arrow 口 hsk 3, rad 30 kǒu: mouth	知道 hsk 2 **zhīdào**: v. know, be aware of 通知 hsk 4 **tōngzhī**: n. notice, notification; v. inform, notify 知识 hsk 4 **zhīshi**: n. knowledge
直 zhí ♭ straight	hsk 3 8 strokes	十 hsk 1, rad 24 shí ♭: ten 目 hsk 3, rad 109 🔑 mù: eye 一 hsk 1, rad 1 yī: one	一直 hsk 3 **yīzhí**: adv. all the time 直接 hsk 4 **zhíjiē**: adj. direct, immediate
值 zhí ♩ value	hsk 4 10 strokes	亻 rad 9 🔑 rén: man 直 hsk 3 zhí♩: straight	值得 hsk 4 **zhíde**: v. deserve, be worth, be worthy of
职 職 zhí ♩ duty	hsk 4 11 strokes	耳 hsk 3, rad 128 🔑 ěr: ear 只 hsk 3 zhī♩: nm. single / adv. only	职业 hsk 4 **zhíyè**: n. occupation, profession, vocation

植 hsk 4, 12	木 hsk 5, rad 75 mù: tree 直 hsk 3 zhí↙: straight	植物 hsk 4 zhíwù: n. plant, flora, vegetation
zhí ↙ to grow, set up, plant		
止 hsk 4, 4	止 hsk 4, rad 77 zhǐ: to stop	禁止 hsk 4 jìnzhǐ: v. forbid, prohibit
zhǐ to stop		
址 hsk 4, 7	土 hsk 5, rad 32 tǔ: earth 止 hsk 4, rad 77 zhǐ↙: to stop	地址 hsk 4 dìzhǐ: n. address
zhǐ ↙ location		
纸 hsk 2, 7 (紙)	纟 rad 120 sī ♭: silk 氏 hsk 6, rad 83 shì ♭: clan	报纸 hsk 2 bàozhǐ: n. newspaper
zhǐ ♭ paper		
指 hsk 4, 9	扌 rad 64 shou: hand 旨 hsk 6 zhǐ↙: imperial decree	指 hsk 4 zhǐ: v. point to
zhǐ ↙ finger		
至 hsk 4, 6	至 hsk 4, rad 133 zhì: to reach	甚至 hsk 4 shènzhì: adv. even, so far as to, so much so that 至少 hsk 4 zhìshǎo: adv. at least
zhì to arrive		
志 hsk 4, 7	士 hsk 4, rad 33 shì ♭: scholar 心 hsk 3, rad 61 xīn: heart	杂志 hsk 4 zázhì: n. magazine
zhì ♭ aspiration, sign		

Cracking Chinese Characters – HSK 1, 2, 3, 4

质 质 hsk 4, 8 strokes **zhì** ♭ nature, character	厂 no meaning 十 hsk 1, rad 24 shí ♭: ten 贝 hsk 5, rad 154 🔑 bèi: shell, money	质量 hsk 4 **zhìliàng**: n. quality
中 hsk 1, 4 strokes **zhōng** within, middle, abbr. for China	口 hsk 3, rad 30 kǒu: mouth 丨 rad 2 🔑 gǔn: line	中国 hsk 1 **Zhōngguó**: n. China 中午 hsk 1 **zhōngwǔ**: n. noon, midday, noonday 中间 hsk 3 **zhōngjiān**: n. center, middle 中文 hsk 3 **Zhōngwén**: n. Chinese language 其中 hsk 4 **qízhōng**: prep. among, in, inside
终 終 hsk 3, 8 strokes **zhōng** finish, end	纟 rad 120 🔑 sī: silk 冬 hsk 3 dōng: winter	终于 hsk 3 **zhōngyú**: adv. at last, finally
钟 鐘 hsk 1, 9 strokes **zhōng** ♩ time (measure of)	钅 rad 167 🔑 jīn: gold, metal 中 hsk 1 zhōng♩: within, middle, abbr. for China	分钟 hsk 1 **fēnzhōng**: n. minute
种 種 hsk 3, 9 strokes **zhǒng** ♩ seed	禾 rad 115 🔑 hé: grain 中 hsk 1 zhōng♩: within, middle, abbr. for China	种（量词）hsk 3 **zhǒng**: nm. kind, sort, type
众 眾 hsk 4, 6 strokes **zhòng** ♭ many	人 hsk 1, rad 9 🔑 rén: man 从 hsk 2 cóng ♭ : from	观众 hsk 4 **guānzhòng**: n. viewer, spectator, audience
重 hsk 3, 9 strokes **zhòng** heavy	千 hsk 2 qiān: thousand 里 hsk 1, rad 166 🔑 lǐ: neighborhood	重要 hsk 3 **zhòngyào**: adj. important 重新 hsk 4 **chóngxīn**: adv. once again 严重 hsk 4 **yánzhòng**: adj. grave, serious, acute 重 hsk 4 **zhòng**: adj. heavy 重点 hsk 4 **zhòngdiǎn**: n. key point 重视 hsk 4 **zhòngshì**: v. attach importance to, make much of 尊重 hsk 4 **zūnzhòng**: v. respect, esteem

周 hsk 3, 8	冂 rad 13 jiōng: scope 土 hsk 5, rad 32 tǔ: earth 口 hsk 3, rad 30 kǒu: mouth	周末 hsk 3 zhōumò: n. weekend 周围 hsk 4 zhōuwéi: n. surrounding
zhōu week, circumference		
洲 hsk 4, 9	氵 rad 85 shuǐ: water 州 hsk 6 zhōu: prefecture	亚洲 hsk 4 Yàzhōu: n. Asia
zhōu continent		
主 hsk 3, 5	丶 rad 3 zhǔ: stroke 王 hsk 5, rad 96 yù: jade	主要 hsk 3 zhǔyào: adj. major, main 主意 hsk 4 zhǔyi: n. opinion, idea, plan
zhǔ owner		
住 hsk 1, 7	亻 rad 9 rén: man 主 hsk 3 zhǔ: owner	住 hsk 1 zhù: v. live, stay, dwell
zhù to live		
助 hsk 2, 7	且 hsk 4 qiě: moreover 力 hsk 3, rad 19 lì: force	帮助 hsk 2 bāngzhù: v. help, assist, aid, support
zhù to help		
注 hsk 3, 8	氵 rad 85 shuǐ: water 主 hsk 3 zhǔ: owner	注意 hsk 3 zhùyì: v. pay attention to, to keep an eye on, take notice of
zhù to concentrate, to pour into		
祝 hsk 4, 9	礻 rad 113 shì: to venerate, to show 兄 hsk 5 xiōng: elder brother	祝贺 hsk 4 zhùhè: v. celebrate, congratulate
zhù to express good wishes		

Cracking Chinese Characters – HSK 1, 2, 3, 4

著 zhù to make known	hsk 4 11	艹 rad 140 🔑 cǎo: vegetal 者 hsk 3 zhě: (after a noun) person involved in ...	著名 hsk 4 **zhùmíng**: adj. famous, celebrated
专 專 zhuān for a particular person, occasion, purpose	hsk 4 4	一 hsk 1, rad 1 🔑 yī: one 十 hsk 1, rad 24 shí ♭ : ten ⼁ no meaning	专门 hsk 4 **zhuānmén**: adv. specially, technically 专业 hsk 4 **zhuānyè**: n. major, specialty
转 轉 zhuǎn ↓ to turn	hsk 4 8	车 hsk 1, rad 159 🔑 chē: car 专 hsk 4 zhuān↓: for a particular person, occasion, purpose	转 hsk 4 **zhuǎn**: v. turn
赚 賺 zhuàn to earn	hsk 4 14	贝 hsk 5, rad 154 🔑 bèi: shell, money 兼 hsk 5 jiān: double 丷 rad 12 bā: eight, separate 禾 rad 115 hé: grain ⺻ rad 129 yù: brush	赚 hsk 4 **zhuàn**: v. make a profit, gain, earn
准 zhǔn to allow	hsk 2 10	冫 rad 15 🔑 bīng: ice 隹 rad 172 zhuī: short-tailed bird	准备 hsk 2 **zhǔnbèi**: v. prepare, get ready, plan 标准 hsk 4 **biāozhǔn**: adj. conforming to a standard; n. standard, criterion 准确 hsk 4 **zhǔnquè**: adj. exact, precise 准时 hsk 4 **zhǔnshí**: adv. on time, punctually
桌 zhuō table	hsk 1 10	卜 rad 25 bo: divination 日 hsk 2, rad 72 rì: sun 木 hsk 5, rad 75 🔑 mù: tree	桌子 hsk 1 **zhuōzi**: n. desk, table

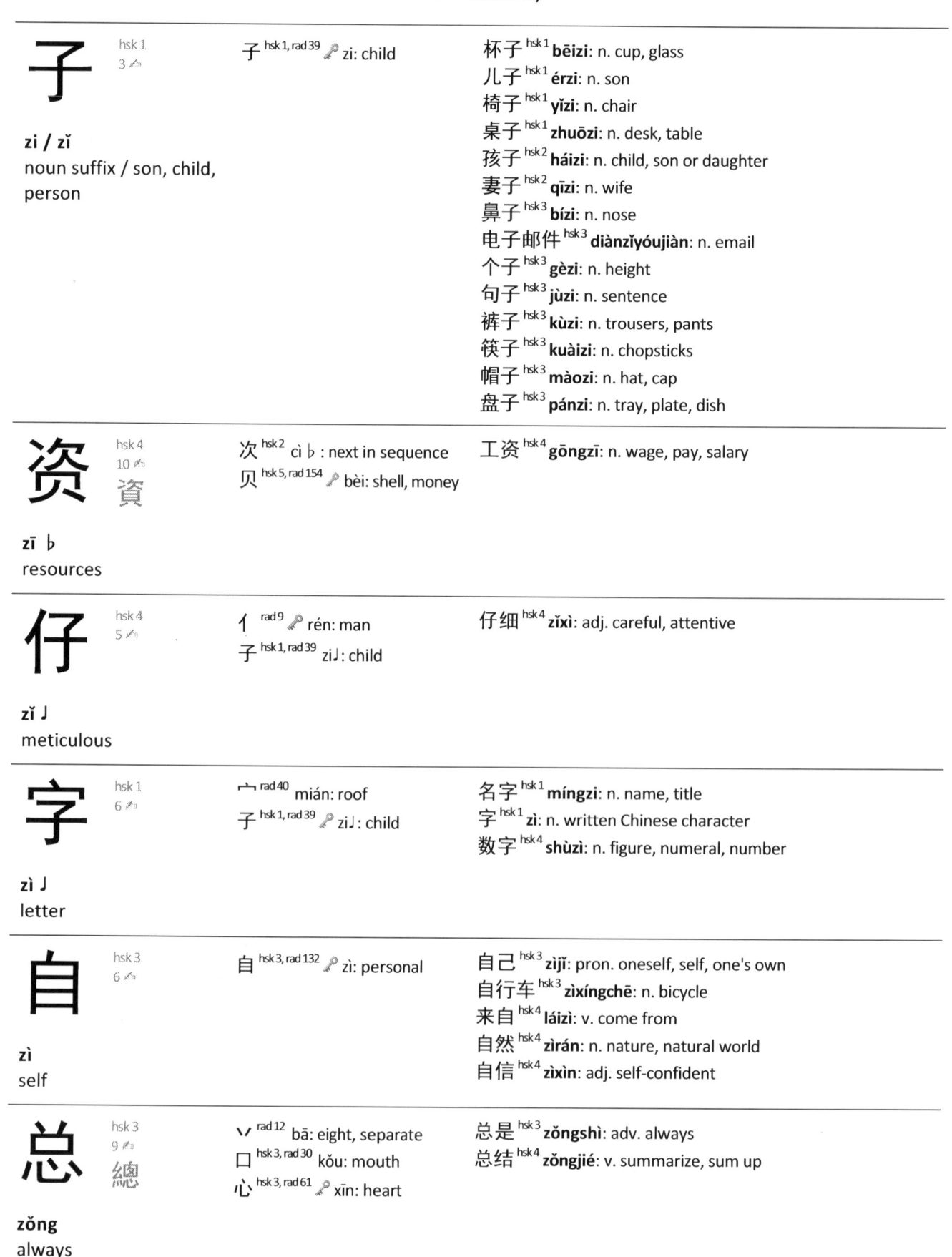

子 hsk 1 3	子 hsk 1, rad 39 🔑 zi: child	杯子 hsk 1 **bēizi**: n. cup, glass
zi / zǐ noun suffix / son, child, person		儿子 hsk 1 **érzi**: n. son 椅子 hsk 1 **yǐzi**: n. chair 桌子 hsk 1 **zhuōzi**: n. desk, table 孩子 hsk 2 **háizi**: n. child, son or daughter 妻子 hsk 2 **qīzi**: n. wife 鼻子 hsk 3 **bízi**: n. nose 电子邮件 hsk 3 **diànzǐyóujiàn**: n. email 个子 hsk 3 **gèzi**: n. height 句子 hsk 3 **jùzi**: n. sentence 裤子 hsk 3 **kùzi**: n. trousers, pants 筷子 hsk 3 **kuàizi**: n. chopsticks 帽子 hsk 3 **màozi**: n. hat, cap 盘子 hsk 3 **pánzi**: n. tray, plate, dish
资 資 hsk 4 10 zī ♭ resources	次 hsk 2 **cì** ♭: next in sequence 贝 hsk 5, rad 154 🔑 **bèi**: shell, money	工资 hsk 4 **gōngzī**: n. wage, pay, salary
仔 hsk 4 5 zǐ ↓ meticulous	亻 rad 9 🔑 **rén**: man 子 hsk 1, rad 39 **zi** ↓: child	仔细 hsk 4 **zǐxì**: adj. careful, attentive
字 hsk 1 6 zì ↓ letter	宀 rad 40 **mián**: roof 子 hsk 1, rad 39 🔑 **zi** ↓: child	名字 hsk 1 **míngzi**: n. name, title 字 hsk 1 **zì**: n. written Chinese character 数字 hsk 4 **shùzì**: n. figure, numeral, number
自 hsk 3 6 zì self	自 hsk 3, rad 132 🔑 **zì**: personal	自己 hsk 3 **zìjǐ**: pron. oneself, self, one's own 自行车 hsk 3 **zìxíngchē**: n. bicycle 来自 hsk 4 **láizì**: v. come from 自然 hsk 4 **zìrán**: n. nature, natural world 自信 hsk 4 **zìxìn**: adj. self-confident
总 總 hsk 3 9 zǒng always	丷 rad 12 **bā**: eight, separate 口 hsk 3, rad 30 **kǒu**: mouth 心 hsk 3, rad 61 🔑 **xīn**: heart	总是 hsk 3 **zǒngshì**: adv. always 总结 hsk 4 **zǒngjié**: v. summarize, sum up

Cracking Chinese Characters – HSK 1, 2, 3, 4

走 **zǒu** to walk	hsk 2 7	走 hsk 2, rad 156 🔑 zǒu: to walk	走 hsk 2 zǒu: v. leave, go away, depart, walk, go on foot
租 **zū** to hire	hsk 1 10	禾 rad 115 🔑 hé: grain 且 hsk 4 qiě: moreover	出租车 hsk 1 chūzūchē: n. taxi 租 hsk 4 zū: v. rent
足 **zú** foot	hsk 2 7	足 hsk 2, rad 157 🔑 zú: foot	踢足球 hsk 2 tīzúqiú: v. play soccer
族 **zú** ethnicity, clan	hsk 4 11	方 hsk 3, rad 70 🔑 fāng: square, direction 亻 rad 9 rén: man 矢 rad 111 shǐ: arrow	民族 hsk 4 mínzú: n. nation, nationality, ethnic group
嘴 **zuǐ ♩** mouth, beak, spout (of teapot)	hsk 3 16	口 hsk 3, rad 30 🔑 kǒu: mouth 觜 hsk ⌀ zuǐ♩: beak, spout 此 hsk 4 cǐ: this, these 角 hsk 3, rad 148 jiǎo: horn	嘴 hsk 3 zuǐ: n. mouth
最 **zuì** most	hsk 2 12	曰 rad 73 🔑 yuē: to say 耳 hsk 3, rad 128 ěr: ear 又 hsk 3, rad 29 yòu: still, hand	最 hsk 2 zuì: adv. the most 最后 hsk 3 zuìhòu: n. the last, adv. finally 最近 hsk 3 zuìjìn: n. these days; adv. recently, of late, lately; adj. nearest 最好 hsk 4 zuìhǎo: adv. had better, would be best, may as well do
尊 **zūn ♭** senior, venerate	hsk 4 12	酋 hsk ⌀ qiú: tribal chief 寸 hsk 6, rad 41 🔑 cùn ♭ : thumb	尊重 hsk 4 zūnzhòng: v. respect, esteem

昨
zuó
yesterday

- hsk 1, 9 strokes
- 日 hsk 2, rad 72 🔑 rì: sun
- 乍 hsk∅ zhà: at first
- 昨天 hsk 1 **zuótiān**: n. yesterday

左
zuǒ
left

- hsk 2, 5 strokes
- 𠂇 : hand
- 工 hsk 1, rad 48 🔑 gōng: work
- 左边 hsk 2 **zuǒbian**: n. left, left side
- 左右 hsk 4 **zuǒyòu**: n. around, about, approximately

作
zuò
to do

- hsk 1, 7 strokes
- 亻 rad 9 🔑 rén: man
- 乍 hsk∅ zhà: at first
- 工作 hsk 1 **gōngzuò**: n. job, work; v. work
- 作业 hsk 3 **zuòyè**: n. school assignment, study assignment
- 动作 hsk 4 **dòngzuò**: n. movement, action, motion
- 作家 hsk 4 **zuòjiā**: n. writer, author
- 作用 hsk 4 **zuòyòng**: n. an effect, an influence
- 作者 hsk 4 **zuòzhě**: n. author, writer

坐
zuò
to sit

- hsk 1, 7 strokes
- 人 hsk 1, rad 9 🔑 rén: man
- 人 hsk 1, rad 9 🔑 rén: man
- 土 hsk 5, rad 32 🔑 tǔ: earth
- 坐 hsk 1 **zuò**: v. sit, travel by (a vehicle)
- 乘坐 hsk 4 **chéngzuò**: v. take a ride (in a car, ship, etc.)

座
zuò
seat

- hsk 4, 10 strokes
- 广 hsk 4, rad 53 🔑 guǎng: shelter
- 坐 hsk 1 zuò🔑: to sit
- 座 hsk 4 **zuò**: nm. for buildings, mountains and similar immovable objects, n. position, seat
- 座位 hsk 4 **zuòwèi**: n. seat

做
zuò
to make

- hsk 1, 11 strokes
- 亻 rad 9 🔑 rén: man
- 故 hsk 3 gù: ancient
- 古 hsk 5 gǔ: ancient
- 攵 rad 66 pū: to bump, hand
- 做 hsk 1 **zuò**: v. be, become, do, make, produce

成

HSK level 3

chéng: accomplish, grow, become

成 = 万 + 戈

万 ^{HSK level 3} **wàn**: ten thousand
戈 ^{Radical 62} 🔑 **gē**: halberd

HSK Academy

THE 214 CHINESE RADICALS

This list displays all of the 214 radicals, even those not used in this book so that you have the global picture. They are indexed by their number from 1 to 214. Some also have various ways to be written, depending on how they combine with some others on characters. Thus, we offer their different variations. The HSK level indicated is the lowest HSK level of any character identified as being built with this radical (as a key or not). Check the HSK level to know if the radical is relevant for you to learn.

Radical N°	Radical Shape	Pinyin	Meaning / Symbolization	HSK
1	一	yī	one	1
2	丨	gǔn	line	1
3	丶	zhǔ	stroke	1
4	丿 乀 乁 乀	piě	oblique	1
5	乙 乚 ⺄ 乛 ㇁	yǐ	sickle	1
6	亅	jué	hook	1
7	二	èr	two	1
8	亠	tóu	shelter, head	1
9	人 亻 ⺅	rén	man	1
10	儿	er	child	1
11	入	rù	to enter	4
12	八 ⺷	bā	eight, separate	1
13	冂	jiōng	scope	1
14	冖	mì	to cover	1
15	冫 ⺀ `	bīng	ice	1
16	几	jǐ	table	1
17	凵	qiǎn	container	1
18	刂 刁 刀 ⺈ ⺇ 刂	dāo	knife	1
19	力	lì	force	2
20	勹	bāo	to wrap	3
21	匕	bǐ	spoon, overthrown man	1

Cracking Chinese Characters – HSK 1, 2, 3, 4

#	Radical	Pinyin	Meaning	
22	匚	fāng	open box	3
23	匸	xì	to hide, box	1
24	十	shí	ten	1
25	卜 ⺊	bo	divination	1
26	卩	jié	seal	1
27	厂	chǎng	production facility	3
28	厶	sī	secret	1
29	又 ㄡ	yòu	still, hand	1
30	口	kǒu	mouth	1
31	囗	wéi	enclosure	1
32	土	tǔ	earth	1
33	士	shì	scholar	3
34	夂	zhǐ	to go	1
35	夊	suī	go slowly	3
36	夕	xī	evening	1
37	大	dà	big	1
38	女	nǔ	woman	1
39	子	zi	child	1
40	宀	mián	roof	1
41	寸	cùn	thumb	1
42	小 ⺌ ⺍	xiǎo	small	1
43	尢	yóu	weak	2
44	尸	shī	dead body	1
45	屮	chè	germ	∅
46	山	shān	mountain	1
47	川 巛	chuān	river	4
48	工	gōng	work	1
49	己	jǐ	personal	1
50	巾	jīn	turban	1

51	干	gàn / gān	to do, dry	1
52	幺	yāo	tiny	4
53	广	guǎng	shelter	1
54	廴	yǐn	great stride	3
55	廾	gǒng	two hands	1
56	弋	yì	retrievable arrow *attached to a string, to grab something*	4
57	弓	gōng	bow	2
58	彐 彑	jì	snout	2
59	彡	shān	beard, brush	1
60	彳	chì	walk around	1
61	心 忄 忄	xīn	heart	1
62	戈	gē	halberd	1
63	户	hù	gate	2
64	手 扌 *written 才 for the character 才 cái*	shǒu	hand	1
65	支	zhī	branch	4
66	攴 攵	pū	to bump, hand	1
67	文	wén	writing	1
68	斗	dòu	measurer	3
69	斤	jīn	axe, 500 grams	1
70	方	fāng	square, direction	2
71	无	wú	without	4
72	日	rì	sun	1
73	曰	yuē	to say	1
74	月	yuè	moon	1
75	木 朩 *archaic variant*	mù	tree	1
76	欠	qiàn	tired	1
77	止	zhǐ	to stop	1
78	歹	dǎi	death	4
79	殳	shū	weapon	1

Cracking Chinese Characters – HSK 1, 2, 3, 4

80	母 毋 毌	mǔ	mother	2
81	比	bǐ	to confront	1
82	毛	máo	fur	2
83	氏	shì	clan	1
84	气	qì	air	1
85	水 氵 氺	shuǐ	water	1
86	火 灬	huǒ	fire	1
87	爪 ⺥	zhǎo	claw	1
88	父	fù	father	1
89	爻	yáo	double	6
90	爿 丬	pán	split wood	4
91	片	piàn	slice	3
92	牙	yá	tooth, ivory	2
93	牛 牜 ⽜	niú	beef	2
94	犬 犭	quǎn	dog	1
95	玄	xuán	deep	6
96	王 玉	yù	jade *the king is symbolized by a jade (王) and the jade is explicited as the stone with an additional stroke (玉)*	1
97	瓜	guā	melon	2
98	瓦	wǎ	tile	3
99	甘	gān	sweet	3
100	生	shēng	be born	1
101	用	yòng	to use	3
102	田	tián	field	1
103	疋 ⺪	pǐ	roll, piece of cloth	2
104	疒	nè	disease	2
105	癶	bō	to go up	4
106	白	bái	white	1
107	皮	pí	skin	3
108	皿	mǐn	container	2

109	目	mù	eye	1
110	矛	máo	spear	5
111	矢	shǐ	arrow	1
112	石	shí	stone	3
113	示 礻	shì	to venerate, to show	1
114	禸	róu	get away	2
115	禾	hé	grain	1
116	穴	xué	cave, swing door	2
117	立	lì	standing up	2
118	竹 ケ	shì	bamboo	2
119	米	mǐ	rice	1
120	糸 纟	mì	silk	1
121	缶	fǒu	jar	4
122	网 罒	wǎng	net	2
123	羊 羋 羊	yáng	sheep	1
124	羽	yǔ	feather	4
125	老 耂	lǎo	old	1
126	而	ér	and	3
127	耒	lěi	plow	5
128	耳	ěr	ear	2
129	聿 聿	yù	brush	2
130	肉 月	ròu	meat	1
131	臣	chén	minister	5
132	自	zì	personal	2
133	至	zhì	to reach	2
134	臼	jiù	mortar	5
135	舌	shé	tongue	1
136	舛	chuǎn	to oppose	2
137	舟	zhōu	boat	3

138	艮	gěn	decided	1
139	色	sè	color	2
140	艹 艸	cǎo	vegetal	1
141	虍	hū	tiger	4
142	虫	chóng	insect	2
143	血	xuè	blood	5
144	行	háng / xíng	professional / circulate	3
145	衣 衤	yī	cloth	1
146	西 覀	xī	west, lid	1
147	见	jiàn	to see	1
148	角	jiǎo	horn	3
149	讠言	yán	speech	1
150	谷	gǔ	valley	3
151	豆	dòu	pea	3
152	豕	chù	pig	1
153	豸	zhì	feline, cat family	4
154	贝	bèi	shell, money	2
155	赤	chì	red	6
156	走	zǒu	to walk	1
157	足	zú	foot	2
158	身	shēn	body	1
159	车	chē	car	1
160	辛	xīn	bitter	4
161	辰	chén	morning	5
162	辶	chuò	brisk walking	1
163	阝 (邑) *right side of the character*	yì	city	1
164	酉	yǒu	alcohol	3
165	采	biàn	to distinguish	4
166	里	lǐ	inside, neighborhood	1

167	金 钅	jīn	gold, metal	1
168	长	cháng / zhǎng	long / senior	2
169	门	mén	gate	1
170	阝 (阜) *left side of the character*	fù	mound	1
171	隶	lì	servant	3
172	隹	zhuī	short-tailed bird	1
173	雨	yǔ	rain	1
174	青	qīng	blue/green	1
175	非	fēi	false, not to be	2
176	面	miàn	face	1
177	革	gé	leather	3
178	韦	wéi	tanned leather	4
179	韭	jiǔ	leek	∅
180	音	yīn	sound	2
181	页	yè	head, leaf	2
182	风	fēng	wind	3
183	飞	fēi	to fly	1
184	饣 食	shí	to eat	1
185	首	shǒu	head	2
186	香	xiāng	perfume	3
187	马	mǎ	horse	1
188	骨	gǔ	bone	5
189	高	gāo	high	1
190	髟	biāo	hair	5
191	鬥	dòu	fight	∅
192	鬯	chàng	sacrificial wine	∅
193	鬲	gé	cauldron	5
194	鬼	guǐ	ghost	5
195	鱼	yú	fish	2

Cracking Chinese Characters – HSK 1, 2, 3, 4

196	鸟	niǎo	bird	2
197	卤	lǔ	salt	∅
198	鹿	lù	deer	∅
199	麦	mài	corn	5
200	麻	má	hemp	4
201	黄	huáng	yellow	3
202	黍	shǔ	millet	∅
203	黑	hēi	black	2
204	黹	zhǐ	embroidery	∅
205	黾	miǎn	frog	5
206	鼎	dǐng	tripod	∅
207	鼓	gǔ	drum	4
208	鼠	shǔ	rat	5
209	鼻	bí	nose	3
210	齐	qí	regular	4
211	齿	chǐ	tooth, wheelwork	4
212	龙	lóng	dragon	5
213	龟	guī	tortoise	∅
214	龠	yuè	flute	∅

Oracle bone script for 犬 犭 quǎn: dog (radical 94)

Oracle bone script was the earliest known Chinese writing. Characters were carved on animal bones or turtle plastrons and used in divination in the late second millennium BCE. Many modern radicals and characters derivate from them.

HSK Academy

We complete the preceding 214 radicals with a list of unidentified strokes, which is short but useful to go deeper in deciphering characters and not leaving some strokes with question marks. As they are unidentified, they have no known pinyin.

Unidentified strokes	Meaning / Symbolization	HSK
ナ	hand	2
ツ	lines / fingers	2
圭	remnant from primitive pictograph 束, a tree with thorns	2
壵	remnant from primitive pictograph 枾, flax	3
厂	no meaning	1
乂	no meaning	2
乄	no meaning	2
ス	no meaning	2
レ	no meaning	2
丆	no meaning	3
尸	no meaning	3
／	no meaning	4
乌	no meaning	4
マ	no meaning	4
キ	no meaning	4
乙	no meaning	4

Oracle bone script for 马 mǎ: horse (radical 187)

HSK Academy

PINYIN INDEX

This index helps you find any simplified writing for any character, with its hsk level (right) and pinyin (below). Character are **sorted by pinyin in alphabetic order**, from top to bottom, left to right.

A	败 bài [4]	杯 bēi [1]	标 biāo [4]	猜 cāi [4]	常 cháng [2]	除 chú [3]	粗 cū [4]	导 dǎo [4]	电 diàn [1]	段 duàn [3]
啊 a [3]	拜 bài [4]	北 běi [2]	表 biǎo [2]	才 cái [3]	场 chǎng [4]	厨 chú [4]	存 cún [4]	到 dào [2]	店 diàn [1]	断 duàn [4]
阿 ā [3]	班 bān [2]	备 bèi [4]	别 bié [2]	材 cái [4]	唱 chàng [2]	础 chǔ [4]	错 cuò [2]	倒 dào [4]	调 diào/tiáo [4]	锻 duàn [4]
矮 ǎi [3]	般 bān [4]	倍 bèi [4]	宾 bīn [3]	彩 cǎi [4]	超 chāo [3]	楚 chǔ [4]	D	道 dào [2]	掉 diào [4]	队 duì [4]
爱 ài [1]	搬 bān [3]	被 bèi [3]	冰 bīng [3]	菜 cài [1]	车 chē [1]	处 chù [4]	答 dá [3]	地 de/dì [3]	定 dìng [3]	对 duì [1]
安 ān [3]	板 bǎn [3]	本 běn [2]	饼 bǐng [3]	参 cān [3]	衬 chèn [3]	穿 chuān [2]	打 dǎ [1]	的 de/dì [1]	丢 diū [4]	多 duō [1]
按 àn [4]	办 bàn [3]	笨 bèn [4]	并 bìng [4]	餐 cān [3]	成 chéng [3]	传 chuán [4]	大 dà/dài [1]	得 de/dé [2]	东 dōng [1]	朵 duǒ [4]
案 àn [4]	半 bàn [3]	鼻 bí [3]	病 bìng [3]	草 cǎo [3]	诚 chéng [4]	船 chuán [3]	带 dài [3]	灯 dēng [3]	冬 dōng [3]	E
傲 ào [4]	扮 bàn [4]	比 bǐ [2]	播 bō [3]	厕 cè [4]	城 chéng [3]	窗 chuāng [4]	袋 dài [4]	登 dēng [4]	懂 dǒng [2]	饿 è [3]
B	帮 bāng [2]	笔 bǐ [3]	博 bó [4]	层 céng [4]	乘 chéng [4]	床 chuáng [2]	戴 dài [4]	等 děng [2]	动 dòng [2]	儿 er [1]
吧 ba [2]	棒 bàng [4]	必 bì [3]	膊 bó [4]	查 chá [3]	程 chéng [4]	春 chūn [3]	单 dān [3]	低 dī [4]	都 dōu/dū [1]	而 ér [3]
八 bā [1]	包 bāo [3]	毕 bì [4]	不 bù [1]	茶 chá [1]	吃 chī [1]	词 cí [3]	担 dān [4]	底 dǐ [4]	读 dú [1]	尔 ěr [3]
把 bǎ [3]	饱 bǎo [3]	边 biān [2]	步 bù [4]	察 chá [4]	迟 chí [3]	此 cǐ [4]	但 dàn [3]	弟 dì [2]	堵 dǔ [4]	耳 ěr [3]
爸 bà [1]	保 bǎo [4]	变 biàn [3]	部 bù [4]	差 chà/chāi [3]	持 chí [4]	次 cì [2]	蛋 dàn [3]	第 dì [2]	肚 dù [4]	二 èr [1]
白 bái [2]	报 bào [2]	便 biàn [3]	C	长 cháng/zhǎng [2]	抽 chōu [4]	聪 cōng [3]	当 dāng/dàng [3]	典 diǎn [4]	度 dù [4]	F
百 bǎi [2]	抱 bào [3]	遍 biàn [4]	擦 cā [4]	尝 cháng [4]	出 chū [1]	从 cóng [2]	刀 dāo [3]	点 diǎn [1]	短 duǎn [3]	发 fā [3]

182

Cracking Chinese Characters – HSK 1, 2, 3, 4

法 fǎ 3	风 fēng 3	改 gǎi 4	各 gè 4	瓜 guā 4	**H**	盒 hé 4	画 huà 1	获 huò 4	记 jì 3	检 jiǎn 3
翻 fān 4	封 fēng 4	概 gài 4	给 gěi 2	刮 guā 4	还 hái/huán 2	贺 hè 4	话 huà 1	**J**	纪 jì 4	简 jiǎn 3
烦 fán 4	否 fǒu 4	赶 gǎn 4	根 gēn 3	挂 guà 4	孩 hái 3	黑 hēi 2	怀 huái 4	级 jí 3	技 jì 4	见 jiàn 1
反 fǎn 4	夫 fū 4	敢 gǎn 4	跟 gēn 3	怪 guài 4	海 hǎi 3	很 hěn 1	坏 huài 3	机 jī 1	际 jì 4	件 jiàn 2
饭 fàn 1	肤 fū 4	感 gǎn 3	更 gèng 3	关 guān 3	害 hài 3	红 hóng 2	欢 huān 1	鸡 jī 2	季 jì 3	建 jiàn 4
方 fāng 3	服 fú 3	干 gān/gàn 3	工 gōng 1	观 guān 4	寒 hán 4	后 hòu 1	环 huán 3	积 jī 4	既 jì 4	健 jiàn 3
房 fáng 2	符 fú 4	刚 gāng 3	公 gōng 2	馆 guǎn 3	汉 hàn 1	厚 hòu 4	换 huàn 3	基 jī 4	济 jì 4	键 jiàn 4
放 fàng 3	福 fú 4	钢 gāng 4	功 gōng 4	管 guǎn 4	汗 hàn 4	候 hòu 1	黄 huáng 3	激 jī 4	继 jì 4	江 jiāng 4
飞 fēi 1	父 fù 1	高 gāo 1	供 gōng 4	惯 guàn 3	行 háng/xíng 3	乎 hū 3	回 huí 1	及 jí 3	绩 jì 4	将 jiāng 3
非 fēi 2	付 fù 2	膏 gāo 4	共 gòng 2	光 guāng 1	航 háng 4	呼 hū 4	悔 huǐ 4	级 jí 2	寄 jì 4	讲 jiǎng 3
啡 fēi 2	负 fù 4	糕 gāo 3	狗 gǒu 1	广 guǎng 4	好 hǎo/hào 1	虎 hǔ 4	会 huì 1	即 jí 4	加 jiā 3	奖 jiǎng 4
肥 féi 4	附 fù 4	告 gào 3	购 gòu 4	逛 guàng 4	号 hào 1	互 hù 4	婚 hūn 4	极 jí 3	家 jiā 1	降 jiàng 4
费 fèi 4	复 fù 4	哥 gē 1	够 gòu 4	规 guī 4	喝 hē 3	户 hù 4	活 huó 2	急 jí 3	假 jiǎ/jià 4	交 jiāo 3
分 fēn 1	傅 fù 4	胳 gē 4	估 gū/gù 4	贵 guì 2	合 hé 4	护 hù 3	火 huǒ 2	籍 jí 4	价 jià 4	郊 jiāo 4
份 fèn 4	富 fù 4	歌 gē 1	鼓 gǔ 4	国 guó 1	何 hé 4	花 huā 3	伙 huǒ 4	几 jǐ 1	坚 jiān 4	骄 jiāo 4
奋 fèn 4	**G**	格 gé 4	故 gù 3	果 guǒ 1	和 hé 1	化 huà 3	或 huò 3	己 jǐ 3	间 jiān 2	蕉 jiāo 4
丰 fēng 4	该 gāi 3	个 gè 1	顾 gù 4	过 guò 1	河 hé 3	划 huà 4	货 huò 4	计 jì 3	减 jiǎn 4	角 jiǎo 4

饺 jiǎo 4	斤 jīn 3	竟 jìng 4	据 jù 3	渴 kě 3	矿 kuàng 4	礼 lǐ 3	炼 liàn 4	六 liù 1	卖 mài 2	梦 mèng 4
脚 jiǎo 3	金 jīn 4	境 jìng 3	距 jù 3	克 kè 4	困 kùn 4	李 lǐ 2	凉 liáng 4	楼 lóu 3	满 mǎn 4	迷 mí 4
叫 jiào 1	仅 jǐn 4	静 jìng 3	聚 jù 4	刻 kè 3	**L**	里 lǐ 1	两 liǎng 2	旅 lǚ 2	慢 màn 2	米 mǐ 3
觉 jiào/jué 1	尽 jǐn/jìn 4	镜 jìng 4	决 jué 3	客 kè 3	垃 lā 4	理 lǐ 3	亮 liàng 1	路 lù 2	漫 màn 4	密 mì 4
较 jiào 3	紧 jǐn 3	究 jiū 4	绝 jué 4	课 kè 2	拉 lā 4	力 lì 2	谅 liàng 4	律 lǜ 4	忙 máng 2	免 miǎn 4
教 jiào 2	近 jìn 2	九 jiǔ 1	**K**	肯 kěn 4	辣 là 4	历 lì 3	辆 liàng 3	虑 lǜ 4	猫 māo 3	面 miàn 1
接 jiē 3	进 jìn 2	久 jiǔ 3	咖 kā 2	空 kōng 3	来 lái 1	厉 lì 4	量 liàng/liáng 4	绿 lǜ 3	毛 máo 4	秒 miǎo 4
街 jiē 3	禁 jìn 4	酒 jiǔ 3	卡 kǎ 4	恐 kǒng 3	蓝 lán 3	丽 lì 4	聊 liáo 3	乱 luàn 4	冒 mào 4	民 mín 4
节 jié 3	京 jīng 1	旧 jiù 3	开 kāi 1	口 kǒu 3	篮 lán 3	利 lì 4	料 liào 3	论 lùn 4	帽 mào 3	名 míng 1
结 jié 3	经 jīng 2	就 jiù 2	看 kàn 1	哭 kū 4	懒 lǎn 4	励 lì 4	列 liè 4	落 luò 3	貌 mào 4	明 míng 1
姐 jiě 1	惊 jīng 3	居 jū 4	康 kāng 3	苦 kǔ 4	浪 làng 4	例 lì 3	邻 lín 4	**M**	么 me 1	命 mìng 4
解 jiě 3	睛 jīng 2	局 jú 4	考 kǎo 3	裤 kù 4	老 lǎo 1	俩 liǎ 4	林 lín 4	吗 ma 1	没 méi 1	末 mò 4
介 jiè 3	精 jīng 4	举 jǔ 4	烤 kǎo 4	块 kuài 1	了 le/liǎo 1	连 lián 3	零 líng 2	妈 mā 1	每 měi 2	默 mò 4
界 jiè 3	景 jǐng 4	句 jù 3	科 kē 4	快 kuài 2	乐 lè/yuè 2	怜 lián 4	龄 líng 4	麻 má 4	美 měi 3	母 mǔ 3
借 jiè 3	警 jǐng 4	拒 jù 4	棵 kē 4	筷 kuài 3	累 lèi 3	联 lián 4	另 lìng 4	马 mǎ 3	妹 mèi 2	目 mù 4
巾 jīn 4	净 jìng 4	具 jù 3	咳 ké/hāi 4	款 kuǎn 4	冷 lěng 1	脸 liǎn 3	流 liú 4	码 mǎ 4	们 men 1	慕 mù 4
今 jīn 1	竟 jìng 4	剧 jù 4	可 kě 2	况 kuàng 4	离 lí 2	练 liàn 3	留 liú 3	买 mǎi 1	门 mén 2	**N**

Cracking Chinese Characters – HSK 1, 2, 3, 4

拿 ná [3]	您 nín [2]	胖 pàng [3]	苹 píng [1]	汽 qì [2]	晴 qíng [2]	然 rán [4]	三 sān [1]	社 shè [4]	拾 shí [4]	收 shōu [4]
哪 nǎ [1]	牛 niú [2]	跑 pǎo [2]	瓶 píng [3]	千 qiān [3]	请 qǐng [1]	染 rǎn [4]	伞 sǎn [3]	申 shēn [4]	史 shǐ [4]	手 shǒu [2]
那 nà [1]	弄 nòng [4]	陪 péi [4]	泼 pō [4]	铅 qiān [4]	穷 qióng [4]	让 ràng [2]	散 sàn [4]	身 shēn [3]	使 shǐ [3]	首 shǒu [4]
奶 nǎi [2]	努 nǔ [3]	朋 péng [1]	破 pò [4]	签 qiān [4]	秋 qiū [3]	扰 rǎo [4]	扫 sǎo [3]	深 shēn [4]	始 shǐ [3]	受 shòu [4]
耐 nài [4]	女 nǚ [1]	批 pī [4]	葡 pú [4]	前 qián [1]	求 qiú [3]	热 rè [1]	色 sè [2]	什 shén [1]	士 shì [4]	售 shòu [4]
男 nán [2]	暖 nuǎn [4]	皮 pí [3]	普 pǔ [4]	钱 qián [2]	球 qiú [2]	人 rén [1]	森 sēn [4]	甚 shèn [4]	世 shì [3]	授 shòu [4]
南 nán [3]	**O**	啤 pí [3]	**Q**	歉 qiàn [4]	区 qū [4]	认 rèn [2]	沙 shā [4]	生 shēng [1]	市 shì [3]	瘦 shòu [4]
难 nán [3]	偶 ǒu [4]	脾 pí [4]	七 qī [1]	敲 qiāo [4]	取 qǔ [4]	任 rèn [4]	山 shān [3]	声 shēng [3]	示 shì [4]	书 shū [1]
恼 nǎo [4]	**P**	篇 piān [4]	妻 qī [2]	桥 qiáo [4]	去 qù [1]	扔 rēng [4]	衫 shān [4]	省 shěng [4]	式 shì [4]	叔 shū [3]
脑 nǎo [1]	爬 pá [3]	片 piàn [4]	戚 qī [4]	巧 qiǎo [4]	趣 qù [3]	仍 réng [4]	伤 shāng [4]	剩 shèng [4]	事 shì [1]	舒 shū [3]
闹 nào [4]	怕 pà [3]	骗 piàn [4]	期 qī [3]	且 qiě [4]	全 quán [3]	日 rì [1]	商 shāng [3]	匙 shi [4]	视 shì [3]	输 shū [4]
呢 ne [1]	排 pái [3]	票 piào [2]	其 qí [3]	切 qiè [4]	泉 quán [4]	容 róng [3]	上 shàng [1]	失 shī [4]	试 shì [2]	熟 shú [4]
内 nèi [4]	牌 pái [4]	漂 piào [2]	奇 qí [3]	亲 qīn [3]	缺 quē [4]	肉 ròu [2]	烧 shāo [4]	师 shī [2]	室 shì [2]	暑 shǔ [4]
能 néng [1]	盘 pán [4]	聘 pìn [4]	骑 qí [3]	琴 qín [4]	却 què [4]	如 rú [3]	稍 shāo [4]	十 shí [1]	是 shì [1]	术 shù [4]
你 nǐ [1]	判 pàn [4]	兵 pīng [4]	起 qǐ [1]	轻 qīng [3]	确 què [4]	入 rù [4]	勺 sháo [4]	时 shí [1]	柿 shì [4]	束 shù [4]
年 nián [1]	乓 pāng [4]	平 píng [3]	气 qì [1]	清 qīng [3]	裙 qún [3]	**S**	少 shǎo [1]	识 shí [2]	适 shì [4]	树 shù [3]
鸟 niǎo [3]	旁 páng [3]	评 píng [4]	弃 qì [4]	情 qíng [3]	**R**	赛 sài [3]	绍 shào [4]	实 shí [3]	释 shì [4]	数 shù [2]

刷 shuā 3	速 sù 4	谈 tán 4	填 tián 4	脱 tuō 4	喂 wéi/wèi 1	**X**	咸 xián 4	效 xiào 4	熊 xióng 3	牙 yá 4
帅 shuài 4	塑 sù 4	弹 tán 4	条 tiáo 2	**W**	卫 wèi 4	吸 xī 4	险 xiǎn 4	校 xiào 1	休 xiū 2	亚 yà 4
双 shuāng 3	酸 suān 4	汤 tāng 4	跳 tiào 2	袜 wà 4	位 wèi 1	西 xī 1	现 xiàn 1	笑 xiào 1	修 xiū 4	烟 yān 4
谁 shuí 1	算 suàn 3	糖 táng 4	铁 tiě 3	外 wài 2	味 wèi 4	希 xī 1	线 xiàn 4	些 xiē 1	羞 xiū 4	严 yán 4
水 shuǐ 1	虽 suī 2	躺 tǎng 4	厅 tīng 3	完 wán 2	温 wēn 1	息 xī 4	羡 xiàn 4	鞋 xié 3	秀 xiù 4	言 yán 4
睡 shuì 1	随 suí 4	趟 tàng 4	听 tīng 1	玩 wán 1	文 wén 1	悉 xī 4	相 xiāng 1	写 xiě 1	须 xū 4	研 yán 4
顺 shùn 4	岁 suì 1	萄 táo 4	停 tíng 4	晚 wǎn 1	闻 wén 4	惜 xī 4	香 xiāng 4	谢 xiè 1	需 xū 3	盐 yán 4
说 shuō 1	孙 sūn 4	讨 tǎo 4	挺 tǐng 4	碗 wǎn 3	问 wèn 1	习 xí 1	箱 xiāng 3	心 xīn 1	许 xǔ 3	颜 yán 2
硕 shuò 4	所 suǒ 1	特 tè 4	通 tōng 1	万 wàn 3	我 wǒ 1	洗 xǐ 2	详 xiáng 4	辛 xīn 4	序 xù 4	眼 yǎn 3
司 sī 2	**T**	疼 téng 4	同 tóng 1	网 wǎng 3	污 wū 4	喜 xǐ 1	响 xiǎng 3	新 xīn 1	续 xù 4	演 yǎn 4
思 sī 2	他 tā 1	梯 tī 4	童 tóng 4	往 wǎng 4	无 wú 1	戏 xì 1	想 xiǎng 1	信 xìn 2	选 xuǎn 4	厌 yàn 4
死 sǐ 4	它 tā 2	踢 tī 4	桶 tǒng 4	忘 wàng 3	五 wǔ 1	系 xì 4	向 xiàng 3	星 xīng 2	学 xué 4	验 yàn 4
四 sì 1	她 tā 1	提 tí 4	头 tóu 4	望 wàng 3	午 wǔ 1	细 xì 4	象 xiàng 4	醒 xǐng 4	雪 xuě 4	扬 yáng 4
松 sōng 4	台 tái 1	题 tí 4	突 tū 4	危 wēi 1	舞 wǔ 4	下 xià 1	像 xiàng 4	兴 xìng 1	**Y**	羊 yáng 4
送 sòng 4	抬 tái 2	体 tǐ 4	图 tú 3	微 wēi 1	务 wù 4	夏 xià 4	橡 xiàng 4	姓 xìng 1	呀 ya 4	阳 yáng 3
嗽 sòu 4	太 tài 1	天 tiān 4	推 tuī 4	为 wéi/wèi 4	物 wù 3	先 xiān 1	消 xiāo 4	幸 xìng 1	压 yā 4	洋 yáng 4
诉 sù 2	态 tài 4	甜 tián 4	腿 tuǐ 4	围 wéi 4	误 wù 4	鲜 xiān 1	小 xiǎo 1	性 xìng	鸭 yā	养 yǎng 4

Cracking Chinese Characters – HSK 1, 2, 3, 4

样¹ yàng	疑⁴ yí	引⁴ yǐn	邮³ yóu	预⁴ yù	运² yùn	展⁴ zhǎn	争⁴ zhēng	纸¹ zhǐ	助² zhù	走² zǒu
邀⁴ yāo	已² yǐ	饮² yǐn	油⁴ yóu	遇³ yù	**Z**	占⁴ zhàn	整⁴ zhěng	指² zhǐ	注⁴ zhù	租¹ zū
药² yào	以² yǐ	印⁴ yìn	游² yóu	元³ yuán	杂 zá	站² zhàn	正² zhèng	至⁴ zhì	祝² zhù	足² zú
要² yào	椅² yǐ	应 yīng/yìng	友¹ yǒu	员⁴ yuán	再¹ zài	张³ zhāng	证⁴ zhèng	志⁴ zhì	著⁴ zhù	族³ zú
钥⁴ yào	忆⁴ yì	迎² yíng	有¹ yǒu	园³ yuán	在¹ zài	章⁴ zhāng	之⁴ zhī	质⁴ zhì	专⁴ zhuān	嘴³ zuǐ
爷³ yé	艺⁴ yì	赢⁴ yíng	又³ yòu	原⁴ yuán	咱 zán	丈⁴ zhàng	支⁴ zhī	中¹ zhōng	转⁴ zhuǎn	最² zuì
也² yě	议⁴ yì	影² yǐng	右³ yòu	远² yuǎn	暂⁴ zàn	招⁴ zhāo	汁⁴ zhī	终⁴ zhōng	赚⁴ zhuàn	尊⁴ zūn
业³ yè	译⁴ yì	永⁴ yǒng	于² yú	院¹ yuàn	脏 zāng/zàng	着 zháo/zhe	只³ zhī/zhǐ	钟¹ zhōng	准² zhǔn	昨¹ zuó
叶⁴ yè	易⁴ yì	泳² yǒng	鱼² yú	愿³ yuàn	早¹ zǎo	找² zhǎo	知¹ zhī	种³ zhǒng	桌¹ zhuō	左¹ zuǒ
页⁴ yè	谊⁴ yì	勇⁴ yǒng	愉⁴ yú	约⁴ yuē	澡⁴ zǎo	照³ zhào	直³ zhí	众⁴ zhòng	子 zi/zǐ	作¹ zuò
一¹ yī	意² yì	用² yòng	与 yǔ/yù	月¹ yuè	则⁴ zé	折⁴ zhé	值⁴ zhí	重⁴ zhòng	资¹ zī	坐¹ zuò
衣¹ yī	因¹ yīn	优⁴ yōu	羽⁴ yǔ	阅⁴ yuè	择⁴ zé	者³ zhě	职⁴ zhí	周⁴ zhōu	仔⁴ zǐ	座⁴ zuò
医¹ yī	阴⁴ yīn	幽⁴ yōu	雨² yǔ	越² yuè	责⁴ zé	这¹ zhè	植⁴ zhí	洲⁴ zhōu	字¹ zì	做¹ zuò
宜² yí	音³ yīn	尤⁴ yóu	语² yǔ	云⁴ yún	怎¹ zěn	针⁴ zhēn	止⁴ zhǐ	主³ zhǔ	自¹ zì	
姨³ yí	银³ yín	由³ yóu	育³ yù	允⁴ yǔn	增⁴ zēng	真¹ zhēn	址⁴ zhǐ	住¹ zhù	总³ zǒng	

HSK Academy

RADICAL INDEX

This index helps you find characters' simplified writing, pinyin (below) and hsk level (right), based on the knowledge of the key radical just like in a traditional dictionary of Chinese. Characters are **sorted by their key radical, from 1 to 214, then pinyin in alphabetic order**, from top to bottom, left to right. Key radicals not related to characters of HSK levels 1 to 4 are not included.

rad 1 yī one	一 yī 1	乘 chéng 4	习 xí 1	rad 8 tóu shelter, head	低 dī 4	借 jiè 3	他 tā 1	做 zuò 1	八 bā 1	rad 14 mì to cover
不 bù 1	与 yǔ 4	丢 diū 3	也 yě 2	交 jiāo 4	份 fèn 4	仅 jǐn 4	体 tǐ 2	rad 10 ér child	典 diǎn 4	写 xiě 1
东 dōng 1	丈 zhàng 2	乎 hū 3	rad 6 jué hook	京 jīng 2	付 fù 4	今 jīn 1	停 tíng 4	儿 ér 1	共 gòng 3	rad 15 bīng ice
丽 lì 4	专 zhuān 4	久 jiǔ 3	了 le/liǎo 1	亮 liàng 3	傅 fù 4	例 lì 3	位 wèi 3	光 guāng 1	公 gōng 2	冰 bīng 3
两 liǎng 2	rad 2 gǔn line	乐 lè/yuè 2	事 shì 1	亲 qīn 3	供 gōng 4	俩 liǎ 4	像 xiàng 3	克 kè 4	关 guān 2	次 cì 2
七 qī 1	丰 fēng 4	么 me 1	争 zhēng 4	rad 9 rén man	估 gū/gù 4	们 men 1	信 xìn 3	免 miǎn 4	具 jù 4	冬 dōng 3
且 qiě 4	个 gè 1	兵 pāng 4	rad 7 èr two	傲 ào 4	何 hé 3	你 nǐ 1	休 xiū 2	先 xiān 3	六 liù 1	减 jiǎn 4
三 sān 1	中 zhōng 1	乒 pīng 4	二 èr 1	保 bǎo 4	候 hòu 2	偶 ǒu 4	修 xiū 4	元 yuán 3	其 qí 3	净 jìng 3
上 shàng 1	rad 3 zhǔ stroke	之 zhī 4	互 hù 4	倍 bèi 4	会 huì 1	人 rén 1	以 yǐ 2	允 yǔn 4	兴 xìng 3	决 jué 3
世 shì 3	举 jǔ 4	rad 5 yǐ sickle	五 wǔ 1	便 biàn 2	伙 huǒ 4	任 rèn 3	优 yōu 3	rad 11 rù to enter	养 yǎng 4	况 kuàng 4
万 wàn 3	为 wéi/wèi 2	九 jiǔ 1	些 xiē 1	传 chuán 4	价 jià 2	伞 sǎn 4	值 zhí 4	全 quán 3	rad 13 jiōng scope	冷 lěng 2
下 xià 1	主 zhǔ 3	乱 luàn 4	亚 yà 4	从 cóng 2	假 jiǎ 3	伤 shāng 4	众 zhòng 4	入 rù 4	冒 mào 4	凉 liáng 4
严 yán 4	rad 4 piě oblique	买 mǎi 1	于 yú 2	但 dàn 4	件 jiàn 2	什 shén 1	住 zhù 1	rad 12 bā eight, separate	内 nèi 3	准 zhǔn 2
业 yè 3		书 shū 1	云 yún 4	倒 dào 4	健 jiàn 3	使 shǐ 3	仔 zǐ 4		再 zài 1	
					介 jiè 4		作 zuò 1			

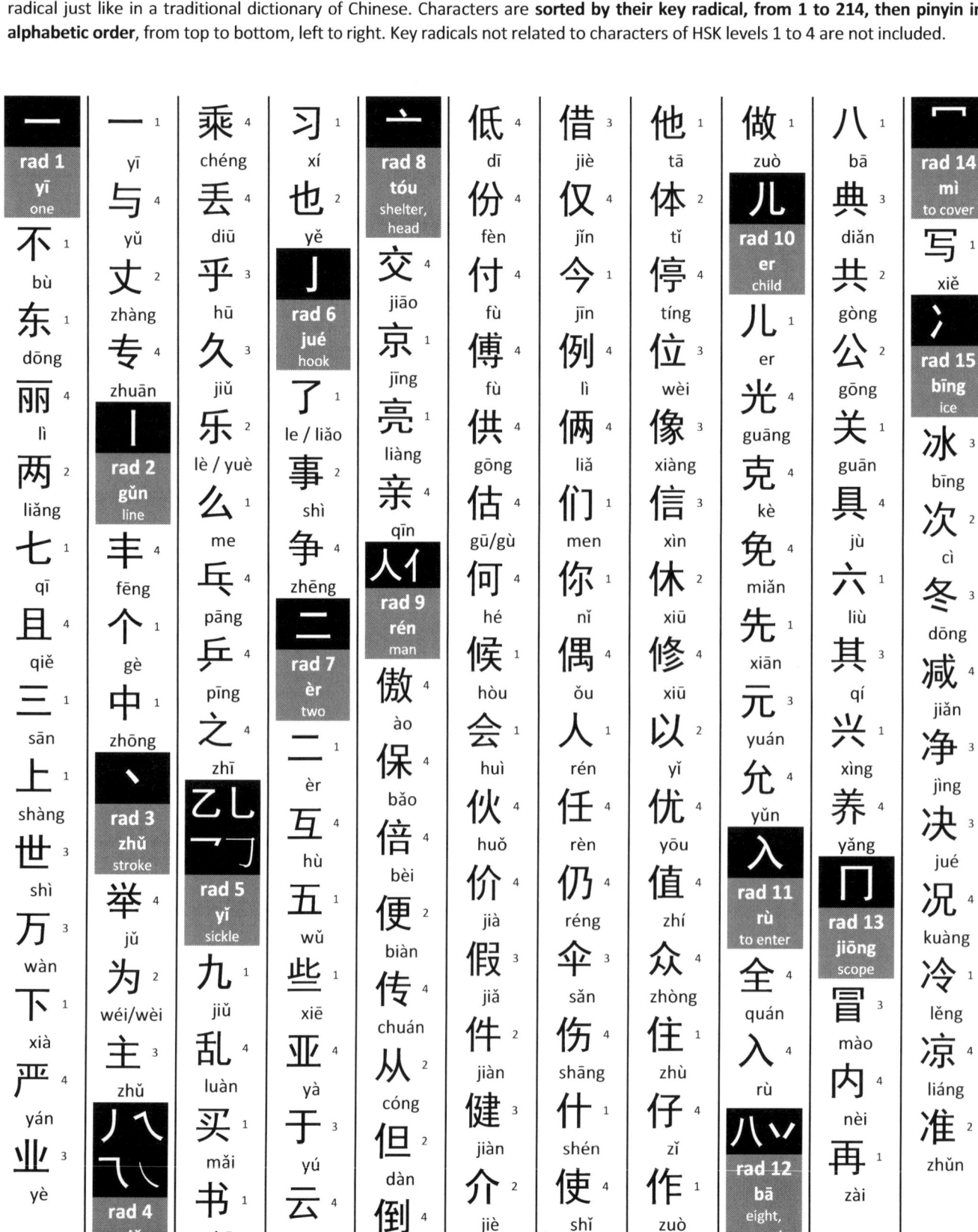

188

Cracking Chinese Characters – HSK 1, 2, 3, 4

rad 16 — 几 jī table
- 几 jǐ 1

rad 17 — 凵 qiǎn container
- 出 chū 1

rad 18 — 刀 / 刂 / ⺈ dāo knife
- 别 bié 2
- 到 dào 1
- 刀 dāo 4
- 分 fēn 1
- 刚 gāng 1
- 刮 guā 3
- 划 huà 4
- 剧 jù 4
- 刻 kè 3
- 利 lì 4
- 列 liè 4
- 判 pàn 4
- 前 qián 1
- 切 qiè 4
- 剩 shèng 4
- 刷 shuā 4
- 则 zé 4

rad 19 — 力 lì force
- 助 zhù 2
- 办 bàn 3
- 动 dòng 2
- 功 gōng 4
- 加 jiā 3
- 力 lì 2
- 励 lì 4
- 努 nǔ 3
- 务 wù 4
- 勇 yǒng 4

rad 20 — 勹 bāo to wrap
- 包 bāo 3
- 勺 sháo 4

rad 21 — 匕 bǐ spoon, overthrown man
- 北 běi 1
- 化 huà 3
- 匙 shi 4

rad 23 — 匸 xì to hide, box
- 区 qū 4
- 医 yī 1

rad 24 — 十 shí ten
- 单 dān 3
- 卖 mài 2
- 南 nán 3
- 千 qiān 2
- 十 shí 1
- 午 wǔ 1
- 半 bàn 3
- 博 bó 4

rad 25 — 卜 bo divination
- 卡 kǎ 3
- 占 zhàn 4

rad 26 — 卩 jié seal
- 即 jí 4
- 却 què 4
- 卫 wèi 4
- 危 wēi 4
- 印 yìn 4

rad 27 — 厂 chǎng production facility
- 厕 cè 4
- 厨 chú 4
- 厚 hòu 3
- 历 lì 2
- 厉 lì 4
- 厅 tīng 4
- 压 yā 4
- 厌 yàn 4
- 原 yuán 3

rad 28 — 厶 sī secret
- 参 cān 4
- 去 qù 1

rad 29 — 又 yòu still, hand
- 发 fā 3
- 反 fǎn 4
- 及 jí 4
- 取 qǔ 4
- 受 shòu 3
- 叔 shū 4
- 双 shuāng 3
- 又 yòu 1
- 友 yǒu 1
- 变 biàn 3

rad 30 — 口 kǒu mouth
- 各 gè 4
- 哥 gē 2
- 号 hào 3
- 合 hé 4
- 和 hé 1
- 喝 hē 1
- 后 hòu 1
- 呼 hū 3
- 叫 jiào 1
- 句 jù 2
- 咖 kā 2
- 可 kě 2
- 咳 ké / hāi 4
- 口 kǒu 3
- 哭 kū 3
- 另 lìng 4
- 吗 ma 1
- 名 míng 1
- 命 mìng 4
- 哪 nǎ 1
- 呢 ne 1
- 啤 pí 3
- 商 shāng 2
- 史 shǐ 4
- 售 shòu 4
- 四 sì 1
- 司 sī 2
- 嗽 sòu 4
- 台 tái 3
- 听 tīng 1
- 同 tóng 1
- 喂 wéi/wèi 1
- 味 wèi 4
- 喜 xǐ 2
- 吸 xī 4
- 咸 xián 4
- 向 xiàng 3
- 响 xiǎng 4
- 呀 ya 4
- 叶 yè 4
- 右 yòu 2
- 员 yuán 3
- 咱 zán 4
- 只 zhǐ / zhī 2
- 周 zhōu 3
- 嘴 zuǐ 4
- 吧 ba 2
- 唱 chàng 2
- 吃 chī 1
- 啡 fēi 2
- 否 fǒu 4
- 告 gào 4

rad 31 — 囗 wéi enclosure
- 国 guó 1
- 回 huí 2
- 困 kùn 4
- 图 tú 3

rad 32 — 土 tǔ earth
- 围 wéi 4
- 因 yīn 2
- 园 yuán 3
- 场 chǎng 2
- 城 chéng 3
- 地 de / dì 1
- 堵 dǔ 4
- 坏 huài 3
- 圾 jī 4
- 基 jī 3
- 坚 jiān 4
- 境 jìng 3
- 块 kuài 1
- 垃 lā 4
- 塑 sù 4
- 填 tián 4

rad 33 — 士 shì scholar
- 在 zài 1
- 增 zēng 4
- 址 zhǐ 4
- 坐 zuò 1
- 声 shēng 3
- 士 shì 4

rad 34 — 夂 zhǐ to go
- 备 bèi 2
- 处 chù 4

rad 35 — 夊 suī go slowly
- 复 fù 3
- 夏 xià 3

rad 36 — 夕 xī evening
- 多 duō 1

够 gòu 4	妈 mā 1	字 zì 1	完 wán 2	**尸 rad 44 shī dead body**	己 jǐ 3	平 píng 3	**升 rad 55 gǒng two hands**	彩 cǎi 4	悔 huǐ 4	息 xī 2
外 wài 2	妹 mèi 1	**宀 rad 40 mián roof**	宜 yí 3	层 céng 3	已 yǐ 4	幸 xìng 3	开 kāi 1	影 yǐng 2	急 jí 3	悉 xī 4
大 rad 37 dà big	奶 nǎi 3	安 ān 3	**寸 rad 41 cùn thumb**	尽 jǐn/jìn 4	**巾 rad 50 jīn turban**	**幺 rad 52 yāo tiny**	弄 nòng 4	**彳 rad 60 chì walk around**	惊 jīng 2	惜 xī 4
大 dà/dài 1	**女 nǚ 1**	宾 bīn 2	导 dǎo 4	局 jú 3	帮 bāng 3	幽 yōu 4	弃 qì 4	得 de/dé 1	恐 kǒng 3	想 xiǎng 3
奋 fèn 4	妻 qī 2	察 chá 3	对 duì 1	居 jū 3	常 cháng 2	**广 rad 53 guǎng shelter**	**弋 rad 56 yì retrievable arrow**	很 hěn 1	快 kuài 1	心 xīn 3
夫 fū 2	如 rú 2	定 dìng 3	封 fēng 4	展 zhǎn 4	带 dài 2	床 chuáng 2	式 shì 4	律 lǜ 4	懒 lǎn 4	性 xìng 3
奖 jiǎng 4	始 shǐ 3	富 fù 3	将 jiāng 4	**山 rad 46 shān mountain**	巾 jīn 4	底 dǐ 4	弓 rad 57 gōng bow	往 wǎng 2	怜 lián 4	忆 yì 4
奇 qí 2	她 tā 1	害 hài 3	尊 zūn 4	山 shān 1	帽 mào 3	店 diàn 1	弟 dì 2	微 wēi 3	忙 máng 2	意 yì 2
失 shī 4	姓 xìng 2	寒 hán 4	**小 rad 42 xiǎo small**	岁 suì 1	市 shì 2	度 dù 2	弹 tán 4	**忄 心 rad 61 xīn heart**	慢 màn 2	愉 yú 4
太 tài 1	姨 yí 3	寄 jì 4	**子 rad 39 zi child**	尝 cháng 4	师 shī 2	广 guǎng 4	引 yǐn 4	必 bì 3	慕 mù 4	愿 yuàn 3
天 tiān 1		家 jiā 1	尔 ěr 4	**工 rad 48 gōng work**	帅 shuài 4	康 kāng 4	张 zhāng 3	懂 dǒng 2	恼 nǎo 4	怎 zěn 2
头 tóu 3		客 kè 2	少 shǎo 1	差 chà/chāi 3	希 xī 3	序 xù 4	**彐 rad 58 jì snout**	感 gǎn 3	您 nín 2	志 zhì 4
女 rad 38 nǚ woman		密 mì 2	小 xiǎo 1	工 gōng 2	**干 rad 51 gàn, gān to do, dry**	应 yīng/yìng 3	当 dāng 3	怪 guài 4	怕 pà 3	总 zǒng 3
好 hǎo/hào 1		容 róng 3	**尢 rad 43 yóu weak**	巧 qiǎo 4	并 bìng 4	座 zuò 4	**彡 rad 59 shān beard, brush**	惯 guàn 3	情 qíng 2	**戈 rad 62 gē halberd**
婚 hūn 3		实 shí 3	就 jiù 2	左 zuǒ 2	干 gān/gàn 4	**廴 rad 54 yǐn great stride**		怀 huái 4	思 sī 2	成 chéng 3
姐 jiě 1		室 shì 2	尤 yóu	**己 rad 49 jǐ personal**	年 nián 1	建 jiàn 4			态 tài 4	戴 dài 4
		它 tā							忘 wàng 4	或 huò 3

戚 4 qī
我 1 wǒ
戏 3 xì

户 rad 63 hù gate

房 2 fáng
户 4 hù
所 2 suǒ

手扌才 rad 64 shǒu hand

按 4 àn
把 3 bǎ
拜 4 bài
扮 4 bàn
搬 3 bān
报 2 bào
抱 4 bào
播 4 bō
擦 4 cā
才 3 cái
持 4 chí
抽 4 chōu
打 1 dǎ
担 3 dān
掉 4 diào
挂 4 guà
护 3 hù
换 3 huàn
技 4 jì
接 3 jiē
拒 4 jù
据 3 jù
拉 4 lā
拿 3 ná
排 4 pái
批 4 pī
扰 4 rǎo
扔 4 rēng
扫 3 sǎo
拾 4 shí
授 4 shòu
手 2 shǒu
抬 4 tái
提 3 tí
挺 4 tǐng
推 4 tuī
扬 4 yáng
择 3 zé
找 2 zhǎo
招 4 zhāo
折 4 zhé
指 4 zhǐ

支 rad 65 zhī branch

支 4 zhī

攴攵 rad 66 pū to bump, hand

放 3 fàng
改 4 gǎi
敢 4 gǎn
故 3 gù
敲 4 qiāo
散 4 sàn
收 4 shōu
数 3 shù
效 4 xiào
整 4 zhěng

文 rad 67 wén writing

文 3 wén

斗 rad 68 dòu measurer

料 3 liào

斤 rad 69 jīn axe, 500 grams

断 4 duàn
斤 3 jīn
新 2 xīn

方 rad 70 fāng square, direction

方 3 fāng
旅 2 lǚ
旁 2 páng
族 4 zú

无 rad 71 wú without

既 4 jì
无 4 wú

日 rad 72 rì sun

春 3 chūn
景 4 jǐng
旧 3 jiù
明 1 míng
暖 4 nuǎn
普 4 pǔ
晴 2 qíng
日 2 rì
时 1 shí
是 1 shì
暑 4 shǔ
晚 2 wǎn
星 1 xīng
易 3 yì
暂 4 zàn
早 2 zǎo
昨 1 zuó

曰 rad 73 yuē to say

更 3 gèng
最 2 zuì

月 rad 74 yuè moon

服 1 fú
朋 1 péng
期 1 qī
望 2 wàng
有 1 yǒu
月 1 yuè

木朩 rad 75 mù tree

案 4 àn
板 3 bǎn
棒 4 bàng
杯 1 bēi
本 1 běn
标 4 biāo
材 4 cái
查 3 chá
楚 3 chǔ
朵 3 duǒ
概 4 gài
格 4 gé
根 3 gēn
果 1 guǒ
极 3 jí
机 1 jī
检 3 jiǎn
棵 4 kē
来 1 lái
李 3 lǐ
林 4 lín
楼 3 lóu
梦 4 mèng
末 3 mò
桥 4 qiáo
染 4 rǎn
森 4 sēn
柿 4 shì
术 4 shù
束 3 shù
树 3 shù
松 4 sōng
梯 3 tī
条 2 tiáo
桶 4 tǒng
橡 4 xiàng
校 1 xiào
样 1 yàng
椅 1 yǐ
杂 4 zá
植 4 zhí
桌 1 zhuō

欠 rad 76 qiàn tired

歌 2 gē
欢 1 huān
款 4 kuǎn
歉 4 qiàn

止 rad 77 zhǐ to stop

步 2 bù
此 4 cǐ
正 2 zhèng
止 4 zhǐ

歹 rad 78 dǎi death

死 4 sǐ

殳 rad 79 shū weapon

段 3 duàn

母 rad 80 mǔ mother

每 2 měi
母 4 mǔ

比 rad 81 bǐ to confront

毕 4 bì
比 2 bǐ

毛 rad 82 máo fur

毛 4 máo

氏 rad 83 shì clan

民 4 mín

气 rad 84 qì air

气 1 qì

rad 85 氵 水 shuǐ — water
- 法 fǎ 3
- 海 hǎi 4
- 汉 hàn 1
- 汗 hàn 4
- 活 huó 4
- 济 jì 4
- 激 jī 4
- 江 jiāng 4
- 酒 jiǔ 4
- 渴 kě 3
- 浪 làng 4
- 流 liú 4
- 漫 màn 4
- 满 mǎn 3
- 没 méi
- 漂 piào

- 泼 pō 4
- 汽 qì 2
- 清 qīng 3
- 求 qiú 3
- 泉 quán 4
- 沙 shā 4
- 深 shēn 4
- 水 shuǐ 1
- 汤 tāng 4
- 温 wēn 3
- 污 wū 4
- 洗 xǐ 2
- 消 xiāo 3
- 演 yǎn 4
- 洋 yáng 4
- 永 yǒng 4
- 泳 yǒng 2

- 油 yóu 4
- 游 yóu 2
- 澡 zǎo 4
- 汁 zhī 4
- 洲 zhōu 4
- 注 zhù 4

rad 86 火 灬 huǒ — fire
- 灯 dēng 1
- 点 diǎn 1
- 烦 fán 4
- 河 hé 1
- 火 huǒ 2
- 烤 kǎo 4
- 炼 liàn 4
- 然 rán 4
- 热 rè 1
- 烧 shāo 4

- 熟 shú 4
- 熊 xióng 4
- 烟 yān 4
- 照 zhào 3

rad 87 爪 爫 zhǎo — claw
- 爱 ài 1
- 爬 pá 3

rad 88 父 fù — father
- 爸 bà 1
- 父 fù 4
- 爷 yé 3

rad 91 片 piàn — slice
- 牌 pái 4
- 片 piàn 4

rad 92 牙 yá — tooth, ivory
- 牙 yá 3

rad 93 牛 牜 niú — beef
- 牛 niú 2
- 特 tè 3
- 物 wù 3

rad 94 犬 犭 quǎn — dog
- 猜 cāi 4
- 狗 gǒu 1
- 猫 māo 1

rad 96 王 玉 yù — jade
- 班 bān 2
- 环 huán 4
- 理 lǐ

- 琴 qín 4
- 球 qiú 2
- 玩 wán 2
- 现 xiàn 1

rad 97 瓜 guā — melon
- 瓜 guā 4

rad 98 瓦 wǎ — tile
- 瓶 píng 3

rad 99 甘 gān — sweet
- 甚 shèn 4
- 甜 tián 3

rad 100 生 shēng — be born
- 生 shēng 1

rad 101 用 yòng — to use
- 用 yòng 3

- 电 diàn 1
- 画 huà 2

rad 102 田 tián — field
- 界 jiè 4
- 留 liú 4
- 男 nán 2
- 申 shēn 4
- 由 yóu 3

rad 103 疋 疋 pǐ — roll, piece of cloth
- 疑 yí 4

rad 104 疒 nè — disease
- 病 bìng 3
- 瘦 shòu 4
- 疼 téng 4

rad 105 癶 bō — to go up
- 登 dēng 4

rad 106 白 bái — white
- 白 bái 2
- 百 bǎi 2
- 的 de/dì

rad 107 皮 pí — skin
- 皮 pí 3

rad 108 皿 mǐn — container
- 盒 hé 4
- 盘 pán 3
- 盐 yán 4

rad 109 目 mù — eye
- 睛 jīng 2

- 看 kàn 1
- 目 mù 3
- 省 shěng 4
- 睡 shuì 1
- 相 xiāng 3
- 眼 yǎn 3
- 着 zhe/zháo 2
- 真 zhēn 2
- 直 zhí 3

rad 111 矢 shǐ — arrow
- 矮 ǎi 4
- 短 duǎn 3
- 知 zhī 2

rad 112 石 shí — stone
- 础 chǔ 4
- 矿 kuàng 4

- 码 mǎ 4
- 破 pò 4
- 确 què 4
- 硕 shuò 4
- 碗 wǎn 4
- 研 yán 4

rad 113 示 礻 shì — to venerate, to show
- 福 fú 4
- 禁 jìn 4
- 礼 lǐ 4
- 票 piào 2
- 社 shè 4
- 示 shì 4
- 视 shì 4
- 祝 zhù 3

rad 114 肉 róu — get away
- 离 lí 2

rad 115 禾 hé — grain
- 程 chéng 4
- 积 jī 4
- 科 kē 4
- 秒 miǎo 4
- 秋 qiū 3
- 稍 shāo 4
- 秀 xiù 4
- 种 zhǒng 1
- 租 zū

rad 116 穴 xué — cave, swing door
- 穿 chuān 2
- 窗 chuāng 4

Cracking Chinese Characters – HSK 1, 2, 3, 4

- 究 jiū (4)
- 空 kōng (3)
- 穷 qióng (4)
- 突 tū (3)
- **立 rad 117 lì — standing up**
- 竞 jìng (4)
- 童 tóng (4)
- 站 zhàn (2)
- 章 zhāng (4)
- **竹 rad 118 shì — bamboo**
- 笨 bèn (4)
- 笔 bǐ (4)
- 答 dá (3)
- 等 děng (2)
- 第 dì (4)
- 符 fú (4)

- 管 guǎn (4)
- 籍 jí (4)
- 简 jiǎn (3)
- 筷 kuài (4)
- 篮 lán (2)
- 篇 piān (4)
- 签 qiān (4)
- 算 suàn (3)
- 箱 xiāng (4)
- 笑 xiào (2)
- **米 rad 119 mǐ — rice**
- 粗 cū (4)
- 糕 gāo (4)
- 精 jīng (4)
- 米 mǐ (3)
- 糖 táng (4)

- **糸纟 rad 120 mì — silk**
- 给 gěi (2)
- 红 hóng (3)
- 级 jí (3)
- 纪 jì (4)
- 继 jì (4)
- 绩 jī (4)
- 结 jié (3)
- 紧 jǐn (4)
- 经 jīng (2)
- 绝 jué (4)
- 累 lèi (4)
- 练 liàn (3)
- 绿 lǜ (3)
- 绍 shào (2)
- 系 xì (4)
- 细 xì (4)

- 线 xiàn (4)
- 续 xù (4)
- 约 yuē (4)
- 纸 zhǐ (2)
- 终 zhōng (4)

- **羽 rad 124 yǔ — feather**
- 翻 fān (4)
- 羽 yǔ (4)
- **老耂 rad 125 lǎo — old**
- **缶 rad 121 fǒu — jar**
- 缺 quē (4)
- **网 rad 122 wǎng — net**
- 网 wǎng (4)
- **羊 羋 羊 rad 123 yáng — sheep**
- 美 měi (1)
- 羡 xiàn (4)
- 羞 xiū (4)
- 羊 yáng (3)

- 教 jiào (2)
- 考 kǎo (3)
- 老 lǎo (1)
- 者 zhě (3)
- **而 rad 126 ér — and**
- 而 ér (3)
- 耐 nài (4)
- **耳 rad 128 ěr — ear**
- 聪 cōng (3)
- 耳 ěr (3)
- 聚 jù (4)

- 联 lián (4)
- 聊 liáo (4)
- 聘 pìn (4)
- 职 zhí (4)
- **肉月 rad 130 ròu — meat**
- 膊 bó (4)
- 肚 dù (4)
- 肥 féi (4)
- 肤 fū (4)
- 膏 gāo (4)
- 胳 gē (4)
- 脚 jiǎo (3)
- 肯 kěn (4)
- 脸 liǎn (2)
- 脑 nǎo (3)
- 能 néng (1)
- 胖 pàng (3)

- 脾 pí (4)
- 肉 ròu (2)
- 腿 tuǐ (3)
- 脱 tuō (4)
- 育 yù (4)
- 脏 zāng / zàng (4)
- **自 rad 132 zì — personal**
- 自 zì (3)
- **至 rad 133 zhì — to reach**
- 至 zhì (4)
- **舌 rad 135 shé — tongue**
- 舒 shū (3)
- **舛 rad 136 chuǎn — to oppose**
- 舞 wǔ (4)

- **舟 rad 137 zhōu — boat**
- 般 bān (3)
- 船 chuán (3)
- 航 háng (4)
- **色 rad 139 sè — color**
- 色 sè (2)
- **艸艹 rad 140 cǎo — vegetal**
- 菜 cài (1)
- 草 cǎo (3)
- 茶 chá (1)
- 花 huā (3)
- 获 huò (4)
- 蕉 jiāo (4)
- 节 jié (3)
- 苦 kǔ (4)
- 蓝 lán (3)

- 落 luò (4)
- 苹 píng (1)
- 葡 pú (4)
- 萄 táo (4)
- 药 yào (3)
- 艺 yì (4)
- 著 zhù (4)
- **虍 rad 141 hū — tiger**
- 虎 hǔ (4)
- 虑 lǜ (4)
- **虫 rad 142 chóng — insect**
- 蛋 dàn (3)
- 虽 suī (4)
- **行 rad 144 háng/xíng — business/circulate**
- 行 háng/xíng (2)

- 街 jiē (3)
- **衣 衤 rad 145 yī — cloth**
- 被 bèi (4)
- 表 biǎo (3)
- 衬 chèn (4)
- 袋 dài (4)
- 裤 kù (3)
- 裙 qún (3)
- 衫 shān (4)
- 袜 wà (4)
- 衣 yī (2)
- **西 覀 rad 146 xī — west, lid**
- 西 xī (1)
- 要 yào (1)
- **见 rad 147 jiàn — to see**

- 观 guān (4)
- 规 guī (3)
- 见 jiàn (1)
- 觉 jiào / jué (1)
- **角 rad 148 jiǎo — horn**
- 角 jiǎo (4)
- 解 jiě (3)
- **讠言 rad 149 yán — speech**
- 诚 chéng (4)
- 词 cí (3)
- 调 diào / tiáo (3)
- 读 dú (1)
- 该 gāi (3)
- 话 huà (1)
- 计 jì (4)
- 记 jì (3)

讲 jiǎng 3	详 xiáng 4	费 fèi 4	趟 tàng 4	较 jiào 4	近 jìn 2	都 dōu/dū 1	**金钅 rad 167 jīn gold, metal**	**门 rad 169 mén gate**	险 xiǎn 4	**面 rad 176 miàn face**
警 jǐng 4	谢 xiè 1	负 fù 4	越 yuè 2	辆 liàng 3	进 jìn 4	郊 jiāo 4	错 cuò 2	间 jiān 2	阳 yáng 3	面 miàn 1
课 kè 2	许 xǔ 4	购 gòu 4	走 zǒu 2	轻 qīng 4	连 lián 4	邻 lín 4	锻 duàn 4	门 mén 3	阴 yīn 4	**革 rad 177 gé leather**
谅 liàng 4	**言 yán**	贵 guì 1	**足 rad 157 zú foot**	输 shū 4	迷 mí 4	那 nà 1	钢 gāng 4	闹 nào 3	院 yuàn 1	鞋 xié 3
论 lùn 4	议 yì 4	贺 hè 4	跟 gēn 3	转 zhuǎn 4	适 shì 4	邮 yóu 4	键 jiàn 4	闻 wén 3	**隹 rad 172 zhuī short-tailed bird**	**音 rad 180 yīn sound**
评 píng 4	译 yì 4	货 huò 4	距 jù 4	**辛 rad 160 xīn bitter**	送 sòng 2	**酉 rad 164 yǒu alcohol**	金 jīn	问 wèn 1	难 nán 3	竟 jìng 4
请 qǐng 1	谊 yì 4	赛 sài 4	路 lù 2	辣 là 4	速 sù 4	酸 suān 4	镜 jìng 4	阅 yuè 4	**雨 rad 173 yǔ rain**	音 yīn 3
让 ràng 2	语 yǔ 2	赢 yíng 4	跑 pǎo 2	辛 xīn 4	通 tōng 2	醒 xǐng 4	钱 qián 1	阿 ā 4	零 líng 2	**页 rad 181 yè head, leaf**
认 rèn 1	证 zhèng 4	责 zé 4	踢 tī 4	**辶辵 rad 162 chuò brisk walking**	选 xuǎn 3	**采 rad 165 biàn to distinguish**	铅 qiān 4	**阝阜 rad 170 fù mound**	需 xū 3	顾 gù 4
识 shí 1	**豸 rad 152 chù pig**	质 zhì 4	跳 tiào 2	遍 biàn 4	邀 yāo 4	释 shì 4	铁 tiě 3	除 chú 4	雪 xuě 2	顺 shùn 4
试 shì 2	象 xiàng 2	赚 zhuàn 4	足 zú	边 biān 2	迎 yíng 2	**里 rad 166 lǐ inside, neighborhood**	钥 yào 3	队 duì 4	雨 yǔ 2	题 tí 3
谁 shuí 1	**豸 rad 153 zhì feline, cat family**	资 zī 4	**身 rad 158 shēn body**	迟 chí 4	遇 yù 4	里 lǐ 1	银 yín 3	附 fù 4	**青 rad 174 qīng blue/green**	须 xū 3
说 shuō 1	貌 mào 4	**走 rad 156 zǒu to walk**	身 shēn 2	道 dào 2	远 yuǎn 2	量 liàng/liáng 4	针 zhēn 3	际 jì 4	静 jìng 3	颜 yán 2
诉 sù 2	**贝 rad 154 bèi shell/money**	超 chāo 4	躺 tǎng 4	逛 guàng 4	运 yùn 2	重 zhòng 3	钟 zhōng 1	降 jiàng 4	**非 rad 175 fēi false**	页 yè 4
谈 tán 4	败 bài 4	赶 gǎn 4	**车車 rad 159 chē car**	过 guò 2	这 zhè 1	**邑 rad 163 yì city**	**长 rad 168 cháng/zhǎng long/senior**	陪 péi 4	非 fēi 2	预 yù 4
讨 tǎo 4	误 wù 4	起 qǐ 1	车 chē 1	还 hái/huán	部 bù 4		长 cháng/zhǎng 2	随 suí 4		
		趣 qù 4								

Cracking Chinese Characters – HSK 1, 2, 3, 4

风 rad 182 fēng wind	饣食 rad 184 shí to eat	馆 guǎn 2	香 rad 186 xiāng perfume	骗 piàn 4	鱼 rad 195 yú fish	鸟 niǎo 3	黄 huáng 3	鼓 gǔ 4
风 fēng 3	饱 bǎo 3	饺 jiǎo 4	香 xiāng 3	骑 qí 3	鲜 xiān 3	鸭 yā 4	黑 rad 203 hēi black	鼻 rad 209 bí nose
飞 rad 183 fēi to fly	饼 bǐng 4	饮 yǐn 3	马 rad 187 mǎ horse	验 yàn 4	鱼 yú 2	麻 rad 200 má hemp	黑 hēi 2	鼻 bí 3
飞 fēi 1	餐 cān 4	首 rad 185 shǒu head	骄 jiāo 4	高 rad 189 gāo high	鸟 rad 196 niǎo bird	麻 má 4	默 mò 4	齿 rad 211 chǐ tooth, wheelwork
	饿 è 3	首 shǒu 4	马 mǎ 3	高 gāo 1	鸡 jī 2	黄 rad 201 huáng yellow	鼓 rad 207 gǔ drum	龄 líng 4
	饭 fàn 1							

195

Door handle, Yunnan, China. Image credit: Jérôme Van Gastel

GO BEYOND

HSK preparation books: bit.ly/HSKbooks
→ Recommended HSK-based books for reference, graded readers, exam preparation...
Get there the NEW NOTEBOOK dedicated to "Cracking Chinese Characters": keep track easily of your own mnemonic drawings and study notes

HSK & Chinese Tutoring: bit.ly/ChineseTutoring
→ Meet your own private tutor online 24/7 from anywhere with any device (smartphone or computer) to learn Chinese and prepare for the HSK with custom lessons

HSK Academy website: www.hsk.academy
→ HSK vocabulary lists, sentences, audio, flashcards, mock exams, blog...

Facebook page: facebook.com/hsk.academy
→ HSK daily quizzes, texts extracts, word lists, useful links...

YouTube channel: bit.ly/HSKyoutube
→ HSK vocabulary lists on video, audio, tips...

© HSK Academy

Made in the USA
Lexington, KY
27 July 2018